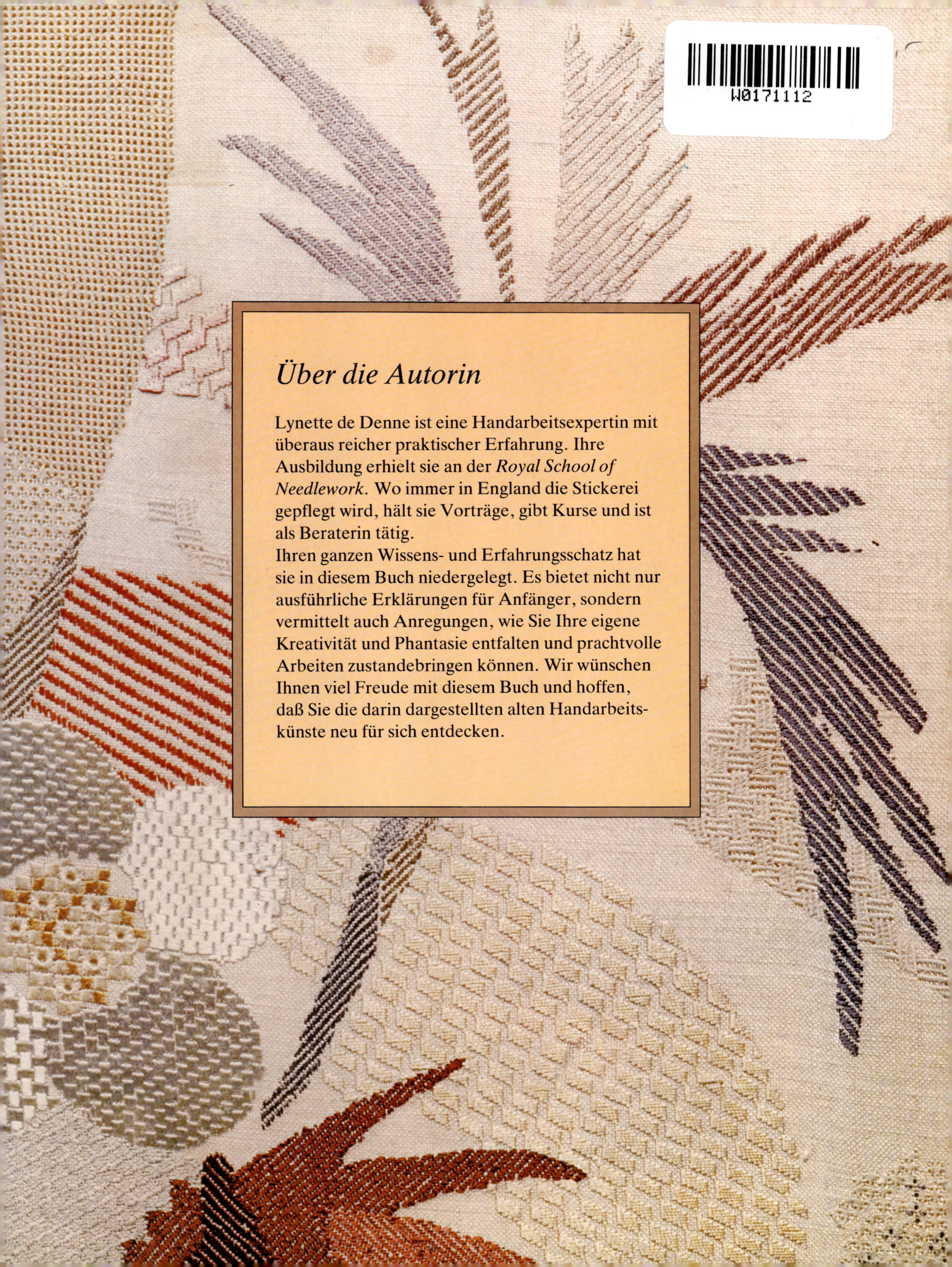

Über die Autorin

Lynette de Denne ist eine Handarbeitsexpertin mit überaus reicher praktischer Erfahrung. Ihre Ausbildung erhielt sie an der *Royal School of Needlework.* Wo immer in England die Stickerei gepflegt wird, hält sie Vorträge, gibt Kurse und ist als Beraterin tätig.

Ihren ganzen Wissens- und Erfahrungsschatz hat sie in diesem Buch niedergelegt. Es bietet nicht nur ausführliche Erklärungen für Anfänger, sondern vermittelt auch Anregungen, wie Sie Ihre eigene Kreativität und Phantasie entfalten und prachtvolle Arbeiten zustandebringen können. Wir wünschen Ihnen viel Freude mit diesem Buch und hoffen, daß Sie die darin dargestellten alten Handarbeitskünste neu für sich entdecken.

Lynette de Denne

Kreatives Handarbeiten

Sticken · Applizieren · Smoken
Patchwork · Quilten

BLV Verlagsgesellschaft
München Wien Zürich

13

13

Inhalt

Einleitung

Sticken ist eine alte Kunst. Die Kunst, mit Hilfe einer Nadel etwas Schönes zu schaffen. Es gibt Hunderte von verschiedenen Stickarten und nahezu unbegrenzte Möglichkeiten, Muster, Stoffe, Garne und Sticktechniken miteinander zu verbinden. Ein Großteil der Techniken in diesem Buch sind in verschiedenen Ländern seit Jahrhunderten bekannt. Allerdings werden die traditionellen Muster, Stiche und Farben heute nach Gebrauch und Geschmack unserer Zeit abgewandelt.

Es existieren noch Fragmente antiker Stikkerei, darunter einige, die rund zweitausend Jahre alt sind. Das älteste, nicht kirchliche Stickwerk, das unversehrt erhalten ist, 70 m lang und 50 cm hoch, ist bekannt als Gobelin von Bayeux und in Nordfrankreich zu besichtigen. Es wurde nicht, wie das bei Gobelins sonst üblich ist, als Bildteppich gewebt, sondern wurde in der Platt- und Stielsticktechnik mit Wolle auf Leinen gestickt. Auf bezaubernd einfache und anschauliche Weise stellt dieser Wandbehang die Ereignisse dar, die zur Schlacht bei Hastings geführt haben.

In sehr viel jüngerer Zeit entstand in England von 1969 bis 1975 eine Reihe von vierunddreißig Wandbehängen. Sie erinnern in Nadelmalerei an die Invasion der Normandie 1944 und die Zeit davor. Diese sogenannte Overlord-Stickerei wurde ausgeführt in Applikationstechnik und traditioneller Stickarbeit. Die Overlord-Serie ist in einer ständigen Ausstellung in der Whitbread's Brauerei, Chiswell Street, London E. C. 1, zu sehen.

Eine weitere berühmte Stickarbeit ist ein Wandbehang von Audrey Walker aus dem Jahre 1973.

Diese Stickerei repräsentiert die Zeit zwischen dem Gobelin von Bayeux und dem Overlord. Der Wandbehang, von seiner Schöpferin „Monarchie 1000" genannt, ist der tausendjährigen Monarchie gewidmet. Die Arbeit ist typisch für den Trend der Stickkunst im zwanzigsten Jahrhundert, der in Applikationen und freier Stickerei seinen Ausdruck findet. Farblich vom Pomp-Room im englischen Bath inspiriert, setzen sich die Kompositionen von Pferden, Menschen, Armeen und Fahnen fort. Die Geschichte, die dieses Stickgemälde erzählt, beginnt bei den Wikingern und endet mit der Bombardierung der St. Pauls Kathedrale im Zweiten Weltkrieg.

Stoffe für Kleidung und Einrichtungen, für Kirchen wie für den häuslichen Gebrauch, wurden in vielen Teilen der Welt seit Jahrhunderten mit Stickerei verziert. In der Elisabethanischen Epoche beispielsweise waren bestickte Hauben und Jacken hoch in Mode. In dieser Zeit betrieb man auch feine Straminstickerei für die Einrichtung, die häufig klassische oder biblische Motive aufwies. Solche Szenen wurden im siebzehnten Jahrhundert noch beliebter, oft in plastisch herausgearbeiteten Formen. Gegen Ende des Jahrhunderts bestickte man sogar Bettdecken und Behänge kühn mit Motiven von belaubten Bäumen in feiner Wollstickerei.

Unmöglich, all die historischen Quellen in aller Welt aufzuzählen, die Anregungen geben können, zumal sich Muster und Stil von Land zu Land, von Jahrhundert zu Jahrhundert ändern: von der strengen, an Fadenzählen gebundenen Stickerei in Skandinavien bis hin zur malerischen Farbenvielfalt der indischen Stickarbeiten, von der Schönheit der Stickerei der Türkei und der griechischen Inseln, der handwerklichen Kunst chinesischer und japanischer Arbeiten, bei denen Seide und Metallgarn mit großem Geschick verarbeitet wurden, bis zu den geradezu aufregenden Patchwork-Quilts made in America. Wo immer Stickereien entstehen, verraten sie etwas vom Lebensstil ihrer Zeit.

Die Stickarbeit des zwanzigsten Jahrhunderts zeigt den wunderbaren Reichtum der Tradition, der sich seit Jahrhunderten entwickelt hat und der uns noch heute Techniken und Ideen liefert. Doch haben wir unseren Vorfahren gegenüber den Vorteil einer viel größeren Auswahl von geeigneten Stoffen und Garnen. Kein Wunder, daß sich die Stickerei zur vielseitigsten Handarbeit entwickelt hat, und zwar sowohl als professionelles Kunsthandwerk, wie es der Overlord zeigt, als auch als weitverbreitetes Hobby. Schon die einfachste Stickerei kann Kleidungsstücke, Zubehör, große und kleine Teile für die Wohnung aufregender, origineller und moderner machen.

Rechts: Details aus dem Gobelin von Bayeux (oben) und aus Audrey Walkers Wandbehang „Monarchie 1000" (unten), der 1973 entstand, bieten einen interessanten Vergleich von alter und neuer Stickerei in Design und Technik

ADPRELIVM:
CONTRA

Ausrüstung und Entwurf

Das übliche Werkzeug

Für die meisten Stickarbeiten braucht man nicht viel Zubehör. Aber es empfiehlt sich, das, was man an Werkzeug und Material benötigt, gesondert aufzubewahren, damit es ausschließlich zum Sticken benutzt und nicht verdorben wird.

Schere
Sie brauchen eine spitze, scharfe Schere, um Garn sauber zu schneiden. Für besondere Techniken wie Hohlsaum- und Lochstickerei, wo es auf sehr präzises Garnschneiden ankommt, ist eine feine Stickschere unerläßlich. Eine Schneider- oder Tuchschere benutzt man, um Stoffe zuzuschneiden. Damit sollte man wiederum kein Papier schneiden. Denn Papier macht die Klingen stumpf. Für Papier braucht man also wieder eine Extraschere. Es kann eine alte sein.

Stichel
Das ist ein spitzes Instrument, mit dem man Löcher vorsticht. Es ist nützlich, aber nicht unentbehrlich, wenn man mit Metallgarn oder besonders dickem Faden arbeitet. Stichel mit flachem Griff sind die geeignetsten!

Fingerhut
Mit Fingerhut arbeiten Sie besser und schneller. Wenn Sie mit großem Stickrahmen arbeiten, brauchen Sie zwei Fingerhüte für den linken und rechten Mittelfinger.

Stecknadeln
Benutzen Sie nur rostfreie Stahlnadeln, die keine Spuren auf dem Stickgewebe hinterlassen. Sind die Einstichlöcher bei sehr feinen Geweben zu sehen, dann verwenden Sie besser feine Nähnadeln zum Stecken.

Bügeleisen
Wenn nötig, sollten Sie den Stoff schon vor dem Besticken bügeln. Auch manche fertigen Stickarbeiten müssen gebügelt werden, vor allem vor dem Spannen und Versäubern. Die Hitze müssen Sie dabei sowohl auf das Grundgewebe wie auch auf das Garn abstellen. Das Eisen darf beispielsweise nicht heiß sein, wenn Sie bei Patchwork Baumwollstoff mit einem synthetischen Faden nähen. Am besten machen Sie vorher einen kleinen Bügeltest mit Ihrem Material.

Zeichenbrett
Ein Zeichenbrett muß man natürlich nicht haben. Hat man eines, kann es beim Musterentwerfen und beim Übertragen von Mustern sehr nützlich sein. Eine Sperrholzplatte oder sehr kräftige Pappe tut's aber auch, vorausgesetzt, die Kanten sind gerade und die Ecken genau rechtwinklig.

Gewebe

Wer sich einen Stoff zum Besticken aussucht, muß daran denken, daß sich das Gewebe mit der gewünschten Stickmethode verträgt und auch für den späteren Verwendungszweck geeignet ist. Um keinen Fehler zu machen, sollte man sich deshalb über Machart und Eigenschaften des Stoffes informieren. Es gibt drei Grundkategorien: gewebte, gewirkte und nicht gewebte (zum Beispiel gepreßte) Stoffe.

Gewebte Stoffe
Alle gewebten Stoffe bestehen aus Kett- und Schußfäden: Kettfäden verlaufen senkrecht, in der Regel in Längsrichtung. Schußfäden sind quer hineingewebt. Die Kante, wo der Schußfaden gewendet wird, nennt man Webkante. Beim Umgang mit gewebten Stoffen werden Sie merken, daß sie sich kaum in Richtung der Kettfäden verziehen, wohl aber in Richtung der Schußfäden. Deshalb ist es ratsam, den Stoff so zu bearbeiten, daß die Kettfäden senkrecht, die Schußfäden waagrecht verlaufen.
Das ist besonders wichtig bei Kleidungsstükken, damit der Stoff sich dem Körper anpaßt, und bei Behängen und Vorhängen, damit diese nicht zipfeln.
Kräftige, dichtgewebte Stoffe lassen sich für viele Sticktechniken verwenden, für Flächenstickerei zum Beispiel, Arbeiten mit Metallgarn, Wollstickerei und Hohlsaumstickerei. Einige der üblichen Stickleinen, aber auch Möbelstoffe und schwerere leinenbindige Kleiderstoffe gehören dazu.
Diese Stoffe sind teilweise aus Naturfasern gewebt: aus Baumwolle, Wolle, Seide oder Leinen. Neben den rein synthetischen Geweben – Rayon und Polyester zum Beispiel – gibt es häufig Mischgewebe von synthetischen Garnen und Naturfasern, die nicht leicht kraus werden und kaum gebügelt werden müssen.
Spröde Gewebe lassen sich in der Regel schwer bearbeiten. Sehr weiche und feine Gewebe dagegen kann man durch einen Futterstoff versteifen. In den meisten Fällen nimmt man als Futter einen Stoff aus Naturfasern, also feineres Leinen oder Baumwolle, die wegen des Einlaufens vorher gewaschen werden. Nehmen Sie keine synthetischen Stoffe als Futter.
Locker gewebte, leinenbindige und fadengleiche Stoffe gelten als sogenanntes zählbares Gewebe. Sie werden für alle Stickereien benutzt, bei denen Fäden gezählt werden müssen. Es gibt andererseits locker gewebte Materialien, wie Rupfen, Sackleinen und auch manche Vorhangstoffe, die man für diesen Zweck zwar benutzen kann, die sich beim Sticken aber leicht verziehen, weil sie nicht ganz fadengleich sind. Das kann vor allem bei Schwarzstickerei, Durchbruchmustern und bei flächigem Kreuzstich passieren. Wenn Sie ganz genau sticken wollen, nehmen Sie als Untergrund am besten die üblichen fadengleichen Leinen-, Baumwoll- oder Mischgewebe. Locker gewebte Stoffe fransen leichter aus als dicht gewebte.

Gewirkte Stoffe
Daß sich diese Stoffe dehnen, macht flächenfüllende Stickerei schwierig und Fadenzähl-Arbeiten ganz unmöglich. Doch hervorragend eignen sich gewirkte Stoffe für Smok- und Quilt-Techniken. Kleider sind heutzutage häufig aus gewirkten, also Jerseystoffen. Ehe man solch ein Kleid bestickt, sollte man die Stiche erst einmal auf einem Stoffrest ausprobieren oder auf einem unsichtbaren Teil des Kleides, zum Beispiel innen auf dem Saum. So läßt sich feststellen, ob sich die gewünschte Stickart überhaupt eignet.

Nicht gewebte Stoffe
Nicht gewebtes Material erkennt man unter anderem daran, daß es nicht ausfranst und keine Gewebestruktur hat, also keine Kett- und Schußfäden. Man ist deshalb beim Stikken an keinen Fadenverlauf gebunden. Diese Eigenarten machen nicht gewebtes Material, das nicht gesäumt werden muß, besonders geeignet für Applikationen und zum Herstellen von Gegenständen, die man nicht gut säumen kann, etwa Brillenetuis oder Schachtelbezüge. Nicht gewebtes Material umfaßt Filze, weiches Leder und Kunstleder. Mit modernen Mitteln läßt sich heutzutage Leder gut reinigen, weshalb man es auch für Kleidungsstücke verwenden kann. Die Frage, wie sich ein Material waschen oder reinigen läßt, ist bei der Stoffauswahl mindestens ebenso wichtig wie das Problem des Fransens und Knitterns.
Manche Materialien habe eine matte Oberfläche, andere glänzen. Einige sind glatt, andere sind grob oder haben eine auffällige Struktur. Können Sie Garn bekommen, das zu diesem speziellen Material paßt? Es kann auch sein, daß die linke Seite Ihres Materials eigentlich viel mehr Ihren Vorstellungen entspricht als die rechte. Haben Sie keine Hemmungen, die Sache einfach umzudrehen. Von besonderer Bedeutung ist natürlich die Farbe.
Dabei muß man überlegen, ob der Hintergrund als Kontrast oder als farbliche Ergänzung des Dekors wirken soll.
Für den Großteil dekorativer Stickerei ist ein schlichter Hintergrund der beste. Für eine einfache Stickerei kann man aber auch gemusterte, gestreifte, karierte oder getupfte Hintergründe nehmen. Zum Ausprobieren neuer Stiche sind solche Stoffe manchmal recht brauchbar. Ein paar Stickreihen genügen, um einen gestreiften Stoff vollkommen zu verändern. Manchmal kann man sogar vom Stoffmuster Anregungen für zusätzliche Muster mit Nadel und Faden beziehen.
Beim Planen Ihrer Stickarbeit nicht verges-

sen: Geben Sie zu der geplanten Größe ringsum mindestens 5 cm Stoff hinzu, damit Sie die Arbeit am Schluß spannen können.

Stickgarne

Beim Stickgarn ist das richtige Verhältnis zum Stickstoff wichtig. Stärke und Struktur müssen aufeinander abgestimmt sein und auch, ob Sie mattes oder glänzendes Garn verwenden oder sogar beides. Überlegen Sie, ob Sie bei Ihrer Arbeit nicht mit verschiedenen Garnen abwechseln sollten. Manchmal bringt zum Beispiel eine Variation der Garnstärke Leben in eine Stickarbeit.
Vielleicht finden Sie unter synthetischen Garnen genau die richtigen Farben und Arten. Sie können Fäden zum Sticken verwenden, die Sie aus einem Stoff ziehen. Oder Sie finden bei den Strick- und Häkelgarnen, bei Metall- und Lurexfäden, was Sie brauchen. Ja sogar Bindfäden kann man unter Umständen zum Sticken gebrauchen.
Man muß sich nur vorher darüber im klaren sein, ob die Stickarbeit gewaschen oder chemisch gereinigt werden muß. Dementsprechend muß man seine Garne aussuchen. Die meisten handelsüblichen Stickgarne sind heute farbecht. Besonders Baumwollgarne lassen sich gut waschen. Stickwolle dagegen läßt man besser reinigen. Probleme kann es geben, wenn man mit unüblichen Garnen stickt, deren Eigenschaften man nicht kennt. In solchen Fällen empfiehlt es sich, vorher einen Waschversuch zu machen. Ein Stick- und Waschtest vor Arbeitsbeginn ist auf jeden Fall gut. Dabei sehen Sie nicht nur, wie sich Stoff und Garn bei der Wäsche verhalten, Sie können auch die benötigte Garnmenge danach besser abschätzen.
Bei der Mengenberechnung geht man grundsätzlich so vor: Man mißt die Fadenlänge eines Garnstrangs (einer Docke) oder Knäuels, soweit die nicht angegeben ist. Dann probiert man aus, wie viele Stiche man mit einer bestimmten Fadenlänge machen kann. Daraus ergibt sich die ungefähre Stichmenge aus einem ganzen Strang und daraus wiederum eine überschlägige Rechnung, wie viele Stränge oder Knäuel Sie insgesamt etwa benötigen. Als nächstes rechnen Sie die Menge nach verschiedenen Farben aus. Es ist ratsam, beim Garnkauf großzügig zu sein, denn schon eine kleine Farbänderung bei der nächsten Garnlage kann die ganze Stickerei verderben. Es gibt Fälle, wo eine leichte Farbschattierung ganz reizvoll ist, aber das ist bei einfarbigen Hintergründen einer Straminstickerei sicher nicht der Fall. Schreiben Sie sich von jedem Garn, das Sie verwenden, Typ und Farbnummer auf. Und bedenken Sie, daß Garn im Strang meist dunkler, gestickt dagegen blasser wirkt. Und noch ein Tip: Zu lange Stickfäden verknoten sich oder verschleißen leicht, wenn man sie durch grobes Gewebe zieht. Eine gute Fadenlänge sind 50 cm.
Es gibt folgende Arten handelsüblicher Stickgarne:

Baumwolle

Baumwolltwist ist aus sechs Fäden gezwirnt, die beliebig teilbar sind. Man kann nach Gebrauch mit sechs Fäden sticken, aber auch mit zwei oder dreien.

Weiches Baumwollgarn ist matt im Gegensatz zu den leicht glänzenden mercerisierten Garnen.

Perlgarn in unterschiedlichen Stärken besteht aus gedrehtem glänzendem Baumwollgarn.

„Cotton à broder“ (seidenähnliche Baumwolle) ist ein weiches, glänzendes Material. Weiß in verschiedenen, farbig nur in zwei Stärken zu haben.

Stickwolle

Tapisseriewolle ist eine viersträhnige feine Stickwolle, speziell ausgerüstet für Straminstickerei, aber auch für andere Stickarten geeignet.

Gobelinwolle, dreifädige, feine Wolle, die man auch geteilt verwenden kann, geeignet für Straminstickerei und freie Stickerei.

Stickwolle, 2strähnige kräftige Wolle, die hauptsächlich für Straminstickerei genommen wird, vor allem, wenn strapazierfähiges Material gebraucht wird. Man kann mit beliebig vielen Fäden sticken.

Seidengarn

Ungezwirnte Seide: sechsfacher, nicht gedrehter Seidenfaden, der zumeist geteilt für feine Stickarbeiten verwendet wird.

Seidentwist ist gedrehtes, glänzendes Seidengarn. Für Heftnähte auf sehr feinen Geweben sollte man Nähseide nehmen, die nach dem Entfernen keine sichtbaren Spuren hinterläßt.

Leinengarn

Leinengarne gibt es nur in begrenzter Farbauswahl.

Unten: Eine Auswahl der unterschiedlichsten Garne, die sich zum Sticken eignen

Stickrahmen

Viele Stickmuster kann man sozusagen aus der Hand arbeiten, bei anderen aber erleichtert man sich die Arbeit erheblich, wenn man das Gewebe in einen Stickrahmen spannt, um es glatt und straff zu halten. Im Handel sind zwei Arten von Stickrahmen.

Runde Rahmen

Sie bestehen aus zwei Reifen, zumeist aus Holz, die genau ineinander passen. Der äußere Rahmen ist mit einer Spannschraube verstellbar. Raffiniertere Modelle sind mit einer Tisch- oder Bodenbefestigung ausgerüstet oder sogar mit einer Halterung für den Sitz. Runde Rahmen, auch Sticktrommeln genannt, gibt es in verschiedenen Größen; in der einfachen, üblichen Form von 7,5 bis 30 cm Durchmesser. Zum Einspannen legen Sie den kleineren, inneren Reifen auf den Tisch, den Stickstoff so darüber, daß das Stickmotiv genau in der Mitte sitzt. Dann stülpen Sie den äußeren Reifen darüber und achten darauf, daß der Stoff straff gespannt, aber nicht verzogen wird. Um zartes Gewebe zu schonen und am Verrutschen zu hindern, können Sie den inneren Reifen mit einem Schrägstreifen leicht umwickeln. Der Streifen darf nicht zu dick sein, sonst passen die Reifen nicht mehr ineinander. Bei jedem Stoff wird nach einiger Zeit die Spannung nachlassen. Man muß ihn dann neu einspannen.

Eckige Rahmen

Es gibt ganz verschiedene Typen, die aber alle nach demselben Prinzip funktionieren. Sie haben zwei runde Querhölzer oben und unten, an denen der Stickstoff festgemacht wird. Diese Querhölzer haben an beiden Enden je eine Vertiefung oder Öffnung, in die man zwei Seitenleisten links und rechts stecken kann. Diese Leisten werden von Bolzen oder Schrauben gehalten.
Die seitlichen Leisten sind in Abständen gelocht, damit man die Querhölzer in verschiedenen Höhen einstellen und damit die Größe des Rahmens nach Gebrauch regulieren kann. Eckige Rahmen werden nach der Länge der Gurte bemessen, die an den beiden Querhölzern befestigt sind und zum Anheften des Stoffes dienen. Das Stickmaterial kann also nur so breit sein wie diese Rahmengurte. Aber es kann länger als der Rahmen sein, denn überschüssiger Stoff wird um die Querhölzer gewickelt. Sie fungieren als Rollen. Auf diese Weise ist jeweils nur der Teil des Stoffes eingespannt, der gerade in Arbeit ist. Ist man mit diesem Stück fertig, löst man die Seitenleisten aus den Querhölzern und rollt den Stoff weiter. In das fertige Stickwerk wickelt man ein Stück weißes, weiches Tuch mit ein, um die Stickerei zu schonen.
Wer keinen speziellen Stickrahmen hat, kann auch einen kräftigen Bilderrahmen nehmen oder einen Keilrahmen, wie ihn Maler benutzen, an dem das Stickgewebe festgeheftet oder mit Schnur festgebunden wird. Einen Rahmen ohne Ständer kann man beim Sticken auf Böcke legen. Sitzt man am Tisch, stützt man den Rahmen auf die Knie und lehnt ihn oben an die Tischkante, so daß man ungehindert arbeiten kann. Im allgemeinen lernt man beim Sticken, jeden Stich mit einer einzigen schaufelartigen Bewegung auszuführen. Benützt man einen Rahmen, macht man aus Hin- und Rückstich besser zwei Arbeitsgänge. Mit der Zeit und mit Übung gewöhnt man sich daran, mit einer Hand vor dem Rahmen, mit der anderen Hand hinter dem Rahmen zu arbeiten.

Das Bespannen des Rahmens

Von der Ober- und Unterkante Ihres Stickstoffes knicken Sie einen schmalen Saum von jeweils 1,25 cm zur Rückseite um. Die so entstandenen Stoffkanten werden später an den Rahmengurten befestigt (siehe Zeichnung auf Seite 15). Legen Sie den Stoff genau mitten auf die Gurten, die an den beiden Querhölzern sitzen, und stecken Sie ihn dort von der Mitte nach außen hin mit Stecknadeln fest. Anschließend, ebenfalls in der Mitte beginnend, mit kräftigem Faden in überwendlichen Stichen festnähen. Unter die ungesäumten Seitenkanten des Stoffes heften Sie je einen 2,5 cm breiten Gurt oder ein ebenso breites kräftiges Band. Dann rollen Sie alles, was an Stoff zuviel ist auf die Querhölzer, stecken die Seitenleisten ein und die Bolzen in die Löcher. Achten Sie darauf, daß der Abstand auf beiden Seiten gleich ist, damit sich der Stoff nicht verzieht. Dann nehmen Sie eine Rundnadel mit kräftigem Faden, stechen alle 2,5 cm in die versteiften Seitenkanten, ziehen den Faden um die Seitenleiste herum und spannen auf diese Weise den Stoff seitlich fest (siehe Zeichnung auf Seite 15 unten). Ist der Stoff gut gespannt, gelingt die Stickarbeit besser.
Beim Einspannen eines zarten Stoffes, wie z. B. Organdy, der sich an den Seitenkanten nicht strammziehen läßt, kann man sich so helfen: Heften Sie mit Stecknadeln ein etwa 1,25 cm breites Band an die Stoffkanten. Zwischen zwei Stecknadeln führen Sie das Band um die Seitenleiste herum.

Nadeln

Sticknadeln können spitz oder stumpf sein. Es gibt welche mit langem und mit kurzem Öhr. Zu jeder Sticktechnik gehört eine besondere Nadel. Eine Tapisserie-Nadel zum Beispiel, mit stumpfem Ende und großem Öhr, wird für Straminstickerei genommen. Für Patchwork dagegen braucht man eine feine, spitze Nähnadel. Es ist wichtig, daß Sie für jede Stickarbeit die in Größe und Typ passende Sticknadel benutzen. Dabei soll sich das Garn leicht einfädeln lassen. Wenn nicht, nehmen Sie eine etwas größere Nadel. Hinterläßt die Nadel Löcher im Stoff, müssen Sie eine feinere Nadel aussuchen. (Je größer die Nadelnummer, desto kleiner die Nadel!)

Tapisserie-Nadeln

Stumpf mit großem Öhr. Größe 18 bis 24. Geeignet für alle Stickarbeiten auf Stramin oder anderem zählbarem Gewebe.

Stickwolle-Nadeln

Nadel spitz, lang mit schmalem Öhr. Größe 4 bis 10 eignet sich für die meisten Stickarbeiten, einschließlich freier Stickarbeit.

Chenille-Nadeln

Nadel spitz mit großem Öhr, Größe 18 bis 24. Geeignet für dicke Garne auf dichtgewebten Stoffen und zum Vernähen dicker Garne, die mit Überfangstichen gehalten werden.

Nähnadeln

Spitz mit kleinem rundem Öhr, Größe 4 bis 10. Verwendung: für alle Näharbeiten, zum Säumen, für Patchwork und Ziersteppererei.

Einziehnadeln

Stumpf mit großem Öhr. Verwendung: Einziehen von dicken Garnen, Bändern und Riemen.

Perlstickerei-Nadeln

Nadel spitz, sehr fein – je nach Perlgröße.

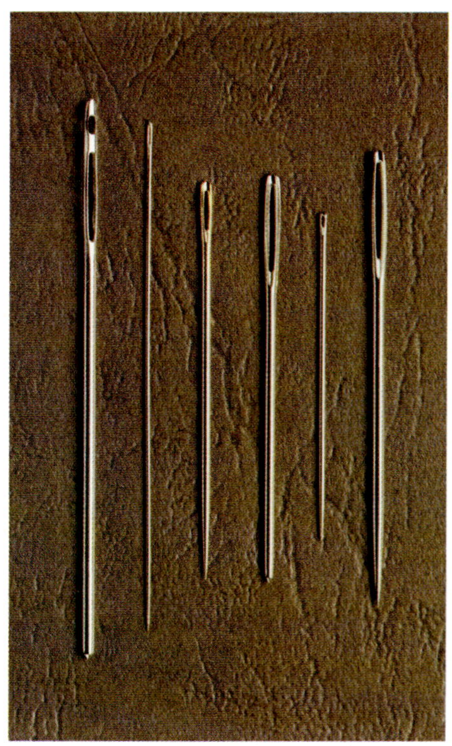

Oben: Sticknadeln von links nach rechts: Einziehnadel, Nadel für Perlstickerei, Nadel für Wolle, Tapisserie-Nadel, Nähnadel, Chenille-Nadel

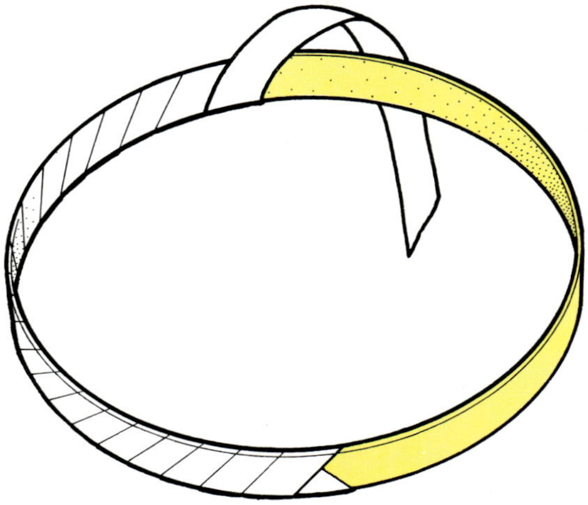

So umwickelt man einen Stickrahmen

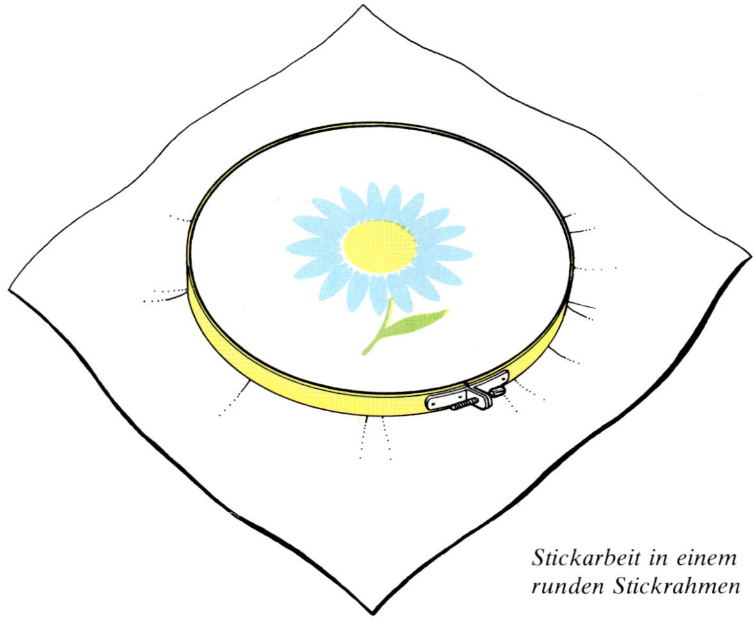

Stickarbeit in einem runden Stickrahmen

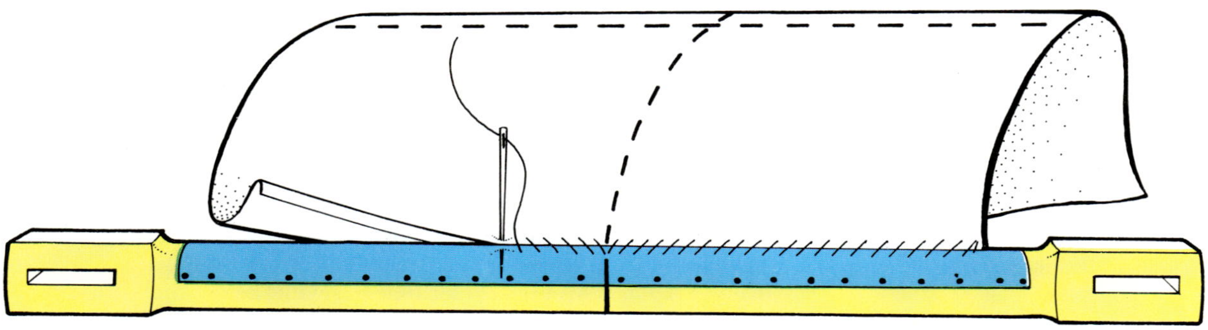

Der Stoff wird an den Gurt genäht, der am Querholz befestigt ist

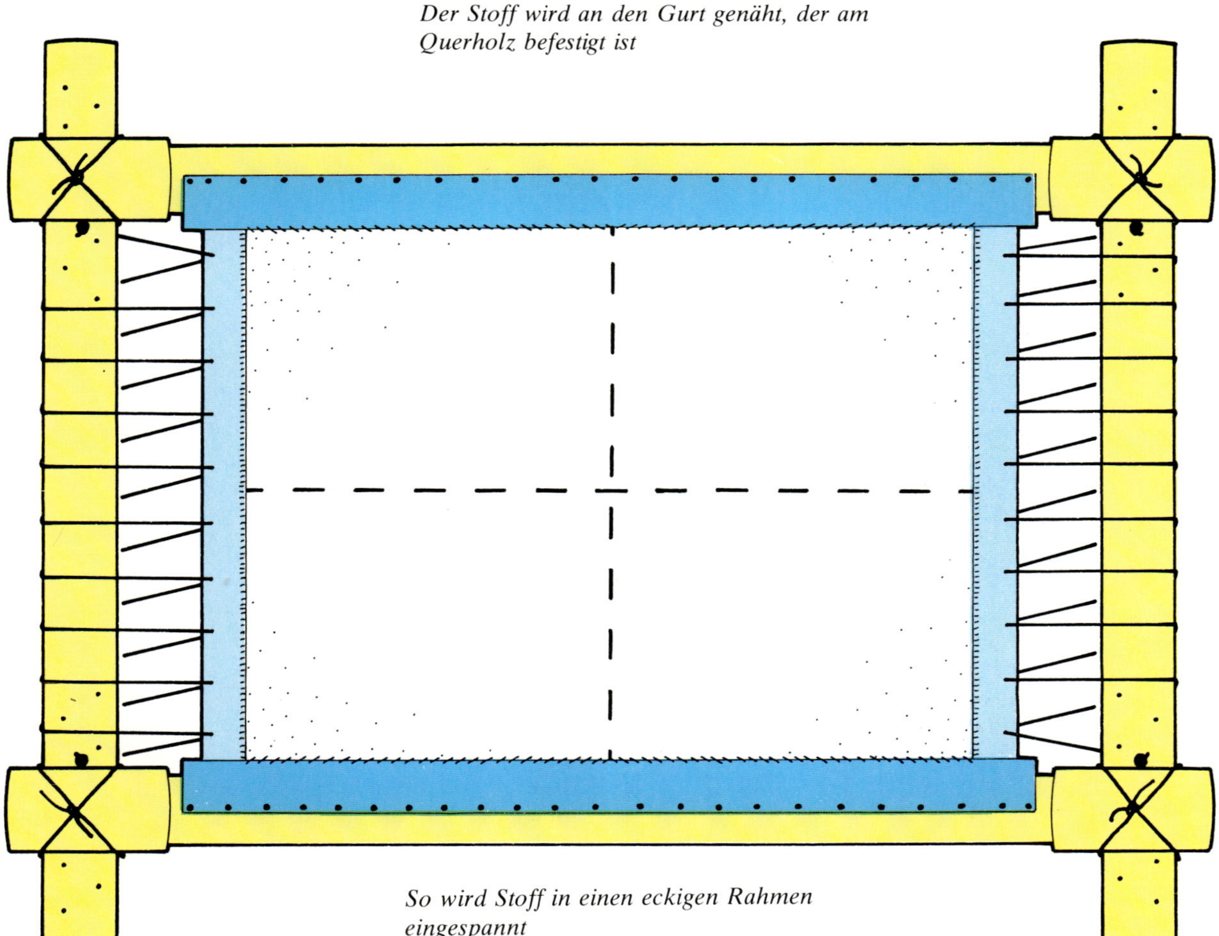

So wird Stoff in einen eckigen Rahmen eingespannt

Der Entwurf

Vielleicht schreckt Sie der Vorschlag, Ihre eigenen Entwürfe zu machen. Nur Mut! Natürlich ist es günstig, wenn man zeichnen kann, unerläßlich ist es aber nicht. Entwürfe brauchen, ja sollten nicht ganz naturalistisch sein. Denn Sticken ist nicht der Versuch, der Malerei Konkurrenz zu machen. Merkmal der Stickerei ist, daß eine Grundidee in Stoff und Garn umgesetzt wird. Achten Sie einmal auf die Muster und Schattierungen in Ihrer Umgebung. Im Garten finden Sie wahrscheinlich Blüten, Blätter, vielleicht sehen Sie auch einen Vogel im Flug. Studieren Sie das Muster von Baumrinden, sehen Sie sich die Farben genau an, auch die Nuancen, die durch Schatten entstehen. Auf einem Spaziergang mag Ihnen ein interessantes Eisengitter auffallen, ein schönes Haus oder ein verschnörkelter, alter Laternenpfahl. Selbst Schnitzwerk und Ornamente in der Kirche können einem Ideen eingeben. Im Haus finden sich anregende Muster auf Bezugstoffen, Kacheln oder Tapeten. Wenn Sie Gemüse putzen, sollten Sie sich einmal einen halbierten Kohlkopf genau ansehen, das Innere einer Tomate oder einer Paprikaschote. Ein Museumsbesuch kann eine wahre Fülle von Ideen einbringen, inspiriert von Stoffen, Porzellangeschirr oder anderen Museumsstücken.
Wenn Sie Talent zum Zeichnen haben, stekken Sie sich einen kleinen Block ein und halten sie jede Anregung gleich in einer Skizze fest. Fällt Ihnen das Zeichnen nicht so leicht, machen Sie sich Notizen über Farben und Formen, die Sie in Erinnerung behalten wollen, oder zeichnen Blüten und Blätter in Umrissen nach. Dann haben Sie einfache Stickmuster.

Einfache Entwurfs-techniken

Wie wäre es, einmal ein einfaches Muster aus Initialen auszuprobieren? Dabei kann man ein und denselben Buchstaben wiederholen, auch so, daß sich die Buchstaben überschneiden, abwechselnd aufrecht und auf dem Kopf stehen oder Rücken an Rücken zusammentreffen. Auch zwei oder mehr Buchstaben lassen sich zu einem Muster zusammenfügen.
Ehe Sie ein Ornament entwerfen, sollten Sie sich überlegen, ob sich der praktische Zweck Ihres Stickwerkes vielleicht im Stickmotiv ausdrücken läßt. Sie müssen außerdem daran denken, daß das Ornament das richtige Größenverhältnis zum praktischen Zweck und ein ausgewogenes Verhältnis zur übrigen Fläche aufweist. Zu einem harmonischen Gesamteindruck gehören auch die freien Flächen zwischen der Stickerei. Es gibt im übrigen Stickmethoden, bei denen die Zwischenräume ausgestickt werden und die freien Räume als Muster erscheinen. Das ist beispielsweise das Prinzip der Assisi-Arbeit (Seite 70).
Es gibt Leute, die am liebsten ohne lange Planung und Vorbereitung gleich darauflossticken. Aber auch dann sollte man zumindest genau wissen, in welcher Stichart man arbeiten will. Sicherer ist es jedenfalls, wenn man erst einen Entwurf auf Papier zeichnet und ihn erst dann, wenn man damit zufrieden ist, auf den Stoff überträgt.

Mit Lineal arbeiten

Die einfachsten Muster kann man mit Bleistift und Lineal entwerfen. Experimentieren Sie mal mit schlichten geraden Linien, die Sie auf unterschiedliche Weise anordnen, parallel oder konisch zulaufend, gleich oder verschieden lang. Aus überkreuzten Linien ergeben sich Rhomben und Dreiecke.

Telefon-Kritzeleien

Ein großer Notizblock neben dem Telefon kann eine Quelle der interessantesten Entwürfe sein. Kritzeleien, die beim Telefonieren entstehen, können Motive sein für freie Stickerei, aber auch für Straminsticken oder Florentiner Arbeiten. Ob Sie nun ein Stück Papier oder die Rückseite eines alten Briefumschlags benutzen: Kritzeln Sie drauflos!
Ein Bleistift zeichnet oft zu schwach. Nehmen Sie Filzstifte verschiedener Schriftstärke, das gibt der Sache mehr Schwung. Die Abwechslung von dünnen und dicken Strichen wird vielleicht zu einem Teil des Entwurfs, umsetzbar in entsprechend dünne und dickere Garne.

Eine Schnur werfen

Nehmen Sie ein Stück Schnur, etwa einen Meter lang. Legen Sie ein Blatt Papier auf den Fußboden, das der Größe der geplanten Stickarbeit entspricht. Nun stellen Sie sich so hoch wie möglich über das Papier, halten die Schnur an einem Ende und lassen sie von oben auf das Papier fallen. Möglicherweise fällt die Schnur zu einem Gebilde, das Sie an irgend etwas erinnert, an einen Vogel vielleicht. Aber auch eine abstrakte Figur kann zum Stickmotiv werden. Wenn Ihnen der Wurf nicht gefällt, probieren Sie es weiter. Bei einem Treffer legen Sie Pauspapier über das Schnurgebilde und zeichnen es nach. Sie können es dann nach Gutdünken mit dem Stift ergänzen und vervollständigen. Eine andere Methode: Sie lassen ein Stück Garn direkt auf Stoff fallen. Wenn Ihnen die Figur gefällt, heften Sie sie mit Nadeln fest und umsticken sie anschließend mit Überfangstichen. Dieses Ornament läßt sich zusätzlich verfeinern durch Applikationen, durch Perlen, Netzgewebe und freie Stiche.

Ein mit dem Lineal gezeichnetes Muster

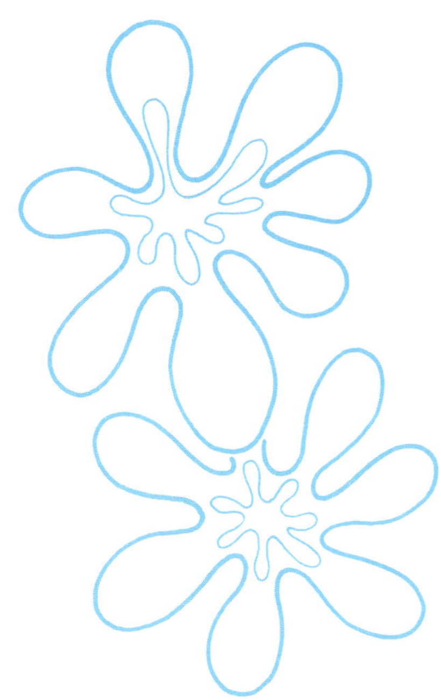

Telefon-Kritzeleien werden zum Stickmotiv

Papierschablonen

Ganz simple Motive kann man mit Papierschablonen herstellen. Sie fangen am besten mit einfachen Formen an: mit einem Kreis, einem Rechteck oder mit einem Quadrat. Sie können nun beispielsweise den Kreis in fünf Teile zerschneiden und die auf einem Blatt Papier so verteilen, daß sich einige überschneiden. Kleben und heften Sie die Teile am Untergrund fest, und pausen Sie das so entstandene Motiv ab. Es läßt sich ebenso gut für freie Stickerei verwenden wie für Stickerei auf zählbarem Gewebe, als Muster für Applikationen, Ziersteppererei oder für eine Bordüre. Es ist klar, daß das Stickmuster um so interessanter werden kann, je mehr Mühe man sich mit der Komposition eines Papierschnittes gibt.

Tintenkleckse

Eine ganz einfache Methode, ein Muster zu entwerfen: Man läßt Tinten- oder Farbtropfen in die Mitte eines Zeichenkartons fallen. Dann faltet man das Papier in der Mitte zusammen, drückt die Hälften kräftig aufeinander und öffnet sie wieder. Es zeigt sich ein symmetrisches Muster. Ganz unterschiedliche Wirkungen erzielen Sie, wenn Sie mehrere Farben benutzen, und Sie werden überrascht sein, was für interessante Gebilde Sie auf diese Weise zustande bringen. Eine weitere Möglichkeit: Blasen Sie mit einem Trinkhalm sachte in die Farbtropfen, so daß die Farbe verläuft. Experimentieren Sie so lange, bis Ihnen das Ergebnis gefällt. Versuchen Sie, sich vorzustellen, wie Sie es in Stickerei umsetzen können. Ist das Muster frei auszusticken? Eignet es sich für Weißstickerei oder für Metallgarn, oder fällt Ihnen etwas anderes dazu ein?

Landschaft

Landschaftsmotive liefern Postkarten, Fotos oder Farbdiapositive. Man kann sie nachskizzieren, sollte sie dabei aber so vereinfachen, daß sie gut nachzusticken, -steppen oder zu applizieren sind, wobei Sie auf jede dieser Techniken besonders eingehen müssen. Eine stark vereinfachte Landschaft läßt sich in eine nicht ganz übliche Art Florentiner Stickerei übersetzen, indem man nur die Umrisse von Himmel, Hügeln und Vordergrund nachstickt.

Mit dem Zirkel zeichnen

Kreise in verschiedenen Größen, mit dem Zirkel gezeichnet, werden ausgebreitet, über eine Fläche verteilt, einzeln oder übereinander gelegt. Sie liefern Ideen für runde Kissen, runde Dosendeckel, aber auch für Quilt-Designs, Stickarbeiten auf zählbarem Gewebe und für Applikationen. Wenn Sie keinen Zirkel haben, behelfen Sie sich mit Münzen, Gläsern, Untertassen und anderen runden Gegenständen, und schneiden Sie sich aus festem Papier oder leichtem Karton entsprechende Schablonen aus.

Mit der Kamera

Das beste Mittel, einen faszinierenden Eindruck festzuhalten, ist ein Foto. Dabei spielt es keine entscheidende Rolle, ob Sie Farbfotos oder Schwarzweißbilder machen, denn die Originalfarben sind in der Regel sowieso nicht nachzusticken. Ein Schwarzweißfoto gibt durch Schattierungen schon gewisse Farbanhalte (durch dunkle, mittelstarke und helle Flächen). Wenn Sie nur einen Bildausschnitt nacharbeiten möchten, machen Sie sich zwei L-förmige Schablonen, die Sie als Rahmen benutzen. So finden Sie den richtigen Ausschnitt.
Genauso kann man natürlich mit einem guten Druck in einem Buch oder in einer Zeitschrift verfahren. Ein halbes Rad, ein Stückchen Landschaft, die Mitte einer Blüte – das alles kann zum Motiv werden. Oder nehmen Sie ein Farbdiapositiv, projizieren Sie es auf einer weißen Wand. (Sie können die Wand auch mit einem weißen Papier zuhängen.) Versuchen Sie wieder mit Hilfe von zwei großen L-Schablonen einen interessanten Bildausschnitt einzurahmen. Darüber dekken Sie ein Pauspapier und ziehen die Umrisse des Bildes vorsichtig mit Bleistift nach. Das ganze Diabild werden Sie kaum nachsticken wollen. Nehmen Sie nicht zu viele Details mit in Ihr Bild, sondern vereinfachen Sie es soweit wie möglich.
Manchmal geben einem Diapositive auch Farbanregungen zum Sticken. Eine üppige Blumenrabatte zum Beispiel kann zu einem Patchwork-Quilt inspirieren oder für eine Straminstickerei den Ton angeben. Oder Moosflechten zeigen einem die feinen Schattierungen einer Farbskala von Graugrün bis Zartweiß.

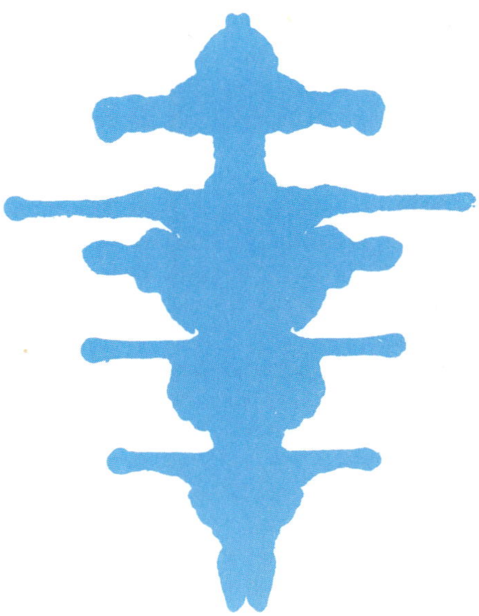

Dieses Motiv entstand aus einem Tintenklecks

Die Kreismotive sind mit dem Zirkel gezeichnet

Landschaft, der Natur, einer Zeichnung oder einem Foto nachempfunden

Wie man ein Motiv vergrößert oder verkleinert

Es ist nicht schwierig, die Größe eines Stickmotivs zu verändern. Angenommen, Sie haben ein Stück Stoff, das Sie gerne besticken möchten, das aber für den gewünschten Entwurf nicht ausreicht. Oder Sie haben sich aus einem Buch ein Motiv herausgesucht, das Sie zum Sticken reizt, das aber für ein Kissen oder ein Wandbild vergrößert werden muß. Das macht man so: Zeichnen Sie über das Bild, das Sie vergrößern möchten, ein Quadratgitter von 2,5 cm Seitenlänge, für kleinere Motive entsprechend kleiner. Dann nehmen Sie ein Blatt Papier, das der Größe der geplanten Stickarbeit entspricht, und zeichnen auch darüber ein Gitter, das genauso viele Quadrate haben muß wie das erste Gitter. Nur sind sie hier größer. Nun übertragen Sie Quadrat für Quadrat die Linien vom kleinen auf den größeren Raster. Arbeiten Sie sorgfältig, immer nur ein Feld auf einmal. So erhalten Sie Ihr Motiv in der gewünschten Vergrößerung und in den richtigen Proportionen. Genau umgekehrt verfährt man, wenn man ein Bild verkleinern will.

Ein Motiv wird vergrößert, indem man die Umrisse vom kleinen auf einen größeren Raster überträgt

Wie man bei Bordüren die Ecken entwirft

In vielen Fällen – bei Tischtüchern zum Beispiel – sollen Bordüren fortlaufend um die Ecken herumgeführt werden. In solchen Fällen geben die Ecken der Bordüre oft einen besonderen Reiz, egal, ob es sich um Schwarzstickerei, Kreuzstich, Hohlsäume oder Assisi-Stickerei handelt.

Die Ecken zu entwerfen ist nicht schwierig. Zeichnen Sie das Muster der Bordüre auf Papier, das plan auf einem Tisch liegt. Dann nehmen Sie einen eckigen kleinen Spiegel und stellen ihn schräg über Ihre gezeichnete Bordüre, und zwar an einer Stelle, die sich zum Abwinkeln besonders eignet. Wenn Sie den Spiegel genau senkrecht halten, erscheint die Bordürenecke als Spiegelbild. Welche Stelle dafür die beste ist, das muß man durch Probieren herausfinden. Dort zeichnet man an der Spiegelkante entlang (deshalb keinen gerahmten Spiegel nehmen!) einen schrägen Strich durch die Bordüre. Zeichnen Sie nun die Bordüre bis zum Schrägstrich exakt auf Pauspapier ab, falten Sie das Papier schräg, dem Strich entlang, zusammen und pausen die Bordüre ab. So erhalten Sie die andere Seite der Ecke. Nehmen Sie das Pauspapier auseinander, und übertragen Sie die Ecke auf Ihre Originalzeichnung.

1. Mit einem Spiegel suchen Sie eine passende Stelle für die Ecke

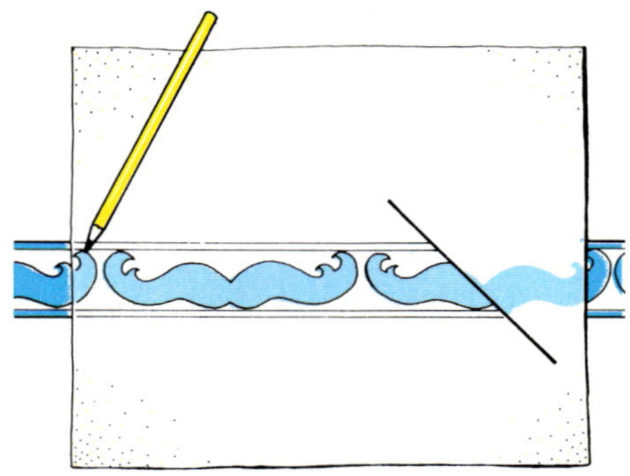

2. Pausen Sie das Bordürenmuster bis zum Spiegel nach

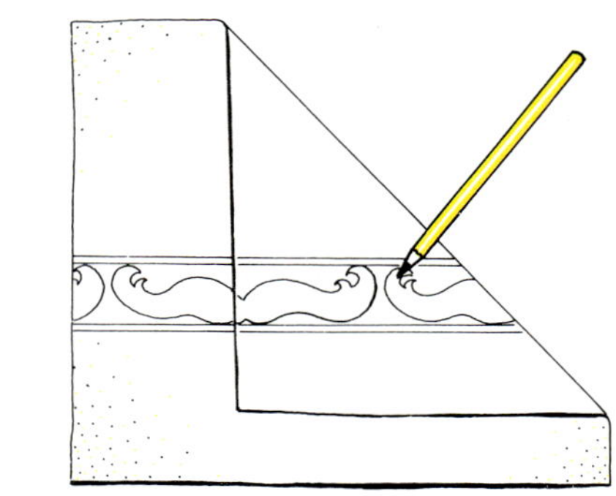

3. Falten Sie das Pauspapier entlang der Spiegelposition um, und zeichnen Sie die Bordüre nach

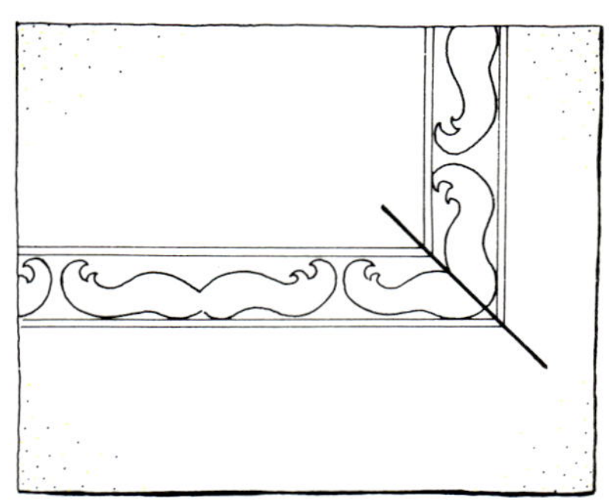

4. Falten Sie das Pauspapier auseinander: die Ecke ist fertig

Wie man Muster auf Stoff überträgt

Damit Ihr Entwurf genau auf die richtige Stelle des Stoffes plaziert wird, brauchen Sie ein paar „Richtlinien". Durch die Mitte der Stofffläche, die Sie besticken wollen, ziehen Sie mit Reihfäden ein Kreuz. Auf dem Papier mit dem Stickmuster wiederholen Sie das mit Lineal und Bleistift. Der Stickstoff muß schön glattgebügelt werden. Es gibt dann mehrere Methoden, das Muster zu übertragen. Welche sich eignet, das hängt von Stoffart und Muster ab. Bei sehr feinen, glatten Stoffen können Sie das Muster direkt mit Bleistift auf den Stoff zeichnen. In allen anderen Fällen muß gepaust werden.

Mit Nadel und Faden zeichnen

Für einfache Motive ohne besondere Feinheiten ist das die sicherste Methode. Sie eignet sich ebenso für Applikationsarbeiten, wie für freie Stickerei, Schwarzstickerei, Fadenzähl-Arbeiten und Ziersteppenrei. Hat der Stoff eine lebhafte Struktur, ist das überhaupt die einzig mögliche Übertragungsmethode.

Legen Sie die auf Seidenpapier abgepauste Zeichnung auf die rechte Stoffseite, genau Mittelkreuz über Mittelkreuz, und stecken Sie das Papier fest. Mit einem Faden, der sich gut vom Untergrund abzeichnet, nähen Sie nun in Reihstichen alle Umrisse der Musterzeichnung nach, immer durch Stoff und Papier hindurch. Arbeiten Sie sorgfältig alle Linien nach, besonders bei Rundungen und

herausragenden Teilen. An schwierigen Stellen mit kleinen, auf geraden mit größeren Stichen nähen. Anfang und Ende einer Naht sichert man mit Steppstichen, nicht mit Knoten.
Legen Sie den Stoff dann auf den Tisch, und entfernen Sie vorsichtig das Seidenpapier. Übrig bleibt ein mit Faden auf Stoff gezeichnetes Stickmuster. Beim Sticken werden die Reihfäden nach und nach aus dem Stoff gezogen. Bei dieser Methode können Sie noch während der Arbeit etwas ändern, weil nichts unverrückbar vorgezeichnet ist.

Übertragen mit Hilfe von Kohlepapier
Dafür nimmt man normales Kohlepapier. Doch wenn die Gefahr besteht, daß es schmiert, besorgt man sich besser Spezialkopierpapier aus dem Schneidereibedarf. Es ist allerdings nur auf glatten Stoffen zu verwenden, nicht aber auf sehr lockeren Geweben oder Stoffen mit Oberflächenstruktur. Das muß man vorher auf einem Stoffrest ausprobieren.
Legen Sie Ihren Stoff, rechte Seite nach oben, auf einen glatten, harten Untergrund. Nehmen Sie ein Kopierpapier, das sich gut vom Grund abzeichnet, und legen Sie es – Farbseite nach unten – zwischen Stoff und Pauspapier mit der Musterzeichnung. Achten Sie wieder darauf, daß die eine Mitte genau auf der anderen Mitte liegt.
Heften Sie Stoff- und Papierschichten mit Stecknadeln zusammen (oder mit Reißnägeln auf einen Zeichentisch), oder beschweren Sie sie ringsum. Fahren Sie dann alle Linien der Musterzeichnung mit einem Bleistift, besser noch mit einem Kugelschreiber nach. Dann heben Sie vorsichtig Paus- und Kopierpapier ab, Ihr Entwurf ist stickfertig.

Die Perforiermethode
Dies ist die genaueste Art, Muster auf Stoff zu übertragen, und sie ist dann angebracht, wenn es sich um feine, schwierige Muster handelt, wie etwa Schriften, ein Gesicht oder ein Wappen. Dabei entstehen fein gezeichnete Linien, die sich kaum mehr abändern lassen. Die Methode eignet sich wegen der Feinheit für Stickerei in weichen Umrissen mit Wolle oder Seide. Abzuraten ist von dieser Methode bei Samt oder Stoffen mit Struktur.
Perforieren und Pausen machen viel Arbeit, aber es lohnt sich. Man braucht dafür eine ruhige Hand. Zunächst muß man sich einiges Extrazubehör besorgen: einen Nadelhalter oder aber einen Korken, in den man die Nadel mit dem Öhr hineinsteckt, eine feine Nadel, eine weiche Unterlage, etwa 30 cm im Quadrat. Das kann eine doppelt gelegte Decke oder eine Doppellage Filz sein. Auch eine dünne Korkplatte geht. Außerdem benötigen Sie Pulver aus Kreide (für dunkle Stoffe) und gemahlene Holzkohle (für helle Stoffe). Füllen Sie die Pulver in kleine Dosen, gerade groß genug, um eine kleine Stoffrolle einzutauchen. Die machen Sie sich, indem Sie einen Streifen Flanell oder Filz zu einer 3 cm dicken Rolle aufrollen und die Enden seitlich feststecken. Außerdem brauchen Sie noch einen spitzen Malpinsel und – je nach Stoffarbe – weiße oder blaue Wasserfarbe. Bei Stramin oder anderen Geweben, die keine Wasserfarbe annehmen, verwenden Sie mit etwas Terpentin verdünnte Ölfarbe oder Tusche. Ölfarbe ist haltbar und deshalb für größere Arbeiten geeignet.
Zuerst zeichnen Sie Ihr Muster auf Pauspapier. Dann legen Sie auf die vorbereitete weiche Unterlage zuerst Seidenpapier, darüber das gepauste Muster. Nun fangen Sie an, sämtliche Striche der Musterzeichnung mit der Nadel in Millimeterabständen zu punktieren (ausgenommen die Kreuzlinien in der Mitte!). Bei der Arbeit können Sie die Zeichnung nach Gebrauch drehen. Halten Sie die Nadel senkrecht und versuchen Sie, möglichst zehn Löcher pro Zentimeter zustande zu bringen. Die Löcher sollen winzig sein. Wer sehr geschickt ist, kann mit der Nähmaschine ohne Faden arbeiten und dabei eine sehr feine Nadel benutzen. Nähen Sie dann sorgfältig die Umrisse der Zeichnung nach, allerdings ohne Faden. Sie dürfen nur keinen Fehler machen. Wenn Lochreihen falsch sitzen, ist dieser Fehler beim Sticken kaum mehr zu korrigieren. Wenn Sie mit der Punktiererei fertig sind, legen Sie Ihren Stoff auf eine harte Unterlage und das gelochte Seidenpapier darüber, genau Mitte auf Mitte. Stecken Sie beides mit Stecknadeln zusammen, oder beschweren Sie das Seidenpapier. Es darf sich nicht bewegen, sonst kriegen Sie verschwommene Linien. Dann tauchen Sie das Ende Ihrer Stoffrolle in Pulver und reiben alle perforierten Linien damit ein. Heben Sie das Seidenpapier vorsichtig ab, entfernen Sie alle Pulverreste mit weichem Tuch oder weicher Bürste, und prüfen Sie, ob sich das Muster gut auf dem Stoff abzeichnet. Wenn nicht, müssen Sie den Stoff sorgfältig von allen Pulverspuren befreien und die ganze Prozedur wiederholen. Anschließend kann das Malen beginnen. Das heißt, Sie fahren mit dem dünnen Pinsel und verdünnter, eben noch sichtbarer Wasserfarbe genau allen gepuderten Linien nach. Beginnen Sie an der Unterkante, und arbeiten Sie sich langsam nach oben hin. Schon bemalter Stoff wird mit Seidenpapier abgedeckt, damit sich die Linien nicht verwischen. Ölfarbe wird so verdünnt, daß man damit eine dünne, fließende Linie malen kann. Wenn die Farbe trocken ist – eine Sache von Minuten –, wischen Sie mit einem sauberen Lappen sanft alles Pulver weg. Was übrigbleibt, soll eine klare, feine Zeichnung des Stickmusters sein. Sind die Umrisse dick, haben Sie vermutlich den Pinsel zu naß gemacht. Vorsichtshalber sollte man den ganzen Arbeitsvorgang vorher auf einem Rest des Stoffes ausprobieren, ehe man sich an eine größere Arbeit macht.

Mit Bleistift arbeiten
Das geht nur bei transparenten, feinen Stoffen wie Batist oder Organdy. Zeichnen Sie das Stickmuster mit schwarzer Tusche auf weißen Zeichenkarton, und legen Sie den glattgebügelten Stoff darüber. Stecken Sie ihn fest, pausen Sie das Muster mit hartem Bleistift nach.

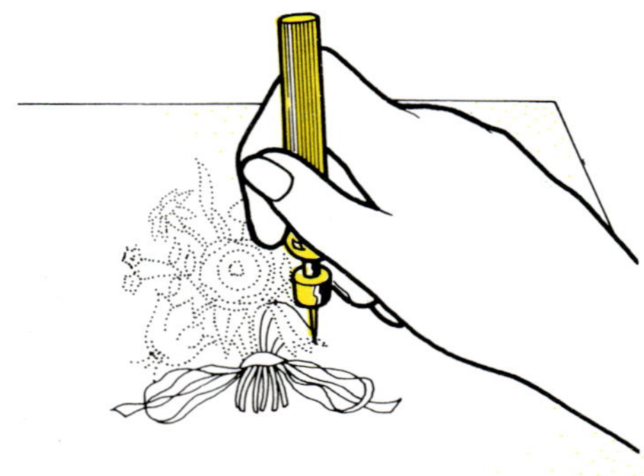

Die Umrisse des Musters werden fein gelocht

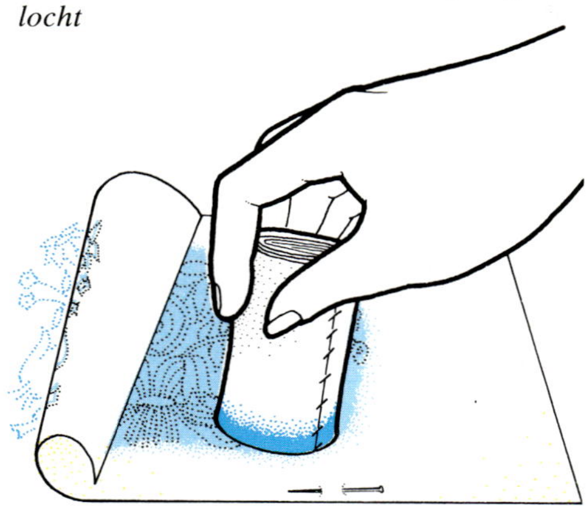

Reiben Sie die Löcher mit einer gepuderten Stoffrolle ein, so daß sich das Muster überträgt

Farben

Manche Leute haben ein ausgeprägtes Farbempfinden, andere nicht. Aber fast alle Menschen können durch Experimentieren ein Gefühl für Farben entwickeln. Überall, ringsherum gibt es Farbkombinationen, von

denen man sich Anregungen holen kann: ob das Schaufenster sind, Zeitschriften, der Garten oder ein Stück Natur.
Aber auch bei den Farben gibt es modische Trends. Beim Besticken von Kleidungsstükken, vor allem Kinderkleidern, hat man mehr Erfolg, wenn man sich nach der Farbmode richtet. Selbst die Farben in der Wohnung unterliegen gewissen Modeströmungen. Man muß sich deshalb vor der Arbeit darüber klarwerden, ob die Stickerei nur eine vorübergehende Zeit halten oder lieber ganz neutral bleiben soll, damit sie für lange Zeit in die Wohnung paßt.
Vielleicht haben Sie eine Vorliebe für Uni, das heißt für Stickarbeiten, bei denen Hintergrund und Dekor von einer Farbe sind. In eine solche einfarbig gehaltene Stickerei kann man sehr wohl Kontraste hineinbringen durch unterschiedliche Garne – glänzende im Kontrast zu matten beispielsweise. Sie werden merken, daß Ihnen selbst für eine Stickerei, die **Ton in Ton** gearbeitet werden soll, überraschend vielerlei Garnarten zur Verfügung stehen.

Monochrom (einfarbig): Bei dieser Art einfarbiger Stickerei sind zwar alle Mustermotive von einer Farbe (in verschiedenen Schattierungen), aber sie stehen auf einem kontrastierenden Hintergrund. Für die Stikkerei kann man alle Farbnuancen von hell bis dunkel nehmen. Die Auswahl hängt vom Hintergrund ab. Wiederholt man bei einer Stickfarbe den Farbton des Hintergrunds, besteht die Gefahr, daß die gleichfarbigen Stiche im Hintergrund untergehen.
Wer seine Arbeit möglichst in einer Farbe halten will, sollte entweder mit hellen und mittelstarken Tönen auf dunklem Grund sticken oder mit dunklen und mittleren Tönen auf hellem Grund. Stickt man dagegen den Hintergrund vollkommen zu, wie das bei Stramin- und Florentiner Stickerei der Fall ist, dann gibt man dem Ton-in-Ton gehaltenen Stickbild oft durch nur geringe Farbnuancen einen besonderen Reiz. Angenommen also, Sie haben sich für eine Skala von ganz blassem bis kräftigem Himmelblau entschieden, verleiht etwas Königsblau ihrer Kombination besondere Glanzpunkte.
Einen verblüffenden Effekt kann man erzielen, wenn man in ein Ton-in-Ton gehaltenes Stickbild nur wenig einer Kontrastfarbe setzt. Zu unserem vorherigen Beispiel: Zu den Blautönen des Himmels nur etwas leuchtendes Rot wirkt wie eine Würze. Die

Kunst dabei ist, nicht zu überwürzen. Es darf nur ein Farbtupfer sein.

Mehrfarbig

Bei mehrfarbigen Arbeiten hängt alles von Zusammenstellung und Verteilung ab. Wenn Sie zwei oder drei Farben verwenden, ist es wichtig, sich auch über die richtige Verteilung Gedanken zu machen. Sie sticken beispielsweise mit Blau, Grün und Braun auf hellem Grund, dann sollten nicht alle Farben gleichwertig, sondern die eine kann blaß, die andere kräftig sein. Da dunkle Farben gestickt heller wirken als im Strang, müssen Sie

Links: Applizierte Mohnblüten aus selbstgefärbten Blättern.
Unten: Freie Stiche und verschiedene Garne ergeben eine plastische Wirkung.

manchmal zu einem etwas dunkleren Ton greifen, als Sie vorgesehen hatten. Auch die Hintergrundfarbe beeinflußt die Farben der Stickerei. Bei größeren Handarbeiten sollte man ein Experiment deshalb nicht scheuen: Sticken Sie zuerst mit dem ausgesuchten Garn und mit den gewählten Stichen auf einem hellen, neutralen Grund, wiederholen Sie dann dasselbe auf einem kräftigen Kontrastton. Ganz wichtig kann es sein, wenn man die Probe einmal auf hellem und einmal auf dunklem Untergrund stickt.
Legen Sie sich eine kleine Sammlung von Stoffmustern und Garnen zum Experimentieren an. Sie können so lange probieren, bis Sie zufrieden sind. Bei der Stickerei sind Farben eines der wichtigsten Elemente, und es lohnt sich, damit herumzuprobieren, ehe man sich an eine größere Arbeit wagt.

Struktur

Auch die Struktur spielt im Gesamtbild eine wichtige Rolle. Mittels der unterschiedlichen Materialien, Garne und Stiche kann man ganz glatte, ebene Oberflächen erzielen, lebhafte Strukturen oder aber eine Kombination von beidem. Um eine glatte Oberfläche zu bekommen, muß man sich einen entsprechend feinen Stoff besorgen, dazu feines Garn und Stiche aussuchen, bei denen der Faden flach auf dem Stoff liegt. Für eine eher plastische Oberfläche wird mit grobem Garn auf einem Gewebe mit Struktur gestickt, und zwar in Stichen, die sich plastisch abheben, wie durchschlungene Kettenstiche, geknotete Stiche oder Spinnweben. Auch wenn man Perlen oder Pailletten einarbeitet, wird die Stickerei plastischer.

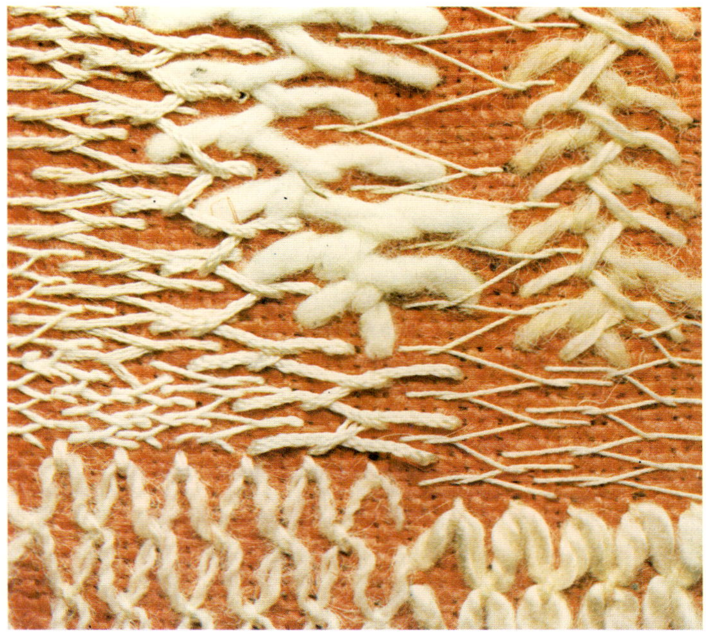

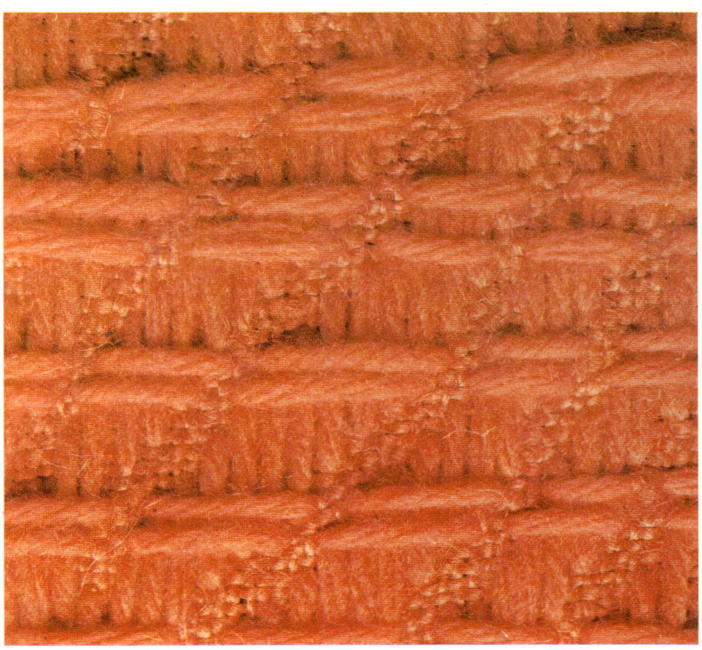

Der letzte Schliff

Beim Sticken auf Stoff oder Stramin kann es passieren, daß sich Gewebefäden verziehen. Besonders dann, wenn man keinen Stickrahmen benutzt. Um das zu korrigieren und das Gewebe wieder glatt zu kriegen, ist Spannen dem Bügeln meist vorzuziehen. Zum Spannen braucht man eine rechteckige hölzerne Tischplatte, ein Zeichenbrett oder eine 1,25 cm dicke Sperrholzplatte. Darauf legt man drei Lagen weißes, altes Leintuch oder Löschpapier, größer als die Stickerei, die gespannt werden soll. Dann kommt die Stickarbeit darauf, die rechte Seite nach unten. Befestigen Sie eine Kante des Stoffs, parallel zur Tisch- oder Plattenkante, in Abständen von 2,5 cm mit Reißnägeln oder nichtrostenden kleinen Nägeln so, daß die Kante ganz gerade ist. Als nächstes nehmen Sie eine der angrenzenden Seiten und heften sie genau im rechten Winkel (mit Zeichenwinkel prüfen!) wie die erste. Und das machen Sie dann auch mit den beiden übrigen Seiten, wobei Sie immer darauf achten müssen, daß die Seiten gerade, die Ecken genau rechtwinklig sind und daß die Arbeit das gewünschte Format bekommt. Wenn der Stoff sehr verzogen ist, müssen Sie ihn kräftig spannen. Bei kleinen und zarten Gebilden benutzt man zum Spannen Stecknadeln und unterlegt sie zum Schutz des Gewebes mit Band. Dann wird ein Schwamm in kaltes Wasser getaucht und ausgedrückt. Damit feuchtet man das gespannte Gewebe so ein, daß es durch und durch feucht, aber nicht tropfnaß ist. Vermeiden Sie, die Nadeln oder Nägel naß zu machen, für den Fall, daß sie doch nicht rostfrei sind. Lassen Sie dann die Arbeit flach gespannt liegen, bis sie bei normaler Zimmertemperatur ganz getrocknet ist. Das dauert in der Regel mindestens 48 Stunden. Dann werden die Nägelchen herausgezogen. Es kann sein, daß die erste Spannprozedur noch nicht ausgereicht hat. Dann muß man das Ganze wiederholen. Stramin, der sehr aus der Fasson geraten ist, muß vor dem Spannen gedämpft werden.
Gespannt werden dürfen nur Stoffe und Garne, die farbecht sind. Heute sind das die meisten handelsüblichen Stickgarne. Wenn Sie nicht sicher sind, machen Sie lieber vorher einen Versuch. Legen Sie ein paar Fäden Ihres Stickgarns in ein feuchtes Tuch, das Sie mit heißem Eisen dämpfen. Dabei zeichnen sich Farben auf dem Tuch ab, die nicht echt sind.

Bügeln

Legen Sie die Stickerei mit der linken Seite nach oben auf eine nachgiebige Unterlage aus weichen Decken oder auf eine mit Schaumstoff unterlegte Bügeldecke. Die Unterlage muß mit einem weißen Tuch abgedeckt werden. Probieren Sie die richtige Bügeltemperatur am besten erst an einer Ecke aus. Stellen Sie das Eisen auf Stoffart und Garn ein, und bügeln Sie die Stickerei unter einem Tuch. Straminarbeiten bügelt man besser nicht, weil sonst die Stiche platt gedrückt werden. Spannen ist hier besser. Smokarbeiten werden von links gebügelt. Muß man sie zurechtziehen, braucht man einen Helfer. Einer hält das Bügeleisen, das auf die dem Stoff entsprechende Temperatur eingestellt ist, umgekehrt, mit der Bügelfläche nach oben. Der andere zieht den gesmokten Stoff, linke Seite am Eisen, über dem Bügeleisen hin und her, und zwar in Richtung der Steppnähte, quer zur Fältelung. Wenn das noch nicht ausreicht, legen Sie ein feuchtes Tuch über das Eisen. Ziersteppereien oder andere gepolsterte Arbeiten darf man nicht bügeln. Auch Stickereien mit Metallgarn dürfen nicht gebügelt und auch nicht gespannt werden. Deshalb ist es wichtig, sie beim Arbeiten in einen Rahmen zu spannen.

Ausarbeiten

Ein Stück fertigzunähen, ist nicht minder wichtig als das Verzieren, egal nach welcher Methode. Bestickte Kleidungsstücke werden genäht wie andere Kleider auch. Am besten bestickt man die einzelnen Schnitteile, noch ehe man sie zuschneidet. So verhindert man, daß die Schnittkanten ausfransen. Außerdem kann man den einzelnen Teil wenn nötig vor dem Zuschneiden spannen. Es empfiehlt sich, die Umrisse des Schnitteils mit Reihnähten zu markieren und sie dann zu besticken. Erst dann schneidet man den Teil zu und näht ihn wie vorgesehen.

Dekorative Säume

Man kann einen besonders hübschen Saum arbeiten, indem man einen Faden aus dem Gewebe zieht. Das sehen Sie auf Seite 132.

Ecken schräg versäubern

Beim Säumen eines rechteckigen Stoffteils treffen je zwei Säume an den Ecken aufeinander. Was tun? Man muß Stoff abschneiden, damit die Ecke nicht wulstig wird. Wollen Sie die Ecke schräg einschlagen und versäubern, machen Sie sich am besten vorher einen Papierschnitt: ein Stück Papier, auf dem Sie Saumlinien einzeichnen (siehe mittlere Zeichnung rechts). Die gelb markierte Fläche wird abgeschnitten. Diese abgeschnittene Ecke dient Ihnen dann als Schablone zum Abschrägen Ihrer Stoffecken. Schneiden Sie erst eine Stoffecke ab, und stecken Sie die Säume fest, ehe Sie die nächste in Angriff nehmen. Sonst franst der Stoff aus. Um die Ecken in Gehrung, also schräg zusammenzuhalten, nähen Sie die beiden Seiten der Schrägung mit kleinen Stichen zusammen (Zeichnung rechts unten). Stechen Sie diagonal unter der Naht entlang.

Kordeln

Beim Versäubern von Kissen oder anderen kleinen Handarbeiten ist es manchmal nötig,

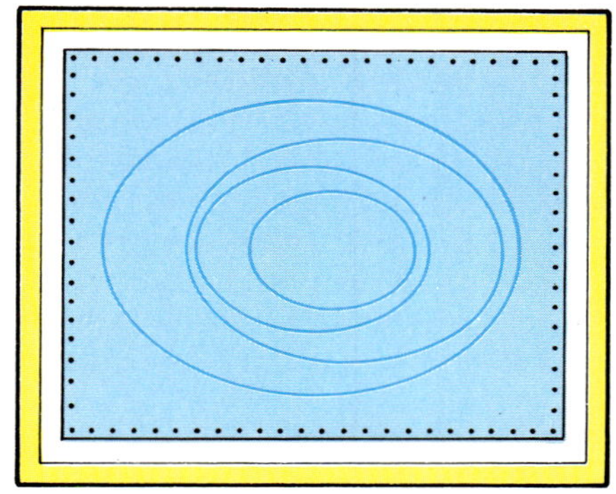

Zum Spannen den Stoff ringsum festheften

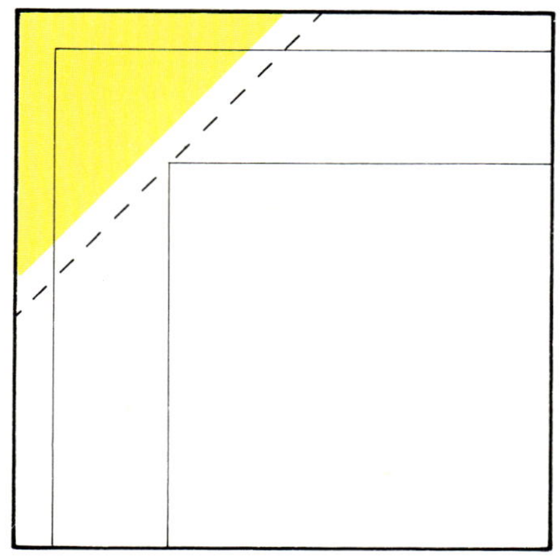

1. Mit Papier üben, wie man eine Ecke versäubert. Linien für Saum und Umschlag einzeichnen. Die gelbe Ecke wird abgeschnitten.

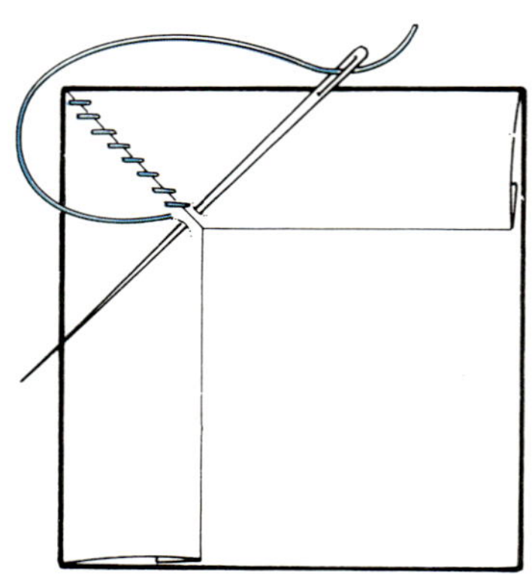

2. Halten Sie den Umschlag fest, indem Sie die abgeschrägten Säume mit kleinen waagrechten Stichen zusammennähen.

die Kanten mit einem Besatz zu verdecken. Dafür eignet sich eine selbstgemachte Kordel. Kordeln kann man außerdem als Henkel für eine Tasche, als Halter für einen Wandbehang verwenden. Sie sind leicht zu machen, passend zu der Handarbeit, die sie herausputzen sollen. Nehmen Sie Garn entweder von der Farbe des Hintergrundmaterials oder aber eine Kontrastfarbe dazu, die möglichst auch in der Stickerei vorkommt. Eine andere Möglichkeit: Sie drehen eine hübsche mehrfarbige Kordel. Die Dicke hängt vom Garn ab und von der Anzahl der Fäden, die Sie nehmen.

Einfach gedrehte Kordel
Nehmen Sie zwei Garnfäden von der dreifachen Länge der fertigen Kordel: Für eine 60 cm lange Kordel brauchen Sie demnach zwei Fäden von je 180 cm. Knoten Sie die beiden Fäden an beiden Enden zusammen. Hängen sie ein Ende über einen Haken oder Griff. Stecken Sie in das andere Ende einen Bleistift oder eine Stricknadel, und ziehen Sie damit die Schnüre straff. Drehen Sie nun Stift oder Nadel mit einem Finger im Uhrzeigersinn immer rundherum, so lange, bis beide Fäden straff gedreht sind. Halten Sie jetzt einen Finger auf die Mitte der gedrehten Schnur, und legen Sie, die Kordel immer noch straff haltend, ein Ende über das andere. Wenn Sie den Finger herausziehen, dreht sich die Kordel von selbst auf. Sie müssen nur darauf achten, daß sie sich gleichmäßig rollt. Dann knoten Sie beide Enden zusammen. Durch Übung lernt man abzuschätzen, wie dick Faden oder Schnur für eine bestimmte Kordelstärke sein muß.

Geknotete Kordel
Anfänger nehmen dafür vier Fäden. Ideal sind je zwei Fäden von zwei Farben. Nehmen Sie die beiden Fäden von einer Farbe je in eine Hand. Fadenlänge ist wieder das Dreifache der fertigen Kordel. Knoten Sie die Enden zusammen, und hängen Sie sie über einen Haken oder Türgriff, damit Sie die Fäden stramm spannen können. Nun schlingen Sie abwechselnd die einen Fäden um die anderen.

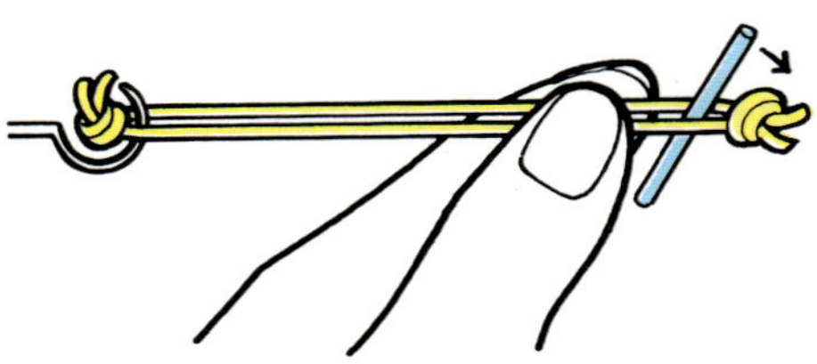

Einfach gedrehte Kordel: Fäden werden zwischen Haken und Stift zum Drehen gespannt

Quasten
Die einfachste Quaste macht man so: In das Ende einer Kordel schlingt man einen Knoten. Dann franst man das Kordelende aus

Geknotete Kordel

und schneidet die Fransen gerade. Kleine Quasten aus feinem Garn oder große Quasten aus Wolle kann man nach folgender Methode anfertigen: Wickeln Sie das Garn um ein Stück dünnen Karton. Die Kartonhöhe entspricht der Länge der Quaste. Je mehr Garn Sie aufwickeln, um so dicker wird die Quaste. Dicke Quasten sehen oft besser aus als magere. Wenn Sie mehrere von einer Art herstellen, merken Sie sich, wie oft Sie den Faden gewickelt haben, damit die Quasten gleich dick werden. Nehmen Sie dann eine stumpfe Nadel mit langem Faden und nähen Sie an der Kartonoberkante Steppstiche durch das gewickelte Garn (Zeichnung). Achten Sie darauf, daß Sie alle Fäden fassen. Ziehen Sie den Karton aus den Schlingen, und binden Sie die Schlingen um den Knoten, den Sie ans Ende einer Kordel geschlungen haben.
Stechen Sie ein paarmal durch Knoten und Schlingen, damit die Quaste festsitzt. Dann ziehen Sie den Faden durch den Knoten und wickeln ihn unterhalb des Knotens ein paarmal um die Quaste, ziehen den Faden wieder durch den Knoten hoch und vernähen ihn. Zum Schluß werden die Schlingen unten gerade aufgeschnitten.
Eine etwas dekorativere Quastenart entsteht nach derselben Methode, jedoch werden die Schlingen nicht unmittelbar an die Kordel genäht. Zuerst wickelt man Garn ein paarmal um die Kordel. Dann verbindet man die Schlingen und dieses gewickelte Garn ringsum mit zwölf Schlingstichen. Nun arbeiten Sie Reihe um Reihe weitere Schlingstiche immer in die vorige Reihe, bis Sie oben am gewickelten Garn ankommen (Zeichnung unten). Arbeiten Sie die letzte Stichreihe in das gebundene Garn, vernähen Sie den Faden, indem Sie ihn durch den Knoten und wieder hochziehen. Schneiden Sie die Schlingen auf.

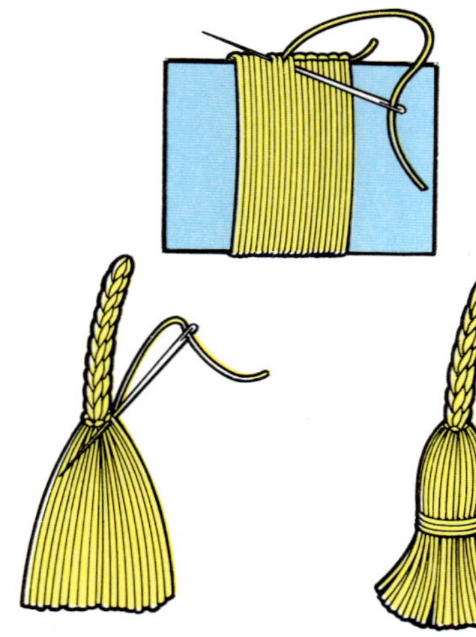

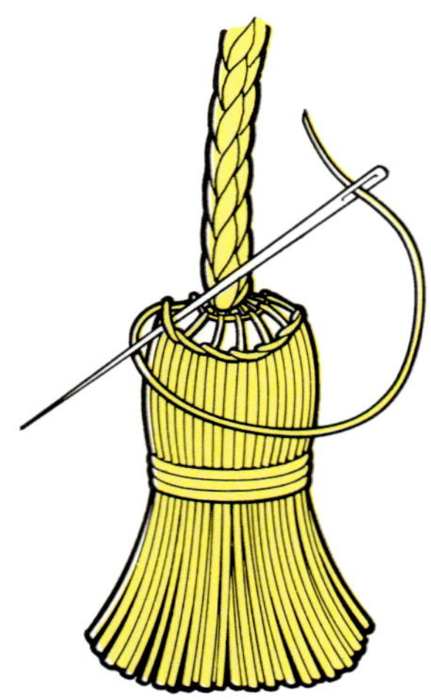

Wickeln Sie Garn um Karton, und umnähen Sie es an der Oberkante mit Steppstichen. Befestigen Sie diese Quaste an einer Kordel über einem geschlungenen Knoten. Wickeln Sie das Garn als Taille um die Quaste. Verzieren Sie den oberen Teil der Quaste mit Schlingstichen.

Freie Stiche

Freie Stiche

Beim freien Sticken nimmt man keine Rücksicht auf Fäden, Muster oder Struktur des Stoffes. Man richtet sich nur nach dem vorgezeichneten Motiv. Das macht freie Stiche so vielseitig anwendbar. Sie eignen sich für beinahe jeden Entwurf und sind zudem Grundlage für viele andere Sticktechniken. Ein Großteil der freien Stiche sind schon seit Jahrhunderten in Gebrauch; einige davon sind charakteristisch für bestimmte Länder. Oft genug kann man an den Stichen und an der Art des Garnes erkennen, woher eine Stickerei stammt. Die Stichtechniken haben sich im Laufe der Zeit kaum geändert. Nur arbeitet man heute mit anderem Garn und Material.

Mit freien Stichen kann man die Umrisse eines Musters sticken, aber auch – eng an eng gesetzt – Flächen füllen oder aber Stiche in regelmäßigen Abständen sticken. Es ist wichtig, daß man die verschiedenen Stiche auf unterschiedlichen Stoffen und auch mit mehrerlei Garnen übt. Solche Stickproben sollte man sich aufbewahren, damit man immer mal wieder darauf zurückgreifen kann. Es kann dann nützlich sein, daß man sich dazu eine Notiz über Garnart und Farbe gemacht hat. Manche Stiche werden durch den Stoff hindurchgestochen, bei anderen – zum Beispiel beim Sparstich – bleibt der Faden an der Stoffoberfläche und wird von kleineren Überfangstichen gehalten. Die meisten Stiche anderer Sticktechniken sind der Grundform freier Stiche nachgebildet. Freie Stickerei kann mit Applikationen kombiniert werden, und Linienstiche können die Umrisse für Schwarzstickerei abgeben. Aber es besteht doch ein entscheidender Unterschied zwischen freier und fadengebundener Stickerei, obwohl sich die Stiche in ihrer Art ähneln. Beim fadengebundenen Sticken arbeitet man nach einer streng vorgegebenen Methode. Für jeden Stich muß eine Anzahl von senkrechten oder waagrechten Fäden gezählt werden. Ähnlich ist das bei der Straminstickerei. Ein Straminstich sieht einem freien Stich unter Umständen sehr ähnlich. Nur muß der Straminstich sich stets nach dem Gewebe des Untergrunds richten – im Gegensatz zum freien Stich – und das ist beim Stramin nun mal immer rechteckig.

Wichtig ist, daß man Stiche auswählt, die zum Stickmuster passen. Für eine schmale, weiche Linie sind zum Beispiel Stiel- und Sparstiche am besten. Stepp- und Reihstiche kann man mit einem Faden durchschlingen, damit sich eine ähnliche scharf gezeichnete Linie ergibt. Der umwickelte Kettenstich hat einen kordelähnlichen Effekt. Verlangt das Muster nach einem breiten Stich, können Sie zum Beispiel wählen zwischen dem Hexenstich und dem romanischen Schlingenstich. Und brauchen Sie plastische Stiche, so können Sie ein „geknotetes Kettenband“ sticken oder französische Knötchen.

Experimente mit verschiedenen Stichen bringen oft überraschende Ergebnisse. Wenn man Blöcke verschieden gerichteter Füllstiche nebeneinandersetzt, entstehen interessante Licht- und Schattenstrukturen. Natürlich spielt die Farbe auch eine entscheidende Rolle dabei. Ein und derselbe Stich kann – in verschiedenen Farben – ganz anders aussehen, selbst wenn er auf dem gleichen Untergrund gearbeitet ist. Ebenso ändert sich die Wirkung von gleichfarbigen und gleichartigen Stichen mit der Farbe des Untergrundes.

Für freie Stickerei lassen sich viele Stoffe verwenden. Die Frage ist nur, ob man für seinen Zweck beispielsweise einen feinen Baumwollstoff braucht oder ein grobes Gewebe wie Rupfen. Möbelstoffe und auch eine ganze Reihe von Kleiderstoffen eignen sich zum Besticken unter Umständen genauso gut wie die üblichen Stickleinen und Baumwollstoffe. Ein sehr lockeres Gewebe braucht vielleicht einen Futterstoff als Versteifung, so daß man beim Sticken durch beide Stofflagen stechen muß.

Suchen Sie sich Garn aus, das weich genug ist, um sich mühelos durch das Gewebe ziehen zu lassen. Für Anfänger ist es leichter, mit einem Faden zu arbeiten, weiches Baumwollgarn oder Perlgarn, als mit mehreren Fäden eines teilbaren Stickgarns. Ein einzelner Faden produziert straff geformte Stiche, was bei mehreren Fäden nicht immer gelingt. Unregelmäßige Garne sind für die meisten freien Stiche nicht geeignet. Man muß sie mit Überfangstichen halten. Auch die Stärke des Garns muß im richtigen Verhältnis zum Untergrund und zur Stichart stehen, ebenso wie zur Größe der Stiche.

Die meisten freien Stiche werden mit einer Nadel für Stickwolle gestickt, bei grobem Material mit einer Chenille-Nadel. Bei durchzogenen Stichen sollte man für den zweiten Arbeitsgang eine stumpfe Tapisserie-Nadel nehmen, damit man die erste Stichreihe nicht spaltet. Wichtig ist bei freier Stickerei ein runder oder eckiger Stickrahmen, der eine gleichmäßige Spannung hält und verhindert, daß sich der Stoff zwischen bestickten Flächen zusammenzieht. Auch ein Futterstoff hilft in bestimmten Fällen gegen das Verziehen, das leicht bei dichtbestickten Flächen passiert.

Für ein gutes Ergebnis Ihrer Arbeit spielt es auch eine Rolle, daß Sie alle Stickfäden am Anfang und Ende gut vernähen und dabei die Fäden auf der Rückseite des Werkstücks so flach wie möglich halten. Machen Sie am Anfang keine Knoten. Möglicherweise drücken sich Knoten später, durch und man bekommt seine Stickarbeit nie ganz glatt. Auch das Bügeln einer Stickerei auf Bügeldecke oder Bügelbrett wird vielleicht schwierig, wenn Sie Knoten gemacht haben. Bei lockeren Geweben kann es passieren, daß man die Knoten sieht oder daß sie sogar auf die rechte Seite durchschlüpfen. Bei feinem Stickgarn können Sie erst ein paar Steppstiche machen in der Reihe oder Fläche, die Sie besticken wollen, und dabei auf den Punkt hinarbeiten, wo Sie beginnen. Sonst lassen Sie am Anfang etwa 7,5 cm des Fadens auf der linken Seite hängen und vernähen ihn, sobald Sie ein paar Stiche gemacht haben. Am Ende eines Stickfadens vernähen Sie den Fadenrest in den Fäden der linken Seite. Bei sehr dickem Stickgarnen und auch bei Garnen, die auf der Vorderseite mit Überfangstichen gehalten werden, müssen die Enden auf der Rückseite mit feinem Garn umstochen und so festgehalten werden. Dieses vernähte Fadenende sollte mindestens 1 cm lang sein.

Einen Faden darf man nicht verlängern, indem man den nächsten anknotet. Erst den ersten Fadenrest vernähen, dann neu beginnen, und zwar genau an der Stelle, wo der erste Faden an der Oberseite endet. Es soll dabei möglichst keine Unterbrechnung des Stichs entstehen.

Muß man einen Faden auf der Rückseite quer über das Gewebe ziehen, sollte man ihn immer durch die Rückseite von Stichen führen. Wo keine Stiche sind, lieber den alten Faden vernähen und mit einem neuen beginnen, denn quer gespannte Fäden sind unter Umständen auf der Vorderseite als Schatten sichtbar, besonders bei transparenten Geweben.

Rechts oben: Schachtel mit freier Stickerei, Applikationen aus Kunststoff, Pailletten und Metallgarn verziert. Die Halbkreise sind dicht mit Stielstichen gefüllt, die Metallfäden werden von Überfangstichen gehalten.

Rechts: Zwei mit freier Stickerei dekorierte Taschen. Die Stickerei besteht aus Flachstichen, einzeln und in Gruppen, französischen Knötchen und Spinnweb-Füllstichen. Bei der rechten Tasche wurden selbstgedrehte Kordeln zu einem schwungvollen Linienmuster aufgenäht.

Vorstich oder Reihstich

Arbeiten Sie von rechts nach links. Von unten her am Beginn der Arbeit durchstechen und von da an die Nadel nach unten und wieder nach oben führen. Dabei können die Abstände gleich lang sein wie die Stiche oder kürzer beziehungsweise länger, je nach Entwurf. Unterschiedliche Längen von Stichen und Zwischenräumen ergeben vielleicht ein sehr attraktives, einfaches Dekor. Aber machen Sie Vorstiche niemals so lang, daß man daran hängenbleiben kann. Vorstiche eignen sich, um eine umrahmte Fläche zart zu füllen, besonders wenn durch die Stichrichtung ein Schwung in die Fläche gebracht werden soll. Nur wenn ein Stickmuster mit der Perforiermethode durchgepaust wurde, sollte man auf Vorstiche verzichten, weil sie zuviel von der vorgemalten Musterzeichnung sehen lassen. Vorstiche kann man benutzen, um bei Applikationsarbeiten Umrisse weicher zu gestalten oder um Stoffe auf einem Hintergrund zu befestigen.

Flachstich

Flachstiche sind keine Serienstiche. Das heißt, jeder Stich kann einzeln gestickt werden und ist unabhängig von anderen, egal, ob dicht oder auf Abstand gesetzt. Stechen Sie an dem Punkt nach oben, wo die Arbeit beginnen soll. In einem Arbeitsgang führen Sie die Nadel dann nach unten und an dem Anfang des nächsten Stichs wieder nach oben. Arbeiten Sie mit mehrfädigem Garn, müssen Sie die Nadel ab und zu hängen lassen, damit der Faden sich ausdrehen kann und dadurch der Stich schön glatt wird. Die Länge der Stiche hängt unter anderem davon ab, ob Sie ein Werkstück mit praktischem Nutzen arbeiten oder ein Zierstück. Im zweiten Fall können die Stiche beliebig lang sein, vorausgesetzt, die Arbeit wird gut gespannt und gerahmt, so daß die Stiche flach liegen.
Es empfiehlt sich, mit einem Stickrahmen zu arbeiten. Wenn Flachstiche von einem Zentrum aus in verschiedene Richtungen gestickt werden, bilden sie einen sogenannten Sternstich. Der Sternstich kann als Muster für sich stehen oder aber Teil einer größeren Stichgruppe sein.

Steppstich oder Rückstich

Der Stepp- oder Rückstich eignet sich hervorragend dafür, Linien und Umrisse zu sticken. Vor allem, wenn eine feine weiche Linie gestickt werden soll. Er wirkt in der Reihe wie ein fortlaufender Vorstich ohne Zwischenräume. Arbeiten Sie von rechts nach links. Lassen Sie die Länge eines Stiches frei. Holen Sie dann die Nadel hoch, und stechen Sie diesen Stich zurück zum Anfangspunkt. Dann wird die Nadel wieder zwei Stichlängen nach vorne geführt, und Sie machen den nächsten Stich zurück: also immer zwei Schritte nach vorne (auf der Rückseite), einen zurück (auf der Vorderseite).
Zu den Abwandlungen des Steppstichs gehört der durchschlungene Steppstich, bei dem man mit einem zweiten (vielleicht andersfarbigen) Faden die Steppstichreihe, immer von einer Seite her kommend, Stich für Stich umschlingt. Ähnlich ist auch der durchzogene Steppstich. Dabei wird der zweite Faden von einer zu anderen Seite durch die Steppstiche gezogen. Bei beiden Doppelstichen wird der zweite Faden nur am Anfang und Ende durch den Stoff gezogen. Er kann eine verwandte oder eine Kontrastfarbe zum Grundstich haben. Auch die Garnart von Grund- und Zusatzstich kann verschieden sein.

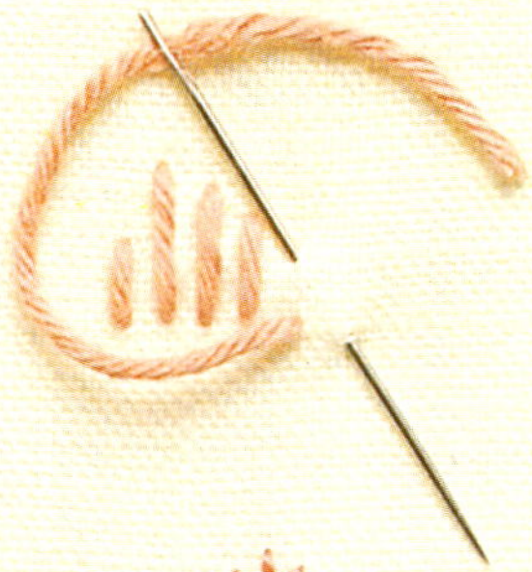

Sternstich

durchschlungener Steppstich

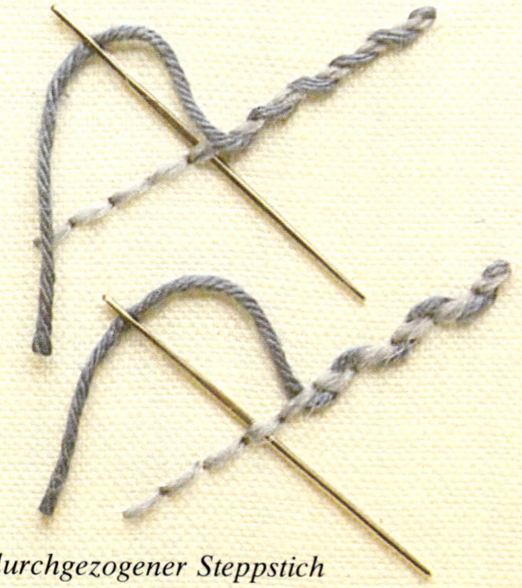

durchgezogener Steppstich

Farnkrautstich

Diese einfache Kombination von Flachstichen kann man für Blattrippen und Gräser verwenden, aber auch als Begrenzungslinie oder um einen Hintergrund aufzulockern. Der Farnkrautstich wird von oben nach unten gestickt. In fortlaufender Folge stickt man jeweils drei Flachstiche zu einem Bündel zusammen. Der mittlere liegt in der Verlaufslinie des Stickmotivs, die beiden anderen zweigen links und rechts davon ab. Beginnen Sie mit einem der äußeren Stiche. Stechen Sie am Außenpunkt hoch, schräg nach unten und an der Mittellinie wieder ein. Von da aus führen Sie die Nadel auf der Unterseite in der Mittellinie eine Stichlänge hoch, stechen nach oben und kehren zum Ausgangspunkt zurück. Dann kommt der zweite Außenstich: von unten nach außen stechen und schräg zurück zum Zentrum. Alle Außenstiche sollen schräg verlaufen. Diese drei Stiche wiederholen Sie nun auf der vorgezeichneten Linie.

Stielstich

Der Stielstich gehört zu den Linienstichen, und man kann ihn gut für Umrisse verwenden. Die gestickten Linien können auch dicht nebeneinandergesetzt werden und bilden dann einen interessanten Füllstich. Der Stielstich wird von links nach rechts oder von unten nach oben auf einer gezeichneten oder gedachten Linie gestickt, also immer von sich weg. Stechen Sie die Nadel am Anfang der Linie hoch, sticken Sie einen kurzen Stich, führen Sie die Nadel auf der Unterseite bis zur Hälfte wieder zurück, sticken Sie wieder einen Stich wie den ersten vorwärts, halb wieder zurück bis zum Stichende und so weiter bis zum Ende der Linie. Dabei sticht man immer auf der gleichen Seite ein, das heißt, die Nadel wird immer von rechts nach links geführt, und der Faden bleibt immer auf der rechten Seite. Will man einen kordelähnlichen Effekt erreichen, kann man den Stielstich – genau wie den Steppstich – mit einem zweiten Faden umnähen.
Wenn man mit Stielstichen eine Fläche füllen möchte, stickt man – wie beschrieben – immer an einer Seite und in eine Richtung. Man kann eine Stickreihe am Ende nicht umdrehen und in die Gegenrichtung fortsetzen, sondern man setzt Linie neben Linie und fängt immer wieder unten an.

durchschlungener Stielstich

Kettenstich

Der Kettenstich ist vielseitig. Man stickt damit Linien oder Umrisse, aber auch Flächen. Und zwar stickt man diesen Stich von oben nach unten, also auf sich zu. Stechen Sie am oberen Ende aus, stechen Sie die Nadel in die Ausstichstelle wieder ein und etwas tiefer wieder aus. Dabei muß der Stickfaden von links kommend so unter der Nadelspitze liegen, daß er eine Schlinge bildet, durch die man die Nadel zieht. Legen Sie den Faden so, daß die Schlinge flach aufliegt und eine runde Form behält. Zu lange Schlingen wirken zu dünn. Beim zweiten Stich führt man die Nadel wieder in das letzte Ausstichloch, legt eine Schlinge und sticht etwas tiefer, innerhalb der Schlinge wieder aus. Am Ende der Reihe sticht man knapp neben die letzte Schlinge und vernäht den Faden mit einem kleinen Fangstich. Auch wenn man anstükkeln muß, wird der alte Faden mit einem winzigen Fangstich befestigt. Man holt den neuen Faden innerhalb der letzten Schlinge nach oben und stickt weiter.
Auch Kettenstiche kann man mit einem zweiten Faden durchziehen, damit sie plastischer werden.

Einzelner Kettenstich

Hier besteht jeder Stich aus einer in sich abgeschlossenen Schlinge. Wenn man eine Schlinge gestickt hat, befestigt man sie mit einem Fangstich, der verschiedene Längen haben kann. Erst dann beginnt man mit dem nächsten Stich. Die Stiche können einzeln stehen oder zusammen eine Form bilden, sie können unterschiedliche Größen haben und mit dickem oder dünnem Garn gestickt werden.

Wunderkette

Wie beim ganz normalen Kettenstich wird hier von oben nach unten auf sich zu gestickt. Die Wunderkette besteht aus einer fortlaufenden Linie von Kettenstichen, aber in zwei abwechselnden Farben. Um zu lernen, eine Wunderkette mit zwei Fäden zu sticken, fädeln Sie einen hellen und einen dunklen Faden zusammen in die Nadel. Sie stechen mit beiden Fäden aus, in dieselbe Stelle wieder ein, etwas tiefer aus, legen eine Schlinge. Aber ehe Sie die Nadel durch die Schlinge ziehen, legen Sie den dunklen Faden auf die Nadel. Der helle bleibt unter der Nadelspitze. Jetzt die Nadel durchziehen, und Sie haben eine helle Schlinge. Nun kommt die nächste Schlinge dran. Diesmal wird der helle Faden auf die Nadel gelegt, und Sie bekommen eine dunkle Schlinge. Man muß den Faden, der gerade nicht stickt, immer etwas nachziehen, damit er nicht stehenbleibt. Sticken Sie auf diese Weise mit zwei Farben weiter, bis Sie den letzten Stich wieder mit einem kleinen Fangstich sichern. Den zweiten Faden zieht man auf die Rückseite zum Vernähen. Eine kleine Variation der Wunderkette: Man stickt immer ein paar Stiche in einer Farbe, ehe man die Farbe wechselt.

Gedrehter oder verschränkter Kettenstich

Diese Variation des Kettenstichs wird als Linienstich verwendet. Man stickt von rechts nach links oder von oben nach unten auf sich zu. Stechen Sie die Nadel an der gewünschten Stelle hoch. Diesmal wird die Nadel aber nicht an derselben Ausstichstelle wieder nach unten geführt, sondern links davon und etwas tiefer. Halten Sie den Faden dabei mit dem linken Daumen fest. Holen Sie die Nadel wieder etwas rechts unterhalb des Einstichs hoch, wobei der Faden der diesmal gedrehten Schlinge wieder unter der Nadelspitze liegt. Nun wieder links unterhalb des Ausstichs (auch links vom Faden) einstechen, Schlinge anziehen und so weiter.

Zickzackkette

Hier haben Sie einen hübschen Bordürenstich. Er wird ganz ähnlich gestickt wie der einfache Kettenstich, aber anstatt bei jedem beginnenden Stich gerade nach unten zu stechen, führt man die Nadel schräg im Wechsel nach links und nach rechts unten. Dabei sticht man nicht über die Schlinge hinweg, sondern durch den Schlingenfaden. Auf diese Weise liegen die Zickzackstiche flach.

Zopfstich

Bei diesem Stich entsteht eine Art schmaler Zopf, der auch „schwere Kette" genannt wird. Sticken Sie von oben nach unten auf sich zu. Holen Sie die Nadel hoch am gewünschten Anfangspunkt, sticken Sie einen kurzen Reihstich, und holen Sie die Nadel etwas tiefer wieder hoch. Nun führen Sie die Nadel unter dem Reihstich durch und zurück wieder in die Ausstichstelle. Nun wieder etwas weiter unten ausstechen zum zweiten Stich, der diesmal unter der Schlaufe des vorangegangenen Stichs durchführt (nicht aber durch den Stoff). Faden nicht zu straff ziehen, damit der Zopf locker und füllig aufliegt.

Leiterstich (breiter Kettenstich)

Er wird im Prinzip genauso gearbeitet wie der einfache Kettenstich, nur breiter, so daß er ein leiterähnliches Aussehen bekommt. Man kann ihn üben, indem man sich im Abstand von 5mm zwei Reihnähte als Begrenzungslinien vorstickt oder aber einen entsprechenden Streifenstoff als Grund nimmt. Holen Sie die Nadel auf der linken Seite hoch, halten Sie die Fadenschlaufe mit dem linken Daumen fest, stechen Sie rechts genau dem Ausstich gegenüber wieder ein, halten Sie den Faden unter der Nadelspitze. Die Schlaufe nicht zu sehr anziehen, damit Sie beim nächsten Stich den Einstich auf der rechten Seite in die Schlaufe setzen können. Den Leiterstich kann man abwandeln, indem man den „Sprossenabstand" verringert oder erweitert. Wenn Sie eine Kurve sticken, plazieren Sie die Einstiche immer so, daß die Querfäden im rechten Winkel zur Kurvenrichtung liegen.

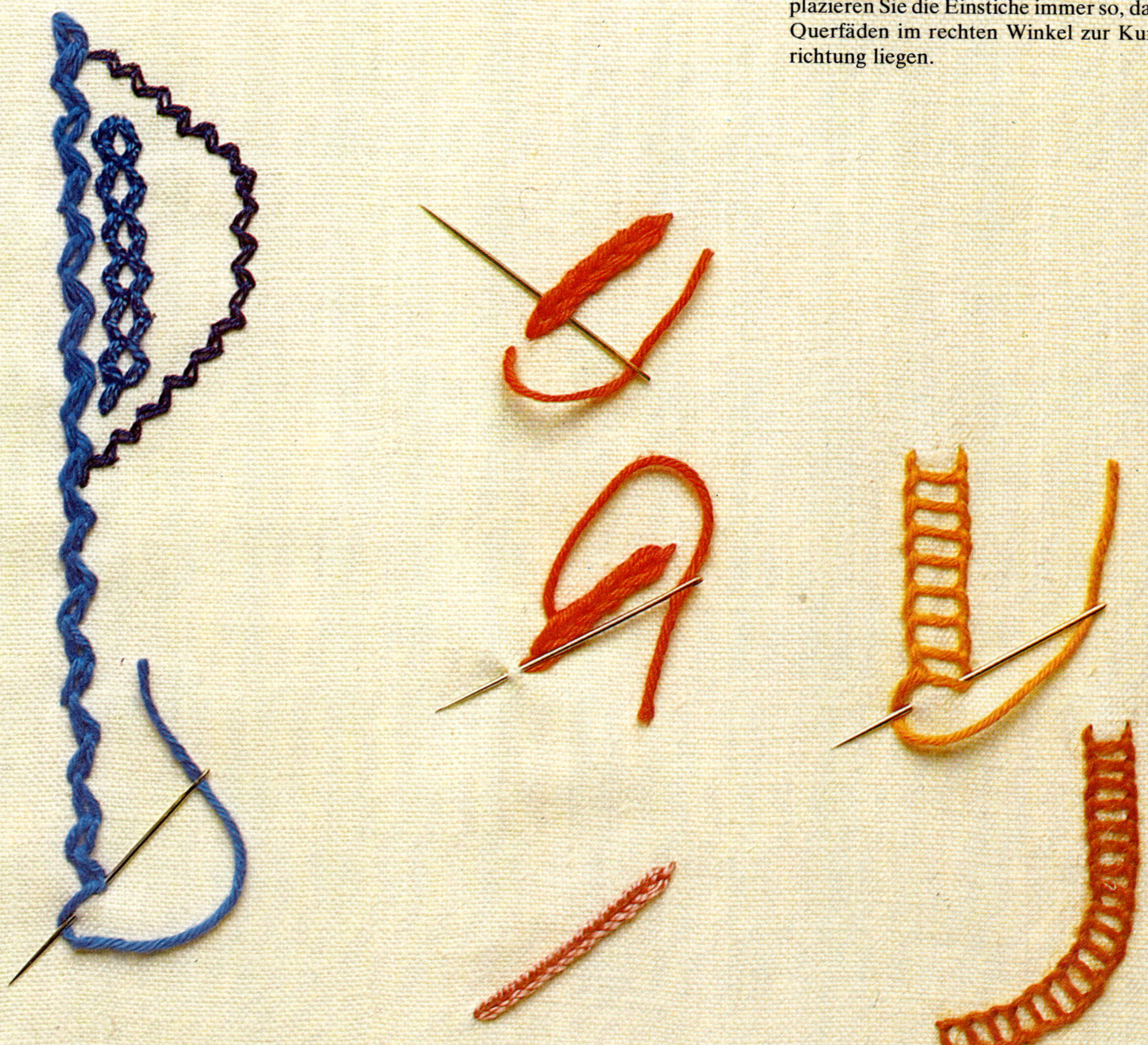

Rosettenstich

Dieser etwas schwierige Stich wird wieder am besten zwischen zwei vorgenähten waagrechten Hilfslinien im Abstand von 5 mm (oder auf Streifenstoff) geübt. Er wird von rechts nach links gestickt. Stechen Sie die Nadel rechts auf der oberen Linie aus. Halten Sie den Faden mit dem linken Daumen. Legen Sie von links nach rechts eine Fadenschlinge, stechen Sie die Nadel senkrecht nach unten, wobei die Schlinge wieder unter der Nadelspitze liegt. Ziehen Sie die Nadel durch. Ziehen Sie die Nadel dann auf der oberen Linie unter dem Faden des ersten Stichs durch, legen Sie wieder eine Schlaufe von links nach rechts, stechen Sie die Nadel wieder senkrecht von oben nach unten durch die Schlinge (wie die Abbildung zeigt) und so weiter.

Die Wirkung des Rosettenstichs hängt davon ab, daß man das richtige Verhältnis von Stichgröße und Garnstärke findet. Rosettenstiche kann man in Reihen oder rund sticken. Wenn man kreisförmig stickt, muß man die Abstände der rosettenförmigen Stiche sorgfältig planen (oder vorzeichnen).

Fliegenstich

Zum Üben mit Reihstichen zeichnet man eine senkrechte Linie vor und arbeitet auf beiden Seiten der Linie. Stechen Sie auf der rechten Seite hoch, halten Sie den Faden mit dem rechten Daumen, stechen Sie gegenüber im gleichen Abstand von der Mittellinie wieder ein. Sie haben jetzt auf der Oberseite eine Fadenschlinge. Nun stechen Sie die Nadel auf der Mittellinie so durch, daß die Schlinge unter der Nadelspitze liegt. Faden durchziehen, bis die Schlinge in V-Form glatt auf dem Stoff liegt. Halten Sie den Stich mit einem kleinen Fangstich an der V-Spitze. Holen Sie die Nadel dann am gewünschten Startpunkt für den nächsten Stich hoch.

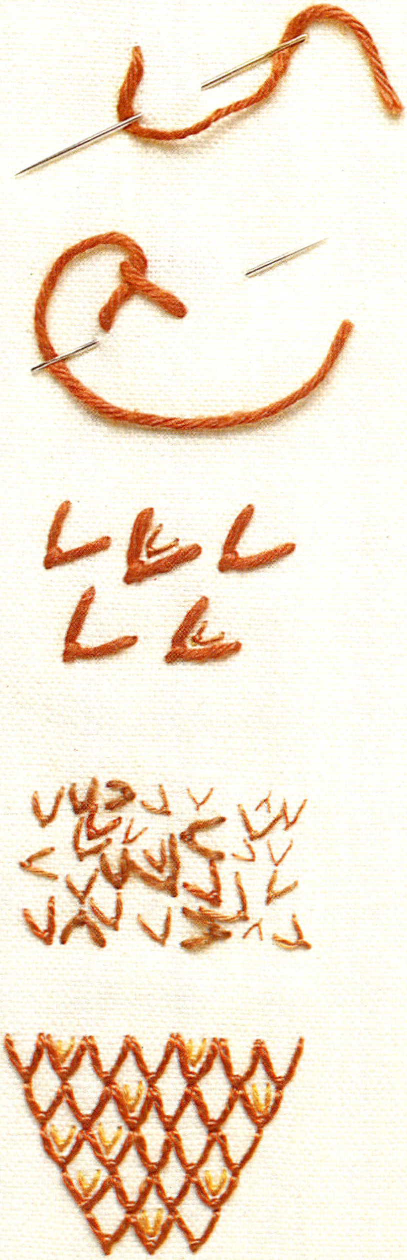

Federstich

Der Federstich läßt sich am besten von oben nach unten arbeiten. Dabei legt man abwechselnd Schlingen nach rechts und Schlingen nach links. Zum Üben stechen Sie am besten zwei Begrenzungslinien in 5 mm Abstand von der Mittellinie vor. Stechen Sie die Nadel oben in der Mittellinie hoch, legen Sie eine Schlinge von rechts nach links, stechen Sie die Nadel auf der linken Linie etwas unterhalb des Ausstichs wieder ein und auf der Mittellinie so wieder hoch, daß die Schlinge unter der Nadelspitze liegt. Wiederholen Sie diese Bewegung, diesmal von links nach rechts und so abwechselnd weiter. Wenn Sie jeweils zwei Stiche nach einer, dann zwei nach der anderen Seite machen, nennt man das doppelten Federstich.

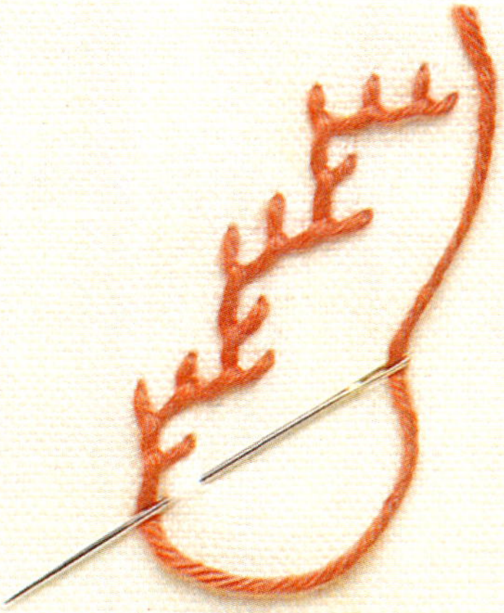

doppelter Federstich

Knopflochstich (Schlingstich)

Sticken Sie von links nach rechts. Stechen Sie auf der Grundlinie hoch. In knapper Entfernung schräg oberhalb einstechen und gerade auf die Grundlinie zurück, und zwar so, daß der Faden schlaufenförmig unter der Nadelspitze liegt. Durchziehen, den Faden wieder zur Schlaufe legen, rechts oben einstechen, gerade nach unten und durch die Schlaufe ziehen und so weiter.

Der Knopflochstich hat viele Variationen: Man kann die Abstände nach Belieben wählen, die Stichlänge kann zwischen kurz und lang abwechseln. Man kann zwei Stichreihen, Rücken an Rücken, sticken oder zwei Stichreihen so ineinander verzahnen, daß die geraden Grundlinien als Begrenzung wirken.

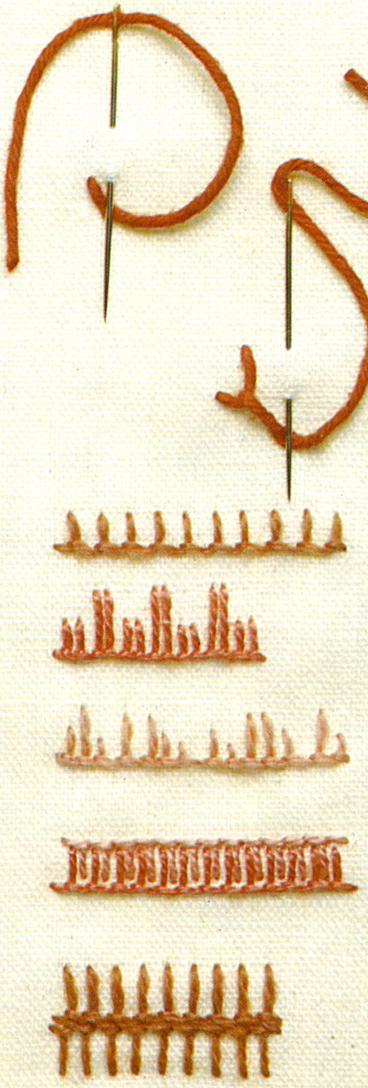

Der Hexenstich

Gestickt wird von links nach rechts. Die Bewegung des Hexenstichs geschieht dadurch, daß man die Nadel abwechselnd oben und unten waagrecht von rechts nach links sticht. Auf diese Weise entsteht eine Reihe von diagonalen, sich überkreuzenden Linien. Der Stich läßt sich verändern, indem man das Gitter breiter zieht oder enger setzt.

Hexenstiche eignen sich, zusammen mit anderen freien Stichen, um Bordüren oder Motive zu sticken. Er wird gelegentlich auch bei Applikationsarbeiten verwendet und vor allem bei Schattenstickerei, weshalb er auch als Schattenstich bekannt ist.

Korallenstich

Arbeitsrichtung von rechts nach links. Stechen Sie am Anfang der Reihe aus, halten Sie den Faden mit dem linken Daumen in Stickrichtung, machen Sie einen kleinen Querstich, senkrecht zur Stickreihe, von oben nach unten durch die Fadenschlinge, so daß sich der Faden beim Ziehen knotet. Unterschiedliche Wirkungen entstehen beim Korallenstich durch verschiedene Garnstärken, durch größere oder kleinere Querstiche und dadurch, wie eng die Knoten nebeneinandersitzen. Sitzen sie dicht beieinander bei nur kleinen Querstichen, wirkt der Korallenstich wie eine Perlenschnur. Das läßt sich manchmal gut für eine Kante nutzen. Zieht man die Abstände auseinander, sieht die Stickreihe gepunktet aus.

Schneckenstich

Mit diesem dekorativen Linienstich kann man auch Flächen füllen. Sticken Sie von links nach rechts. Stechen Sie hoch am linken Ende der Stickerei. Stechen Sie die Nadel in einem kleinen Querstich auf sich zu. Legen Sie mit dem Faden eine Schlinge von links unter dem Nadelöhr durch nach rechts unter der Nadelspitze durch. Ziehen Sie nun die Nadel durch und die Schlinge fest. Dieser Stich läßt sich am besten mit einem festen Garn arbeiten. Beim Ausprobieren können Sie feststellen, wie dicht Sie die Schnecken setzen möchten.

Griechischer Schlingstich

Dieser besonders attraktive Stich ist verhältnismäßig leicht zu sticken. Man kann ihn als Reihe arbeiten oder eng zusammen als Füllstich. Sie sticken von oben nach unten auf sich zu. Zum Üben ist es empfehlenswert, zwei senkrechte Reihnähte im Abstand von 1,25 cm als Begrenzungslinien zu nähen. Stechen Sie oben etwas innerhalb der linken Linie aus, stechen Sie dann die Nadel waagrecht von rechts nach links ein, dabei etwa ein Drittel des Abstands zwischen den Begrenzungslinien unterstechend, etwas unterhalb des ersten Fadens. Legen Sie den Arbeitsfaden unter die Nadelspitze. Durchziehen und den Stich von der anderen Seite her (von links nach rechts) wieder etwas unterhalb des ersten Stiches wiederholen. Nun wechseln Sie immer von links nach rechts, dann von rechts nach links, jeden Stich wenig unter dem vorigen. Der Schlingstich läßt sich verschieden abwandeln: Entweder Sie machen längere Stiche auf die Mitte zu, oder Sie verlängern die Stiche und vergrößern den Abstand. Beim Probieren werden Sie feststellen, daß man auch verschiedene Garnstärken benutzen und den Stichreihen in sich verschiedene Richtungen geben kann. Dabei wird der Stich aufgelockert zu einem interessanten Füllstich.

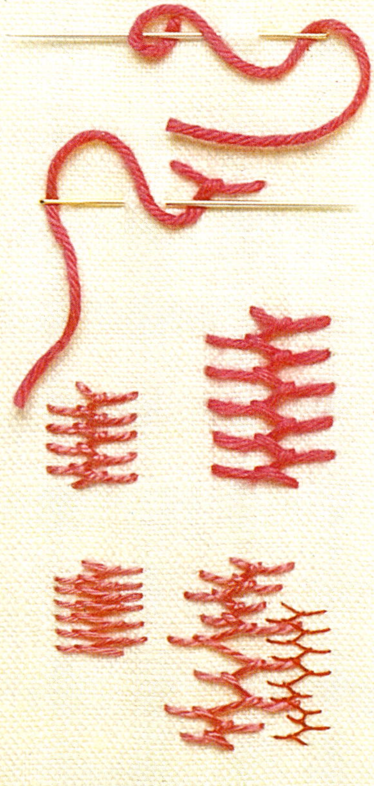

Fischgrätenstich

Brauchbar als Füllstich genauso wie als Reihenstich. Er eignet sich besonders zum Füllen kleiner Motive wie Blätter. Sticken Sie von oben nach unten auf sich zu. Für den Anfänger ist es wieder empfehlenswert, zwei Hilfslinien als senkrechte Begrenzungen im Abstand von 1,5 cm zu nähen. Stechen Sie die Nadel am oberen Ende der rechten Linie aus, und setzen Sie einen schrägen Stich bis zur Mitte zwischen den beiden Begrenzungslinien. Dann führen Sie die Nadel auf der Rückseite wieder hoch zum Endpunkt der linken Seite. Von hier aus wiederholen Sie den Schrägstich zur Mitte. Setzen Sie so abwechselnd von links und rechts kommend Stich genau unter Stich. Wenn man ein Blatt stickt, macht man die Stiche oben kürzer und steiler als in der Mitte. Die Mittellinie erscheint als Blattrippe.

Romanischer Schlingstich

Auch dieser Schlingstich ist ein breiter Plattstich, der sich gut als Füllstich eignet. Er wird wieder von oben nach unten auf den Stickenden zu gearbeitet. Der Romanische Schlingstich besteht aus einer Serie dichtgesetzter, paralleler Stiche, von denen jeder in der Mitte von einem kleinen Schrägstich gehalten wird. Zum Üben wieder zwei senkrechte Hilfslinien im Abstand von 1,5 cm nähen. Am oberen Ende der linken Linie beginnen, die Nadel gegenüber am oberen Ende der rechten Linie wieder einstechen, und zwar so, daß der Arbeitsfaden unter der Nadelspitze liegt. Stechen Sie hoch knapp über diesem ersten Stich etwas rechts von der Mitte. Machen Sie einen kleinen Schrägstich über den geraden Faden, stechen Sie etwas links von der Mitte wieder ein und auf der linken Linie genau unter dem ersten Stich wieder aus, so daß Sie die beiden Arbeitsgänge wiederholen können. Versuchen Sie die kleinen Schrägstiche in der Mitte genau untereinander zu sticken, damit die Stichreihe gleichmäßig wird. Wenn Sie in eine Kurve kommen, müssen Sie die Abstände auf der Außenseite leicht vergrößern. Die Querstiche müssen dann im rechten Winkel zum Kurvenverlauf gestickt werden.

Samen- oder Sandstich

Samenstiche sind Füllstiche, die man aufs Geratewohl verteilt. Sie können eine Hintergrundfläche beleben, die etwas Struktur braucht. Arbeiten Sie die Stiche wie winzige Reihstiche, stechen Sie aber beim Ausstich ein zweites Mal hoch, und verdoppeln Sie den Stich, damit er fülliger wird. Dann fangen Sie in entsprechender Entfernung einen neuen Stich an. Die Stichlänge hängt von der Garnstärke ab. Eine Faustregel: Wenn die Stiche wie Samenkörner aussehen sollen, sollte die Stichlänge der Garndicke entsprechen. Je kürzer die Stiche, um so effektvoller sind sie.

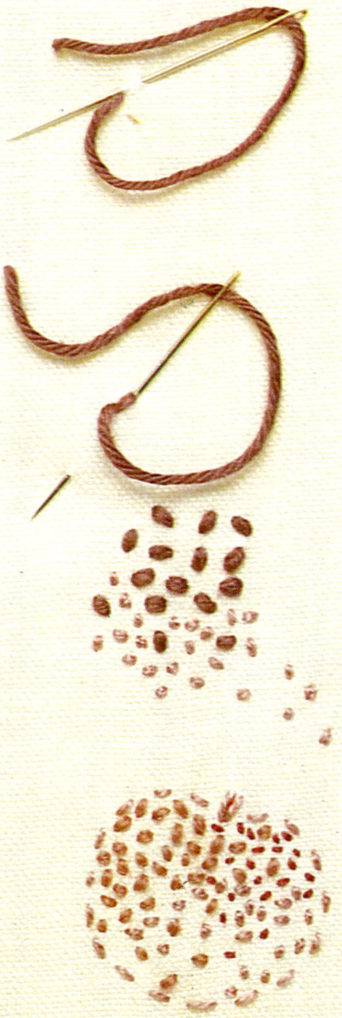

Französische Knötchen

Dieser Knotenstich ist nicht ganz so leicht zu machen wie die meisten der bisher beschriebenen Stiche. Deshalb sollten Anfänger sie am besten erst einmal mit verschieden starken Garnen üben. Wenn Sie den Stich erst einmal im Griff haben, ist er ganz einfach. Holen Sie die Nadel an dem gewünschten Punkt hoch, halten Sie den Stickfaden locker zwischen Daumen und Zeigefinger der linken Hand, legen mit Nadel und Faden von links nach rechts eine Schlinge, wobei der Faden unten zurückgeführt wird, stechen dann die Nadel durch die Schlinge gleich neben der Ausstichstelle ein. Ehe Sie die Nadel durchziehen, ziehen Sie die Schlinge eng um die Nadel und ziehen Nadel und Faden dann durch. Mit dieser letzten Bewegung produzieren Sie ein klar umgrenztes Knötchen. Verschieden große Knoten bekommen Sie durch unterschiedlich dicke Garne und verschieden dicken Nadeln. Wickeln Sie aber den Faden nicht mehr als einmal um die Nadel. Französische Knötchen kann man einzeln setzen oder in Gruppen. Wenn man sie unregelmäßig verstreut, läßt sich damit ein Hintergrund auflockern.

Gewebtes Rad

Hübsch für kleine, in sich abgerundete Motive. Man kann sie einzeln oder in Gruppen sticken, um eine Fläche damit zu füllen. Unterschiedliche Wirkungen erzielt man, wenn man die Garnstärke wechselt. Man muß dabei natürlich das richtige Verhältnis von Stichgröße und Garnstärke im Auge behalten. Sie beginnen mit einem Stern. Zum Schluß stechen Sie die Nadel im Mittelpunkt wieder hoch, führen Sie unter zwei Sternstichen durch und um den zweiten wieder zurück. So weben Sie alle Runden weiter: vorwärts unter zwei Sternstichen, zurück über einen, vorwärts unter zweien und so weiter. Bei Ihrer Weberei stechen Sie nie durch den Stoff. Weben Sie so lange, bis der Stern zu einem Rad gefüllt ist. Stechen Sie dann die Nadel durch auf die Rückseite, ehe Sie einen neuen Stern in Angriff nehmen.

Geknotetes Kettenband

Es besteht aus einer Reihe von waagrechten, auf Abstand gesetzten Vorstichen, durch die Schlingstiche gezogen werden. Man stickt von oben nach unten auf sich zu. Zum Üben sollte man wieder zwei senkrechte Begrenzungslinien im Abstand von 5 mm nähen. Zwischen diese beiden Linien setzt man mit Stickgarn eine Reihe von Vorstichen (Flachstichen). Dann nimmt man einen neuen Faden und sticht aus auf einer der Linien etwas oberhalb des ersten Vorstichs. Man führt die Nadel unter diesen Vorstich (nicht durch den Stoff!), und zwar von unten nach oben, wobei der Arbeitsfaden links liegt. Dann führen Sie die Nadel ein zweites Mal unter den Vorstich, diesmal von oben nach unten. Dabei muß der Arbeitsfaden unter der Nadelspitze (von links nach rechts) liegen. Dann ziehen Sie die Schlinge an (nicht zu fest!). Wiederholen Sie diese beiden Arbeitsvorgänge bis zum letzten Vorstich. Vernähen Sie zum Schluß den Faden auf der Rückseite des Stoffs.

Abwandlungen entstehen durch verschiedene Breite der waagrechten Stiche, die man dann durch mehr Schlingstiche füllen kann. Das geknotete Kettenband ist ein plastischer Stich.

Wickelstich

Genau wie die französischen Knötchen braucht auch der Wickelstich Übung. Wenn Sie ihn einmal beherrschen, haben Sie einen ebenso attraktiven wie nützlichen Stich entdeckt, der Struktur in eine Stickerei bringt. Holen Sie die Nadel am geplanten Anfangspunkt hoch. Machen Sie nun einen Steppstich (Rückstich) in der gewünschten Länge des Wickelstichs, ziehen Sie die Nadel beim zweiten Einstechen aber nicht durch. Wikkeln Sie jetzt den Arbeitsfaden möglichst nah am Ausstich um die Nadel, und zwar so oft, daß die Stichlänge gut gefüllt wird. Nun halten Sie die Fadenschlinge mit dem linken Daumen und Zeigefinger an der Nadel fest und ziehen vorsichtig Nadel und Arbeitsfaden durch. Dann kehren Sie mit der Nadel wieder zum Ausgangspunkt (Einstich) zurück und stechen ein. Dabei werden die Schlingen zu einer kleinen Raupe zusammengezogen, und der Stich liegt an. Sie können den Arbeitsfaden auf der Unterseite noch leicht nachziehen. Dann setzen Sie an zum nächsten Wickelstich. Wenn Sie den Faden nicht oft genug gewickelt haben, wird der Stich nicht gefüllt. Haben Sie zuviel gewickelt, entstehen Knoten.

Füllgitter

Hier handelt es sich um einen zusammengesetzten Füllstich, der leicht und schnell zu sticken ist. Zuerst sticken Sie mehrere Reihen versetzter, senkrechter Vorstiche, wie auf der Abbildung zu sehen. Dann werden diese Vorstiche entweder mit demselben Garn oder in einer Kontrastfarbe durchzogen, indem man den Faden immer abwechselnd durch einen oberen und einen unteren Stich führt bis hin zum Ende der Reihe. Hier wird der Durchziehfaden zum ersten Mal durch den Stoff gestochen und vernäht. Der nächste Durchzug wird so gemacht, daß er sich mit dem vorigen in der letzten Stichreihe trifft. Man kann das Muster beliebig dadurch verändern, daß man die Vorstiche weiter oder enger setzt oder daß man es beim Applizieren oder bei Wollstickerei mit anderen freien Stichen kombiniert.

Überwindelstiche (Sparstiche)

Überwindelstiche kann man vor allem als Linienstiche ansehen, da sie eine schmale, weiche Linie abgeben. Hauptanwendungsgebiet ist die Stickerei mit Metallfäden. Der erste Arbeitsgang: Man legt einen Faden auf dem Hintergrundgewebe in die gewünschte Form. Dieser Faden wird sodann mit feinerem Garn in dieser Lage festgehalten. Dazu macht man kleine Überfangstiche, die quer über den gelegten Faden gestickt werden. Stechen Sie die Nadel an einer Seite des gelegten Fadens hoch, an der anderen wieder ein und machen Sie dabei einen nur winzigen Querstich. Setzen Sie in passender Entfernung – zwischen 5 mm und 10 mm – zum nächsten Stich an. Der gelegte Faden wird nur am Anfang und am Ende durch den Stoff gezogen. Man schneidet ihn auf der Rückseite etwa 1,5 cm lang ab und näht ihn mit dem dünneren Garn mit Querstichen fest. Bei Überwindelstichen kann das gelegte Garn daher beinahe beliebig dick sein. Um beispielsweise bei einem Wandbehang Linien zu kriegen, die man auch aus einiger Entfernung noch sehen kann, darf man ruhig sechssträhnige Wolle, selbstgedrehte Kordel oder sogar Schnur verarbeiten. Bei dieser Stickarbeit kann man auch Strukturgarn wie Bouclé oder Webfäden verwenden, die zu anderen Stickarten nicht geeignet sind. Die Überfangstiche kann man mit feinerem Garn in derselben Farbe machen, damit man sie kaum sieht, oder aber als zusätzliche Dekoration in dickerem Garn und einer Kontrastfarbe. Überwindelstiche lassen sich am besten auf dichtgewebten Stoffen arbeiten. Lockere Gewebe müssen vorher mit einem feinen Futterstoff versteift werden. Wenn Sie bei Überwindelstichen erst einmal die Grundmethode beherrschen, können Sie sich an Abwandlungen heranwagen. Probieren Sie aus, wie es wirkt, wenn Sie die Abstände zwischen den Überfangstichen ändern oder wenn Sie die Stiche größer und kleiner machen oder gar verschiedene Überfangstiche benutzen, wie etwa Knopfloch-, Hexen-, Kreuz-, Fliegen- oder Leiterstich.

Sie können auch anstatt eines Fadens ein ganzes Fadenbündel mit Überfangstichen befestigen, wenn Sie eine entsprechend füllige Linie brauchen. Fülle bekommen Sie auch, indem Sie den Faden (oder die Fäden) nicht in kurzen Abständen niedersticken, sondern ihn lose lassen und in größeren Abständen halten.

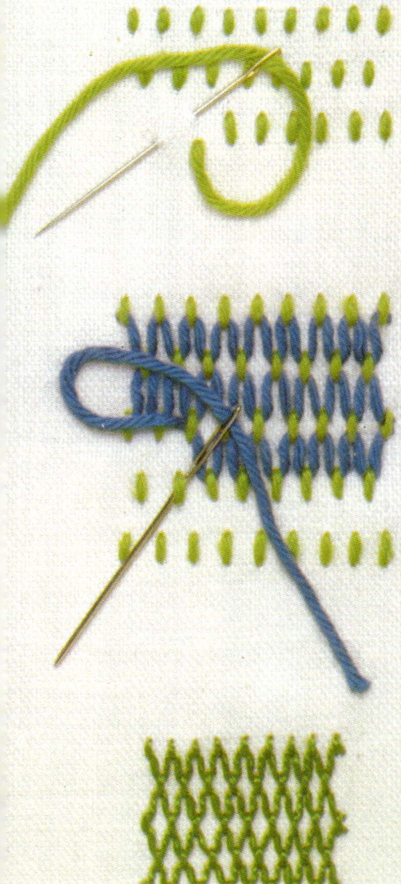

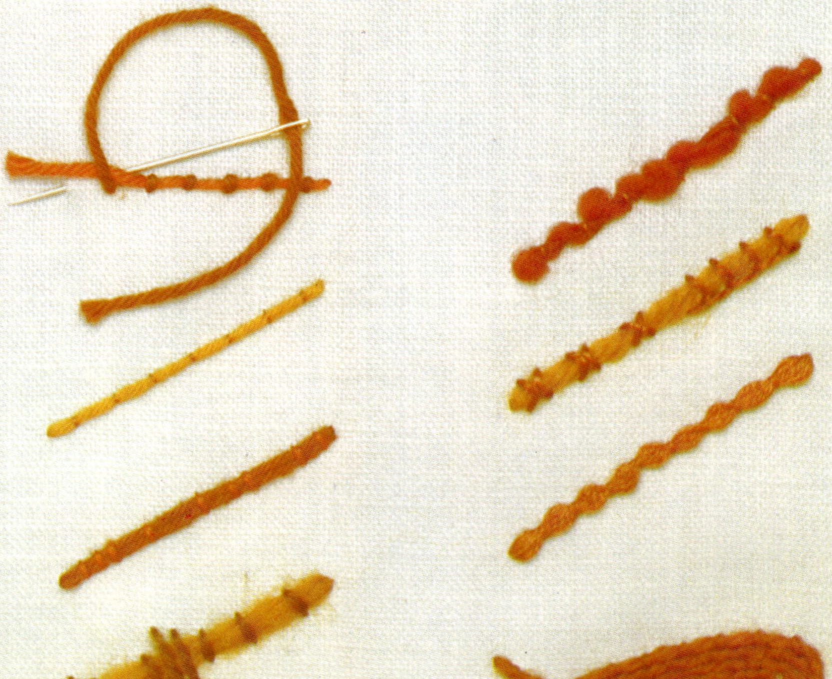

Bestickter Gürtel

Ein kleines einfaches Muster von einer Art, die man, von einem Gürtel einmal abgesehen, für viele Zwecke verwenden kann. Zum Beispiel als pfiffige Dekoration einer Tasche vom Kleid, Jeans oder Rock.
Auf den Gürtel sind fünf Motive so verteilt, daß man den Gürtel nach Bedarf anpassen, das heißt, kürzer oder länger machen kann. Der hier gezeigte Gürtel paßt für Taillenweite 65. Der fertige Gürtel ist 70 cm lang und 5 cm breit.

Material:
Braunen weichen Flanell oder ähnliches Material, 80 x 10 cm
Kalikofutter, 90 x 20 cm, je nach Größe des Stickrahmens eventuell mehr
Zwischenfutter, 70 x 5 cm
Gürtelschließe zum Haken, 5 cm groß
Satinfutter, 65 x 7,5 cm
Stickwolle, 1 Strang Mittelgrau (A) und 1 Strang Siena-Ocker (B)
Baumwoll-Sticktwist, 1 Strang Biskuitfarbe (C) und 1 Strang Blaßgrau (D)

Stickanleitung
Wenn Sie einen großen Stickrahmen haben, sollten Sie den benutzen. Ein runder Stickrahmen geht aber auch. Legen Sie den Flanell auf den Kalikostreifen, und nähen Sie die Umrisse des Gürtels mit Heftstichen nach. Markieren Sie auch die vordere und hintere Gürtelmitte sowie die Gürtelenden, wo später die Schließe sitzen soll. Die Mitte des Stickmotivs wird an folgenden Stellen plaziert:
F – hintere Mitte
G, H – je 11 cm links und rechts neben F
J, K – je 11 cm links und rechts von der vorderen Mitte
Markieren Sie diese Stellen mit Reihstichen, und übertragen Sie das Stickmuster, sticken Sie Ketten-, Stiel- und Fliegenstich mit drei Fäden Sticktwist und einem Faden Stickwolle. Bei französischen Knötchen nehmen Sie drei Fäden Stickwolle. Arbeiten Sie nach der folgenden Aufstellung, wobei sich die Zahlen auf die entsprechenden Flächen in der Musterzeichnung beziehen, die Buchstaben auf Garn und Stichart in der Materialaufstellung.
1 und 2 Umrisse in Stielstich (D)
2 mit Kettenstich füllen (A)
3 linke Umrißlinie in Stielstich (C), rechte Linie, fortlaufend entlang 4 bis oben in Stielstich (C).
3 und 4 mit Kettenstichen füllen
5 Umriß in Stielstich (D)
6 füllen mit französischen Knötchen (A)
7 mit Kettenstich füllen (A)
8 Umrisse in Stielstich auf der rechten Seite und zwei Linien von unten kommend (D)
9 Umrisse in Stielstich (C), füllen mit Fliegenstich, abwechselnd gestickt in (C) und (D)
10 rechter Umriß in Stielstich (B).

Nähanleitung
Wenn die Stickarbeit fertig ist, legt man das Kalikofutter säuberlich (wie unten zu sehen) an die Heftlinie auf dem Flanell, die die Oberkante des Gürtels markiert, und zwar so, daß die Oberkante des Flanells, rechte Seite oben, den Futterstoff überlappt. Achten Sie darauf, daß die Futterkante über die ganze Gürtellänge mit der Reihnaht abschließt, und nähen Sie dann die beiden Stoffschichten mit der Maschine oder mit der Hand zusammen. Setzen Sie die Naht in die Mitte zwischen die beiden Stoffkanten. Nun kniffen Sie die Oberkante des Flanells an der Reihnaht entlang so, daß das Futter auf der Rückseite liegt, schlagen Sie auch den Stoffüberstand an der Unterkante über das Futter, und nähen Sie die beiden Stoffe wie oben zusammen. Dann näht man Ober- und Unterkante des Flanells mit großen Zickzackstichen zusammen (unten rechts zu sehen). Als nächstes werden die beiden Schließenhälften in die Gürtelenden gesteckt. An beiden Seiten wird das Gürtelende nach innen geschlagen und festgenäht. Zum Schluß setzt man Zwischenfutter und Satinfutter so gegen die Gürtelrückseite, daß die Stiche auf der Vorderseite nicht zu sehen sind.

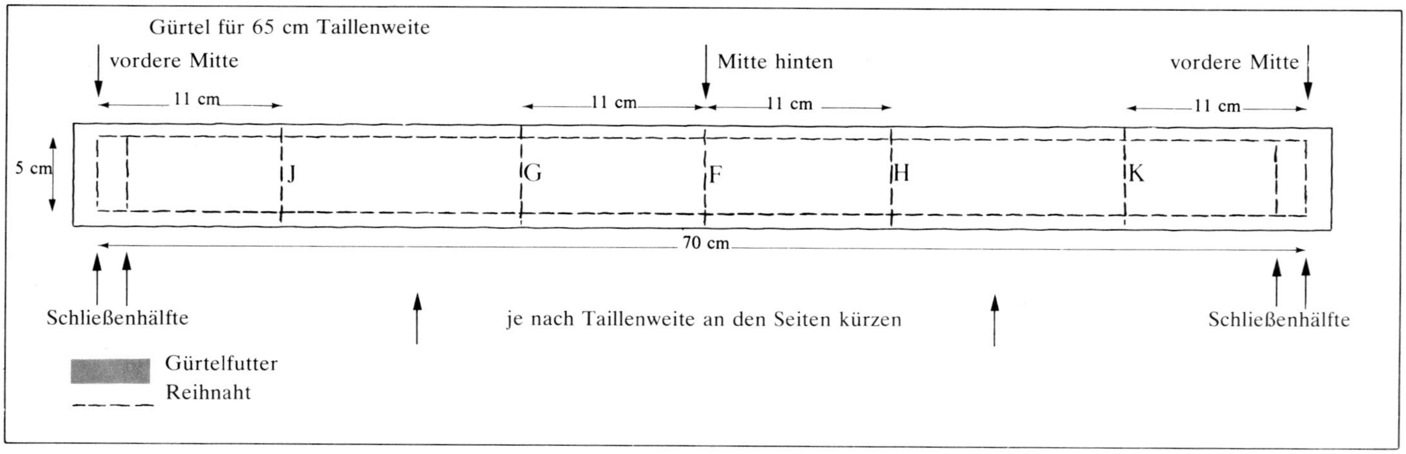

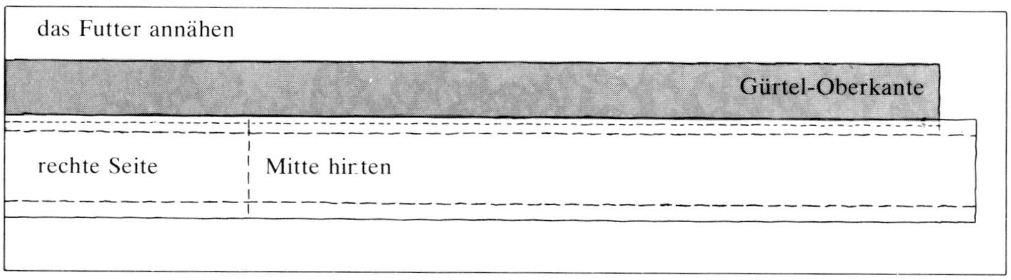

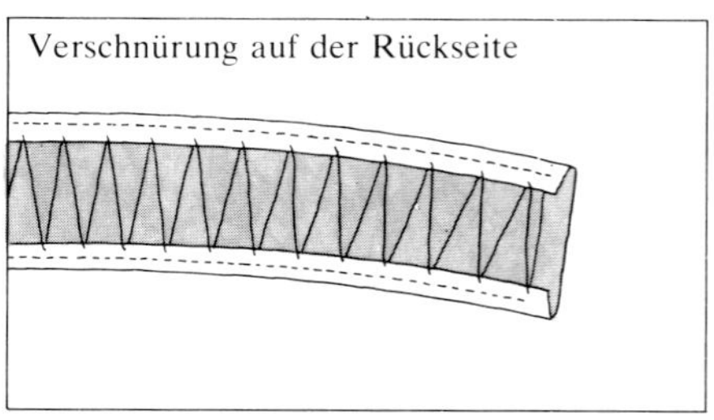

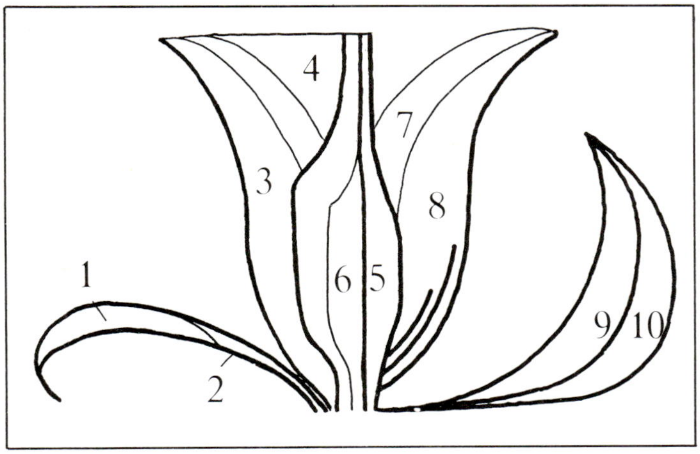

1 und 2 Umrisse in Stielstich (D)
2 mit Kettenstich füllen (A)
3 Umrißlinie in Stielstich (C), rechte Linie fortlaufend entlang 4 bis oben in Stielstich (C)
3 und 4 mit Kettenstich füllen (A)
5 Umriß in Stielstich (D)
6 füllen mit französischen Knötchen (A)
7 mit Kettenstich füllen (A)
8 rechter Umriß und zwei Linien von unten in Stielstich (D)
9 Umrisse in Stielstich (C), füllen mit Fliegenstich, abwechselnd in (C) und (D)
10 rechte Umrißlinie in Stielstich (B)

Wollstickerei

Für diese Stickerei braucht man ein feines gezwirntes Kammgarn, das auch als Stickwolle bekannt und im Handel erhältlich ist. Wollstickerei hat eine alte Tradition. Noch heute wendet man dieselben Stiche an, die schon Wandbehänge, Bettüberwürfe und üppige Vorhänge zierten, wie sie im siebzehnten und frühen achtzehnten Jahrhundert große Mode waren. Damals waren die Entwürfe großflächig. Das Zentralmotiv war häufig ein Baum, der aus Hügeln herauswuchs, auf denen sich vielerlei Tiere ausruhten. Aus dem Baumstamm ging ein Rankenwerk aus vielfach verschlungenen Ästen und Laub hervor, das die Flächen füllte und mit Blüten und Vögeln besetzt war. Auch andere Motive haben Pflanzen, Bäume, Vögel und andere Tiere als Vorbild. Allmählich wurden die blumigen Muster zarter und im neunzehnten Jahrhundert bestand Wollstickerei aus langen und kurzen Stichen in Mustern, die dem Zeitgeschmack entsprachen. Es lohnt sich, die faszinierenden alten Stiche und Farben zu studieren.

Auch heute noch werden Wandbehänge und Bettüberwürfe in Wollstickerei bestickt, aber auch kleine Details als Schmuck für Kleidungsstücke und Accessoires gearbeitet. Stoffe, die man in Wollstickerei bestickt, müssen fest und kräftig sein, da die dicht gestickte Wolle ihr Gewicht hat. Locker gewebte Stoffe sollte man nicht nehmen oder aber vor dem Sticken füttern. Stickwolle hat eine große Farbskala. Meist ist sie mottenfest und farbecht, weshalb man sie auch zum Besticken von Möbelstoffen verwenden kann. In der Regel stickt man mit zwei Fäden, es sei denn, der Stickfaden muß für größere Flächen und Stiche entsprechend dicker sein. Im übrigen kann man für Wollstickerei auch Kelimwolle nehmen, die es allerdings nicht in der reichen Farbauswahl gibt.

Am besten eignet sich für diese Stickart eine speziell spitze Wollsticknadel. Auch ein Stickrahmen erleichtert die Arbeit. Falls Sie einen runden Rahmen benutzen, sollte er so groß sein, daß das ganze Stickmotiv darin Platz hat. Auf diese Weise werden keine schon bestickten Flächen durch das Einspannen beschädigt.

Der besondere Reiz der Wollstickerei besteht in der Vielzahl kleinster Stiche, die sich flach dem Untergewebe anschmiegen. Wenn Sie in diesen Stichen einmal geübt sind, können Sie die zu den „freien Stichen" des vorigen Kapitels hinzuzählen und auch in kleineren Stickarbeiten und mit feinerem Garn anwenden.

Rechts und auf der nächsten Seite: Details aus einem Wandbehang des frühen 18. Jahrhunderts

Unten: Mustersticktuch in Wollstickerei

Spaltstich

Ein nützlicher Linienstich, der schnell gestickt ist und weiche Zeichnungen ergibt. Er ist ganz einfach. Sie können in beide Richtungen sticken. Stechen Sie die Nadel am Anfang der Sticklinie hoch. Stechen Sie die Nadel wie beim Steppstich in kurzem Abstand wieder ein. Führen Sie dann die Nadel unter den halben Stich zurück, und stechen Sie beim Hochkommen durch den Stickfaden, so daß er sich spaltet. Dann sticken Sie wieder vorwärts, halb zurück, durch den Faden und so weiter. Bei Rundungen und Ekken müssen die Stiche klein sein, damit die Linie exakt wird. Spaltstiche kann man auch als Füllstiche nehmen.

Plattstich oder Flachstich

Platt- oder Flachstiche nennt man Stiche, die parallel und dicht nebeneinandergesetzt ein Band ergeben oder eine Fläche füllen. Um einen sauberen Abschluß und einen leicht plastischen Stich zu bekommen, umrahmen Sie die Fläche, die Sie aussticken wollen, mit Spaltstichen. Zum Üben: zwei Parallelreihen Spaltstiche im Abstand von 5 mm stikken. Holen Sie die Nadel hoch am Anfang der oberen Spaltstichreihe knapp über dem ersten Stich. Sticken Sie gerade nach unten, knapp über die untere Spaltstichreihe. Und diesen Stich wiederholen Sie immer ganz eng am vorigen Stich, so daß die Fäden lückenlos nebeneinanderliegen. Bei Plattsticharbeiten empfiehlt es sich, die Fäden auf der Rückseite gelegentlich mit einem langen Querstich zu durchsticken, damit eine gleichmäßige Spannung der Stiche erhalten bleibt.
Wenn man größere Flächen mit Plattstich füllt, kann man nicht einfach entsprechend lange Stiche machen. Man wechselt dann zwischen kurzen und langen Stichen ab. Auch wenn man die Stichrichtung ändert, muß man gelegentlich einen kurzen Stich einfügen.
Plattstich arbeitet man am schönsten mit nur einem Faden. Das dauert zwar länger, aber der Erfolg ist die Mühe wert.

Lange und kurze Plattstiche

Wenn man Flächen und Formen mit Plattstich füllt, dann tut man das mit abwechselnd kurzen und langen Stichen, die so ineinandergreifen, daß sie eine weiche, glatte Oberfläche bilden. Man muß genau planen, wo und wie man die Stichrichtung ändert. Es ist auch ratsam, die Stiche vorher so lange zu üben, bis Sie mit Ihrer Technik zufrieden sind.
Fangen Sie damit an, kurze und lange Stiche in waagrechten Linien zu sticken, ehe Sie sich an geschwungene Formen wagen. Suchen Sie sich zum Sticken drei Schattierungen einer Farbe aus: dunkel, mittel und hell. Nehmen Sie dann einen Faden feiner Wolle in der hellen Farbe, und sticken Sie damit als Leitlinie sozusagen eine waagrechte Linie. Dadurch wird die Kante der Stickerei auch leicht angehoben, also plastischer. Nun holen Sie die Nadel etwa 1 cm unterhalb hoch und übersticken damit knapp die Woll-Linie, führen die Nadel wieder nach unten und stechen sie diesmal in halber Höhe, nach 5 mm, nach oben, unmittelbar neben dem ersten Stich. Arbeiten Sie nun an Ihrer Leitlinie entlang weiter abwechselnd einen langen und einen halben Stich. Nun fädeln Sie den mittleren Farbton ein und sticken damit die zweite Reihe. Dabei stehen Sie jeweils genau im Endloch des oberen Stiches und sticken lauter gleich lange Stiche nebeneinander, wobei wie vorher jeder zweite Stich aus der Reihe herausragt. Wiederholen Sie eine zweite Reihe im mittleren Farbton. Erst bei der letzten Reihe mit einem dunklen Faden gleichen Sie die Längen aus, indem Sie wieder abwechselnd einen kurzen, einen langen Stich machen. Wenn Sie auch die letzte Reihe über eine Leitlinie aus Spaltstichen sticken, bekommt die Stickerei eine gleichmäßige, plastische Abschlußkante.
Der nächste Versuch: lange und kurze Stiche sticken, um eine Form zu füllen. Zeichnen Sie sich vorher mit Bleistift die verschiedenen Fadenrichtungen ein, in denen Sie stikken wollen. Die Umrisse können Sie wieder mit Spaltstichen umsticken, auch um die Form zu unterteilen. Sie werden merken, daß sich diese Stiche sowohl mit langen wie mit kurzen Plattstichen verbinden lassen.
Achtung: Wenn man kurze und lange Stiche stickt, besteht die Gefahr, daß alle Stiche zu kurz geraten. Dann wirkt die Fläche zu kleinteilig.

Spaltstich

Plattstich

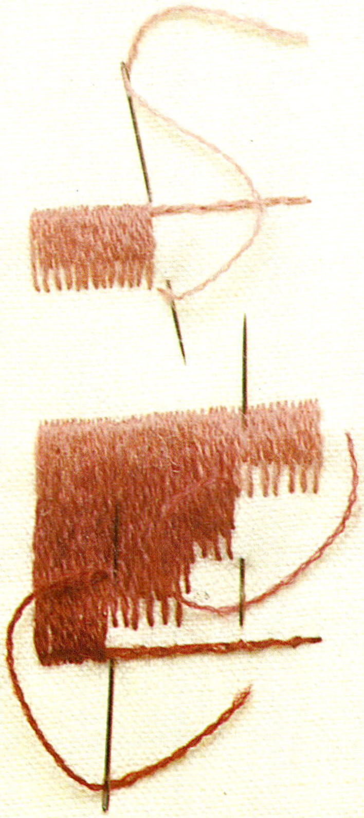

Schattierte Blöcke

Sie bestehen aus parallelen Reihen von Plattstichen, die in verschiedenen Tönen einer Farbe schattiert sind. Als Grundlage sticken Sie wieder eine Linie aus Spaltstichen, dann stechen Sie oberhalb der Linie aus, knapp über die Linie zurück und auf der Rückseite wieder hoch. Bei der nächsten Reihe stechen Sie wieder genau in die Endpunkte der vorigen. Die Blöcke sticken Sie am besten mit einem Faden Kelim-Stickwolle auf dichtgewebtem Untergrund. (Man kann übrigens beliebig von oben nach unten oder von unten nach oben sticken.)

Gefüllte Gitter

In den schwer bestickten Bettüberwürfen und Vorhängen des siebzehnten und achtzehnten Jahrhunderts füllte man große Blätter und andere Formen über ein vorgespanntes Gitter aus Vorstichen. Diese Methode ist auch heutzutage noch nützlich, egal, ob man mit Wolle verschiedener Stärke, mit Baumwoll- oder Metallgarn stickt. Für kleinere Stickarbeiten eignet sie sich allerdings nicht, es sei denn, man stickt in einem sehr kleinen Maßstab.

Ein vorgearbeitetes Gitter sollte man stets in einem Rahmen aussticken, da die Fäden unbedingt flach auf dem Gewebe liegen müssen. Sie können in der Mitte oder an der breitesten Stelle des Musters mit der Arbeit beginnen. Holen Sie die Nadel an irgendeinem Punkt der Außenlinie hoch, und sticken Sie möglichst in Richtung des Gewebes, also des Fadenverlaufs. Spannen Sie den Faden über das ganze Muster bis zum gegenüberliegenden Punkt, stechen Sie die Nadel ein und in kurzem Abstand davon (5 mm etwa, wenn Sie mit einem Wollfaden sticken) auf der gleichen Seite wieder aus. Dann spannen Sie den Faden wieder zurück zur anderen Seite. In dieser Art überspannen Sie das ganze Musterareal mit Querfäden. Anschließend machen Sie dasselbe mit Längsfäden, die die Querfäden im rechten Winkel überkreuzen. Alle Kreuzungspunkte werden zum Schluß mit kleinen schrägen Überfangstichen befestigt. Dieses Gitter aus Fäden kann nun beliebig mit Vorstichen, Platt-, Kreuz- oder Webstichen gefüllt werden.

Die Dichte des Gitters hängt ab von der Dicke des Stickgarns. Sie können aber auch bei dieser Arbeit ganz verschiedene Garne in unterschiedlichen Farben nehmen und das Ganze noch mit Perlen oder Pailletten anreichern. Sie brauchen auch nicht unbedingt alle Kästchen Ihres Gitters mit Mustern zu füllen, und mit der Übung werden Sie auch Spaß daran bekommen, mit der Garnstärke und Größe des Gitters zu experimentieren.

Unten: Eine Form mit verschiedenen Füllungen

Arabische Stickerei

Diese Technik hatte ursprünglich das Ziel, auf ebenso rasche wie sparsame Weise, größere Flächen zu besticken. Sie besteht aus eng nebeneinanderliegenden, parallelen Stichen, die nur über die rechte Stoffseite gespannt werden, während auf der Rückseite nur die winzigen Stiche sichtbar sind, mit denen man von einem zum nächsten Stich weitergeht. Durch die langen, flächenfüllenden Stiche auf der Vorderseite kam das Stickmaterial, oft eine weiche, ungezwirnte Seide, besonders schön zur Geltung. Man kann alte Stickwerke in dieser Technik in Museen und Kirchen bewundern. Reich mit Seide bestickt, dienten sie als Wandbehänge und Meßgewänder. Viele stammen aus Italien.

Auch heute noch kann man mit der arabischen Technik große Flächen mit verhältnismäßig geringem Aufwand füllen, da bei dieser Stickart kaum Garn für die Rückseite verlorengeht. Sie eignet sich deshalb besonders für dekorative Wandbehänge, Bettüberwürfe oder Vorhänge. Aber auch als Schmuck für Kleidungsstücke und modisches Zubehör.

Man braucht für diese Stickart ein dichtes Gewebe und Muster in klar umrissenen, nicht zu kleinteiligen Formen. Man kann sie gut mit freien Stichen kombinieren. Als Stickmaterial eignen sich mehrfädige Garne, wie feine Stickwolle oder baumwollenen Sticktwist – je zwei bis drei Fäden davon –, da diese Garne flach auf dem Stoff aufliegen und sich die Fäden gut miteinander verbinden.

Natürlich kann man auch runde, gezwirnte Garne nehmen, aber sie legen sich nicht so gut und lassen zwischen den Fäden leicht Lücken sehen. Arbeiten Sie auf jeden Fall mit einem Stickrahmen!

Fangen Sie am breitesten Teil des Musters an. Holen Sie die Nadel an der Außenseite hoch, spannen Sie den Faden flach quer über die Fläche, und stechen Sie genau gegenüber wieder ein. Bleiben Sie auf dieser Seite. Machen Sie einen winzigen Vorwärtsstich auf der Umrißlinie, und spannen Sie den Faden wieder zur gegenüberliegenden Seite, knapp neben die Ausstichstelle des ersten Stichs, so daß die beiden Fäden ganz eng nebeneinanderliegen. Nun machen Sie auf dieser Seite wieder einen winzigen Stich weiter und füllen so nach und nach das ganze Musterstück. Auf der rechten Stoffseite liegen nun die langen Stiche, während auf der linken Seite nur kleine Vorstiche zu sehen sind, die dem Umriß folgen. Spannen Sie den Faden nicht zu fest, sonst verzieht sich die Stickerei, wenn die gespannten Fäden zum Schluß überstickt werden.

Häufig muß beim Aussticken einer Form die Fadenrichtung leicht geändert werden. In solchen Fällen muß man manchmal kürzere Stiche einfügen. Danach aber die Nadel für den Rückstich wieder bis an die Außenkante führen und dort ausstechen. So erhält der nächste Stich eine leicht abweichende Richtung. Je nach Bedarf müssen kürzere Stiche wiederholt werden, um einen fließenden Übergang in eine andere Fadenrichtung zu bekommen.

Nicht nur die Richtung, auch die Farbe oder Farbnuance kann man während des Stickens ändern. Planen Sie einen Farbübergang so, daß vier oder mehr Stiche lang sich die erste mit der zweiten Farbe abwechselt, so daß keine harte Farbtrennung entsteht. Einen allmählichen Farbwechsel kann man auch erreichen, wenn man ein paar Stiche lang mit beiden Farben stickt (zum Beispiel mit einem Faden der ersten und einem Faden der zweiten Farbe), ehe man ganz zur zweiten Farbe übergeht.

Wenn eine ganze Fläche überspannt ist, müssen die Fäden durch irgendeinen quer verlaufenden Stich gehalten werden: zum Beispiel durch mehrere Stichreihen, die im rechten Winkel zu den gespannten Fäden verlaufen. Dafür eignen sich unter anderem Spaltstiche, Stielstiche, Ketten- und Überfangstiche. Einen Entwurf für die Haltestiche sollten Sie sich extra machen, da Sie ja das Stickmuster vorher übersticken und darauf eingezeichnete Markierungen nicht mehr zu sehen sind. Man kann die gespannten Fäden auf unterschiedliche Weise übersticken. Besonders wirkungsvoll ist ein diagonal über die langen Fäden gesticktes Quadratgitter. Will man ein Muster besonders betonen, kann man die Umrisse mit irgendeinem Linienstich nachsticken. Sticken Sie mit mehrfädigem Garn, sollten Sie die Fäden vor dem Sticken auseinanderdrehen, so daß sie glatt nebeneinanderliegen.

Nadelweberei an der Oberfläche

Die traditionelle Nadelweberei, auch Hardanger Stickerei genannt, gehört in das Kapitel „Durchbruchstickerei". Die Nadelweberei an der Oberfläche ist eine Weiterentwicklung. Anstatt daß man wie bei der herkömmlichen Methode Fäden aus dem Gewebe zieht und die verbleibenden Fäden mit Stopfstichen durchwebt, werden hier Extrafäden über das Gewebe gespannt, und nur diese Fäden werden durchzogen. Diese Art der Nadelweberei ist sehr attraktiv, wenn sie frei angewandt wird und bei wechselnden Längen der gespannten Fäden. Die Methode empfiehlt sich allerdings nur für rein dekorative Gegenstände, denn beim praktischen Gebrauch würde man ständig an der Stickerei hängenbleiben. Sie brauchen dafür ein dichtes Gewebe und einen Stickrahmen.

Üben Sie zunächst die einfachste Art, indem Sie fünf lange Spannstiche sticken, die an einem Ende dicht beieinanderliegen, sich zur anderen Seite hin leicht auseinanderspreizen. Dann nehmen Sie eine stumpfe Nadel und durchweben die fünf Fäden hin und her, so oft wie möglich. Halten Sie dabei eine gute Spannung. Üblicherweise läßt man die Enden der gespannten Stiche überstehen, webt also nicht ganz bis zum Ende.

Eine Variation, die die Sache plastischer macht: Legen Sie in die Mitte eine runde Holzperle mit großem Loch. Spannen Sie die Fäden aus der Perle strahlenförmig nach allen Seiten heraus, so daß sie sich von der Perle aus schräg nach unten ziehen. Und nun durchweben Sie diese strahlenförmigen Spannfäden.

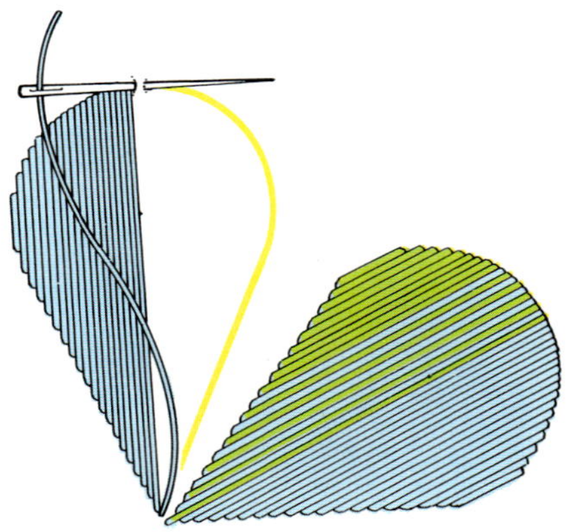

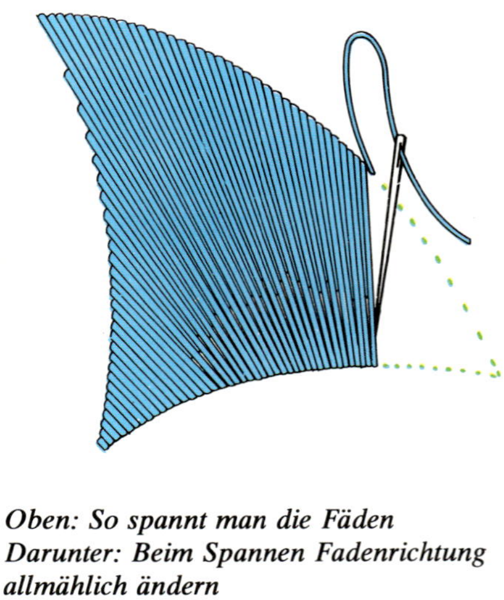

Oben: So spannt man die Fäden
Darunter: Beim Spannen Fadenrichtung allmählich ändern

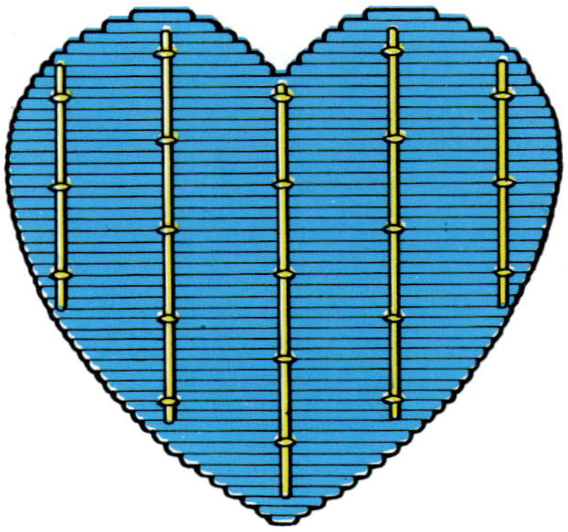

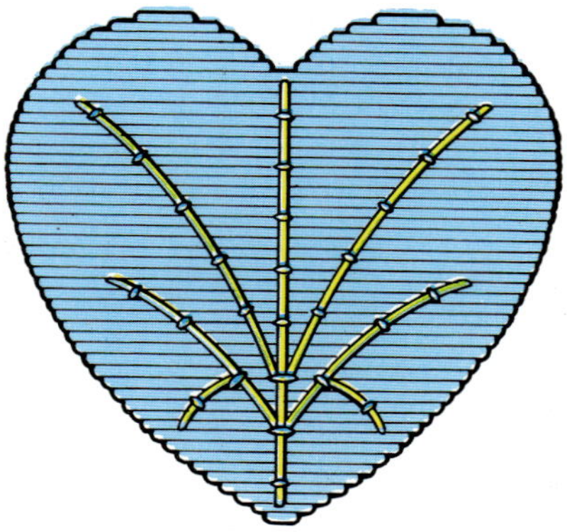

Oben: Gespannte Fäden werden überstickt und dadurch gehalten: mit Querreihen oder diagonal verlaufenden überstickten Fäden, durchwebt und überstickt mit Fliegenstichen. Rechts oben: Wandbehang mit Blättern und Blüten in arabischer Stickerei. Der Vogel ist mit kurzen und langen Plattstichen (Nadelmalerei) gestickt.

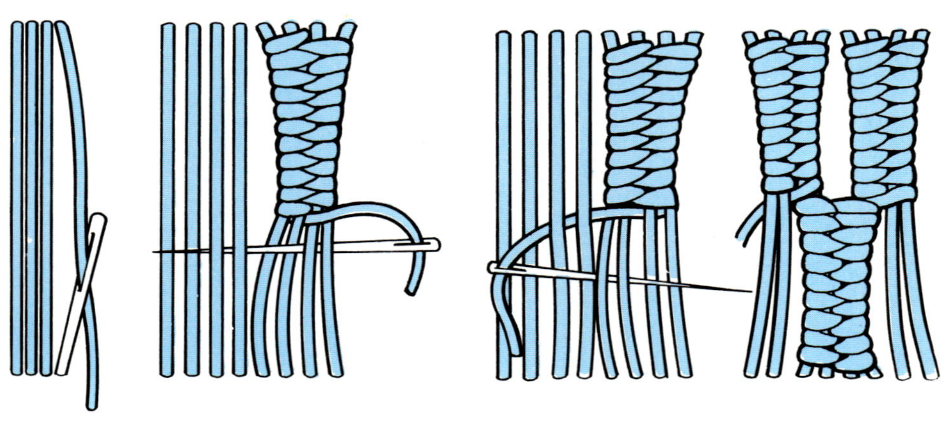

Oben: Nadelweberei an der Oberfläche

Applizieren

Applizieren heißt, daß man auf einem Grundgewebe ein Muster aus anderen Stoffteilen zusammensetzt. Diese Art der Stickerei ist seit Jahrhunderten in vielen Ländern bekannt. Applikationsarbeiten in Museen zeigen die Vielfalt dieser Technik. Sie reicht von einfachsten Filzarbeiten bis zu komplizierten Gebilden in Samt und Seide. Unter den traditionellen Applikationsarbeiten gibt es die malerische Art und andere, bei denen regelmäßige Muster immer wiederkehren, zum Beispiel Schnörkelwerk, meist mit Tresse oder Kordel eingefaßt. Die Ausführung der Arbeit verrät, aus welcher Zeit und aus welcher Gegend sie stammt: Bei manchen Applikationen werden die Stoffteile zum Beispiel mit Saumstichen befestigt, während man in England zu Beginn des zwanzigsten Jahrhunderts mit Knopflochstichen arbeitete. Heute stehen einem viele Möglichkeiten offen, und die Stichart oder überhaupt die Methode der Befestigung ist Teil des Entwurfs.

Applikationen werden häufig als Schmuck für kleinere Sachen benutzt, zum Beispiel für eine Schachtel, für Kleidungsstücke oder als kleine Bilder. Aber sie können auch als großflächige Bilder, Wandbehänge, kirchliche Gewänder, Altardecken gearbeitet werden, als malerische oder dekorative Gegenstände, die man aus einer gewissen Entfernung betrachtet. Applizieren ist eine Methode, auf relativ rasche Weise ein Bild herzustellen, das man durch zusätzliche Stickerei noch bereichern kann.

Wer interessante Stoffe und Stoffreste sammelt, zieht bei der Verarbeitung oft die streng geordnete Patchwork-Technik vor, bei der man in der Regel nicht ganz unterschiedliche Gewebearten zusammenbringt. Beim Applizieren dagegen kann man beinahe alle Stoffe miteinander kombinieren, ob glänzend oder stumpf, transparent oder dicht, strukturiert oder glatt. Nur Anfängern empfiehlt es sich, Stoffe von ungefähr gleicher Schwere zusammenzubringen, da es ziemlich schwierig ist, einen schweren Stoff auf einen leichten aufzusticken.

Bei der Wahl des Untergrundgewebes sollten Sie sich für einen mittelschweren, kräftigen und dichten Stoff entscheiden. Das kann Kleiderstoff sein, ein Möbelstoff, Nessel oder Filz, nur von dehnbaren Geweben ist abzuraten. Wenn bei Ihrem Entwurf die applizierten Muster den Hintergrund vollkommen verdecken, dann brauchen Sie als Grundgewebe nur einen kräftigen Kalikostoff.

Ein Problem, daß Sie vorher bedenken sollten, ist, daß sich verschiedene Stoffe auch unterschiedlich dehnen, daß es deshalb bei der fertigen Arbeit Verziehungen oder Beulen gibt. Man beugt dagegen vor, indem man die Arbeit in einen Stickrahmen spannt, das Untergrundmaterial wenn nötig mit Steifleinen oder Drillich füttert, die Musterteile so zuschneidet, daß sie möglichst den gleichen Fadenverlauf wie das Grundgewebe haben, oder indem man sie mit einem Aufbügelmaterial versteift.

Es ist ratsam, beim Applizieren nur Stoffe zu verwenden, die nicht fransen. Ganz allgemein sind dabei Stoffe aus Naturfasern leichter zu verarbeiten als synthetische Gewebe. Sehr leicht fransendes Material läßt man lieber ganz beiseite, es sei denn, man bügelt auf die Rückseite ein Vliesmaterial. Nur bei transparenten Stoffen geht das nicht. Verzichten Sie bei praktischen Stücken auch auf besonders feine Stoffe, die sich bald abnutzen, und beachten Sie als Faustregel, daß man Applikationsarbeiten besser chemisch reinigen läßt als wäscht.

Die Skala der Muster und Entwürfe, die Sie in Applikationen umsetzen können, ist beinahe unbegrenzt. Sie können sich von Scherenschnitten oder Tintenklecksen inspirieren lassen, von einfachen Zeichnungen, Fotos oder von Motiven, die Ihnen irgendwo besonders ins Auge stechen. Vermeiden Sie als Anfänger aber spitze und zackige Umrisse, die schwer zu arbeiten sind, und vereinfachen Sie Ihr Motiv soweit wie irgend möglich. Versuchen Sie nicht, naturgetreu zu bleiben.

Lassen Sie sich auch vom Stoff anregen. Vielleicht gibt ein Stück Tweed den Anstoß, daraus einen Balken zu schneiden, ein Streifenstoff, sich ein Bild von Meer und Himmel zu machen. Aus einem kleinen roten Stoffrestchen kann so vieles werden: zum Beispiel eine Uniformjacke, eine Blume oder ein Auto. Eine Kiste voller Flicken ist eine Kiste voller Ideen.

Transparente Stoffe sind im allgemeinen nicht leicht zu verarbeiten, aber sie können die Farbe des Hintergrunds verändern. Probieren Sie mal aus, wie es wirkt, wenn Sie den Hintergrund mit einer Lage farbigem Organdy bedecken und stellenweise eine zweite Schicht in einer anderen Farbe darüberlegen. Auch mit Netzgeweben sollten Sie mal experimentieren. Der Hintergrund läßt sich auf überraschende Weise verändern.

Rechts: Detail aus Teil 30 der sogenannten Overlord-Stickerei (siehe Seite 8)

In den Rahmen spannen

Ein passendes Stück Futterstoff wird erst gewaschen, damit es nicht nachträglich einläuft. Es soll 7,5 cm länger und breiter sein als Ihr Stickmaterial. Durch eine senkrechte und eine waagrechte Reihnaht markieren Sie die Stoffmitte. Dann spannen Sie den Futterstoff auf einen eckigen Stickrahmen, und zwar so, daß die Kettfäden senkrecht verlaufen (siehe Seite 14). Lassen Sie den Stoff locker durchhängen, gerade so, daß die Stoffmitte die Tischplatte berührt, wenn man den Rahmen flach auf einen Tisch legt. Als nächstes dämpfen Sie Ihren Stickstoff, schneiden die Webkanten ab und markieren wieder die Stoffmitte mit einer senkrechten und einer waagrechten Reihnaht. Nach Möglichkeit benützen Sie auch diesen Stoff so, daß die Kettfäden senkrecht verlaufen. Legen Sie nun Ihren Stickstoff – rechts auf rechts – auf den gerahmten Futterstoff, so daß die Mitten genau aufeinanderliegen.
Lassen Sie den Futterstoff weiterhin nur lose gespannt, und stecken Sie die beiden Stoffschichten zusammen, von der Mitte nach außen hin, dabei die beiden Stoffe glättend. Heften Sie dann mit Nadel und Faden die beiden Stoffe auf Schneiderart ganzflächig (siehe Zeichnung Seite 49) so zusammen, daß daraus fast eine Stofflage wird.
Mit Nähgarn nähen Sie nun den Stickstoff auf den Futterstoff. Machen Sie einen Knoten in das Fadenende, und beginnen Sie in der Mitte irgendeiner Kante (siehe Zeichnung auf Seite 49). Sticheln Sie kleine Vorstiche in Fadenrichtung und im rechten Winkel zur Schnittkante des Stoffes, etwa 5 mm lang und in Abständen von 5 mm. Nach der ersten Hälfte kehren Sie zur Mitte zurück und nähen die zweite Hälfte, ehe Sie dasselbe mit den übrigen Seiten machen.
Falls Sie Ihren Stickstoff nicht füttern, spannen Sie ihn wie üblich in den Stickrahmen. Kleine Arbeiten kann man in einen runden Stickrahmen spannen. Dabei sollte das Futtermaterial, wenn man welches verwendet, vorher gewaschen und dann genauso groß wie der Stickstoff zugeschnitten werden. Dann werden die beiden Stoffe wieder ganzflächig mit Schneider-Heftstichen zusammengenäht.
Wenn Sie ein kleines Motiv auf ein Kleidungsstück applizieren, zum Beispiel auf einen Rocksaum, sollten Sie es mit Futterstoff hinterlegen und, wenn die Arbeit fertig ist, das Futter bis auf die Umrisse des Motivs zurückschneiden.
Ehe Sie Ihren Stickstoff in den Rahmen spannen, können Sie das Muster vorzeichnen. Das läßt sich aber auch auf dem schon eingespannten Stoff machen. Sie müssen dann nur den Rahmen sehr fest spannen.

Wie man appliziert

Kleine Motive lassen sich schwer auf straffgespanntem Stoff aufbringen. Man muß also genau so locker lassen, wie wenn man Stickstoff und Futter zusammennäht.
Ehe Sie aus Stoff die Teile für Ihre Applikation zuschneiden, müssen Sie überlegen, auf welche Weise Sie applizieren. Es ist meist nötig, den Stoff mit einer knappen Saumzugabe zuzuschneiden, um zu vermeiden, daß die Kanten ausfransen, besonders wenn Sie auf einem robusten, stark strapazierten Material applizieren, wie etwa auf Jeans. Die Zugabe zum Umschlagen sollte ringsum 3 bis 6 mm betragen, je nach Stoffart. Wo zwei applizierte Teile zusammenstoßen, sollten Sie bei einem Teil 1,25 cm zugeben und dieses Teil das andere überlappen lassen, während Sie bei dem anderen Teil die Kante nicht einschlagen, damit es keinen Wulst gibt.
Bei rein dekorativen Applikationsarbeiten, wo praktische Eigenschaften keine Rolle spielen, braucht man applizierte Stoffteile unter Umständen weder an den Kanten einschlagen, noch die Kanten mit einem Stich einfassen. In solchen Fällen genügen einfache Haltestiche.
Um das Applikationsmuster auf den Stoff zu übertrgen, können Sie die üblichen Methoden anwenden. Wer die Applikation zunächst auf Papier vorgezeichnet hat, kann diesen Papierentwurf zerschneiden. Stecken Sie die einzelnen Teile als „Schnittmuster" auf den Applikationsstoff und schneiden Sie die Stoffteile ringsum mit Nahtzugabe zu. Achten Sie immer darauf, daß der Fadenverlauf von Untergrund und appliziertem Stoff möglichst übereinstimmen. Eine kleine Hilfe: Markieren Sie die Musterstücke mit einem kleinen Pfeil, den Sie mit den Kettfäden des Untergewebes in Übereinstimmung bringen. Wenn Sie erst einmal Übung im Applizieren haben, können Sie die Stoffe unabhängig vom Fadenverlauf zuschneiden und aufnähen. Will man dünne Stoffe mit Aufbügeleinlage versteifen, so hat man die Wahl zwischen den folgenden beiden Möglichkeiten: Entweder schneidet man die Einlage in der gewünschten Form zu, bevor man sie auf die linke Stoffseite aufbügelt. Oder man skizziert die Motive auf die nicht beschichtete Seite der Einlage, bügelt die Einlage im ganzen auf und schneidet erst danach die Stoffteile aus – man muß dann allerdings die Motive spiegelverkehrt aufzeichnen, damit sie später auf der rechten Stoffseite wieder „richtig" erscheinen.
Zu Beginn Ihrer Arbeit kniffen Sie alle Saumzugaben der Einzelteile nach hinten und nähen diesen Saum dann mit Heftstichen ringsum fest. Knoten der Heftfäden sollten an der Oberseite sitzen, damit man die Fäden später leichter entfernen kann. Bei Ecken und Rundungen muß der Stoffüberstand V-förmig eingeschnitten werden, damit keine Wulste entstehen.
Dann legen Sie die Stoffteile auf den nur lokker im Rahmen gespannten Stoff, die tiefer liegenden Teile zuunterst. Beispiel: Bei einer Landschaft würde man zuerst den Himmel anbringen, dann Hügel oder Wiesen und darauf die Bäume. Ähnlich setzt man erst das Haus ins Bild, ehe man Fenster und Türen unterbringt. Stecken und heften Sie die Einzelteile an ihren Platz. Heften Sie mit Schneider-Heftstichen, wenn es sich um größere Flächen handelt. Dann spannen Sie den Rahmen etwas fester und nähen runde Teile an den Kanten ringsum fest. Dünne Stoffe werden mit sehr feinen, beinahe unsichtbaren Vorstichen befestigt.
Bei Stoffteilen, die nicht gesäumt zu werden brauchen, geht man genauso vor, nur daß man den Saum wegläßt. Wenn es sich um ein reines Schaustück handelt, bei dem man keine praktischen Rücksichten zu nehmen braucht, kann man mit Heftstichen nähen oder jede andere freie Stichart verwenden, ohne sich um die Schnittkanten zu kümmern. Zu den brauchbaren, dekorativen Stichen zählen der Korallenstich, der griechische Schlingstich und Vorstiche. Diese Stiche lassen die Stoffkanten weicher erscheinen und halten die Einzelteile an ihrem Platz. Die besten Stiche bei Kleidungstücken, wenn die Teile nicht gesäumt werden, sind Hexenstich und Knopflochstich, mit denen sich auch Ekken versäubern lassen. Manche Teile kann man dadurch besonders hervorheben, wenn man dickeres Garn verwendet oder die Stiche besonders dicht setzt. Außerdem kann ein Netzgewebe auf sehr dekorative Weise eingesetzt werden, um einzelne Teile zu halten oder darüber hinaus einen Schatteneffekt zu erzeugen.
Wenn man sehr scharfe Umrisse braucht, bei einem Wappen beispielsweise, kann man sie mit Linienstichen einrahmen. Es empfiehlt sich, die Stoffkanten vorher mit kleinen Vorstichen festzunähen, die durch beide Stoffschichten gestickt werden. Nehmen Sie dafür Garn in der Farbe des Stoffes, damit die Stiche, die etwa 3 mm Abstand haben, nicht auffallen.
Bei Leder, Wildleder oder Kunstleder setzen Sie diese Vorstiche quer, also im rechten Winkel zur Lederkante. Da man Leder und anderes nicht gewebtes Material nicht mit Stecknadeln vorheften kann, weil die Stichlöcher sichtbar bleiben, nähen Sie statt dessen große Heftstiche quer über das ganze Teil. Das heißt, Sie stechen an einer Kante hoch, führen den Faden quer bis zur gegenüberliegenden Seite und stechen da wieder ein. Wiederholen Sie diese Haltestiche in passenden Abständen über das ganze zu applizierende Teil. Wenn Sie später die Kanten mit kleinen Querstichen festgenäht haben, werden die Haltefäden entfernt. Wenn man bei Leder und lederähnlichem Material die Stiche unauffällig halten will, nimmt man synthetische Fäden, die kaum zu sehen sind.
In manchen Fällen sollen die applizierten Muster plastisch hervorgehoben werden. Dazu benutzt man eine Filzeinlage (siehe

Seite 58). Kleine Flächen, die hervorgehoben werden sollen, zum Beispiel auf Kleidungsstücken, können von links wattiert werden, wie bei der Trapunto-Quiltmethode (siehe Seite 120). Falls der Stoff kein Futter hat, müssen die wattierten Flächen mit Musselin oder Nessel hinterlegt werden.
Sind die Einzelteile an ihrem Platz fixiert, spannen Sie den Stickrahmen fest, ehe Sie mit dem eigentlichen Sticken beginnen.
Manchmal muß der Hintergrund aufgelokkert oder unterbrochen werden. Dafür eignen sich Vorstiche, französische Knötchen und in Gruppen aufgestickte Perlen.
Wenn Ihr Werk auch in einer gewissen Entfernung wirken soll, stellen Sie den Rahmen aufrecht hin, und nehmen Sie Abstand davon. Häufig stellt man dann fest, daß die eine oder andere Stelle mehr hervorgehoben werden muß, andere sind vielleicht wieder zu dominierend. Es ist oft ganz erstaunlich, wie anders eine Kombination aus der Entfernung wirkt, als wenn man direkt damit beschäftigt ist.
Wenn Sie fertig sind, ziehen Sie Heftfäden heraus, die eventuell noch übrigbleiben, und nehmen das Material aus dem Rahmen. Spannen braucht man Applikationen nur, wenn das dringend nötig ist. Üblicherweise schneidet man das Futter überall da weg, wo der Stoff keine Applikationen trägt. Das ist aber keine Vorschrift. Man kann es genausogut als Verstärkung des Ganzen behandeln.

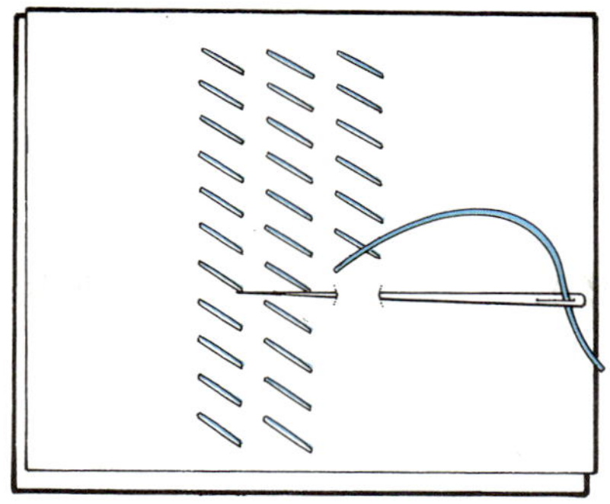

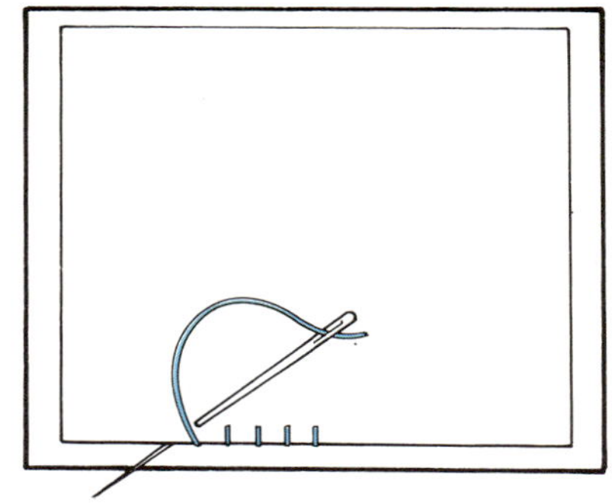

Oben: Heften nach Schneiderart

Oben rechts: Der Stickstoff wird mit Querstichen auf das Futtermaterial genäht

Rechts: Der Fadenverlauf der applizierten Teile sollte mit dem des Untergrunds übereinstimmen

Rechts: „Strauß" – eine Applikationsarbeit. Hintergrund ist ein Möbelstoff. Die applizierten Teile setzen sich aus verschiedenen Stoffen zusammen, darunter Netzgewebe und bedruckte Baumwollstoffe. Zu den Sticharten gehören Heftstiche, geknotete Kettenstiche, Vorstiche, Linienstiche und französische Knötchen.

Applikations-Wandbild „Alpenveilchen“

Der Entwurf für dieses Bild basiert auf der Zeichnung einer Alpenveilchenblüte. Die Applikationen werden nachträglich nach der Trapunto-Methode (Seite 120) wattiert. Die durch die Wattierung hervorgehobene Blütenform wird durch einen ebenfalls wattierten Hintergrund noch einmal betont.

Material:
Untergrundstoff: 60 cm weicher, beigefarbener Baumwollstoff, 90 cm breit
Futterstoff: weißer Baumwollstoff, 65 x 45 cm
Dickes Wattelinevlies: 45 x 45 cm
Spanplatte: 50 x 30 cm
Karton: 45 x 30 cm
Stoff für die Applikationen: rosa Baumwollstoff 13 x 18 cm (Blütenblätter 1, 6, 8)
hellcrèmefarbiger Baumwollstoff oder Baumwoll-Kunstfaser-Gemisch 8 x 23 cm (Blütenblätter 2, 4, 5, 7)
Khakifarbener Baumwollstoff oder Mischgewebe, 18 x 4 cm (Stiel 9)
Bedruckter Baumwollstoff, 10 x 7,5 cm (Blütenblatt 3)
Braunes Wildleder oder Filz, 7,5 x 5 cm (Blütenmitte 11)
Je 1 Strang Sticktwist, zu jedem Stoff farblich genau passend
1 Strang brauner Sticktwist in der Farbe von Leder oder Filz
3 verschiedene Stärken dunkelbrauner Faden zum Aufsticken
Textilkleber
Filz, 50 x 30 cm, zum Überkleben der Bildrückseite
2 Gardinenringe, 2,5 cm Durchmesser
Bilderdraht zum Aufhängen

Anleitung für die Applikationen
Den Futterstoff in einen viereckigen Gobelinrahmen spannen. Ein Stück Grundstoff von 60 x 40 cm zuschneiden und über den Futterstoff in den Rahmen spannen. Den Musterentwurf in Normalgröße auf Millimeterpapier übertragen (siehe Seite 18) und die Linien mit Vorstichen auf dem Grundgewebe markieren (Seite 18).

Jeden Teil der Applikationen einzeln aufzeichnen und ausschneiden; dort 1 cm zugeben, wo der Stoff von einem anderen überlappt werden soll. Diese Zeichnungen als Schablonen beim Zuschneiden der einzelnen Teile benutzen. Die Stoffteile auf den durch Heftfäden markierten Stellen auf dem Grundstoff feststecken und anheften, und zwar in der Reihenfolge von 1 bis 10. Mit einem einzelnen Sticktwistfaden alle offenen Kanten der Stoffteile mit Zickzackstich übernähen. Nur die Kanten der Teile 7 und 9 werden mit Hexenstich überstickt. Die Außenkante des Wildlederfleckens übernähen und diesen Teil erst mit etwas Watte auspolstern, ehe auch die Innenkante geschlossen wird. Die Mitte des Wildlederteils mit sechs Fäden Sticktwist in dichtliegenden Kettenstichen aussticken. Den Kettenstich dann noch mit Rückstichen ausfüllen, so daß die Fläche völlig überstickt ist. Die dunkelbraunen Fäden entlang der eingezeichneten Linien um das linke obere Blütenblatt und entlang der rechten Seite der Blüte auflegen und mit winzigen Stichen festnähen. Dazu Garn in drei verschiedenen Stärken verwenden.
Die Arbeit auf die linke Seite drehen, jedes Blütenblatt und den Stiel nacheinander nach der Trapunto-Methode (siehe Seite 120) mit Watte auspolstern.

So wird das Bild aufgezogen
Die Arbeit aus dem Stickrahmen nehmen und auf die Spanplatte aufziehen. Die Anleitung dazu finden Sie bei dem Goldstickbild auf Seite 60.
Die Kartonversteifungen für den wattierten Hintergrund der Blüte ausschneiden. Jedes einzelne Kartonstück mit Wattevlies bekleben. Nun den Stoff für diese Unterlagen mit 2 cm Saumzugabe zuschneiden. Den Stoff über der Wattierung straff anziehen, mit Stecknadeln an den Kanten des Kartons feststecken. Die Saumkanten auf die Rückseite des Kartons umschlagen und festkleben. Dabei die Rundungen mehrfach einschneiden und überstehenden Stoff an den Ecken wegschneiden. Erst gut antrocknen lassen, dann die Stecknadeln entfernen. Diese wattierten Flächen auf die dafür vorgesehenen Stellen des Bildes kleben. Nun die Rückseite der Spanplatte mit Filz beziehen. An jede Seite des Bildes 15 cm unterhalb der oberen Ecken einen Gardinenring nähen und Bilderdraht zum Aufhängen durchziehen.

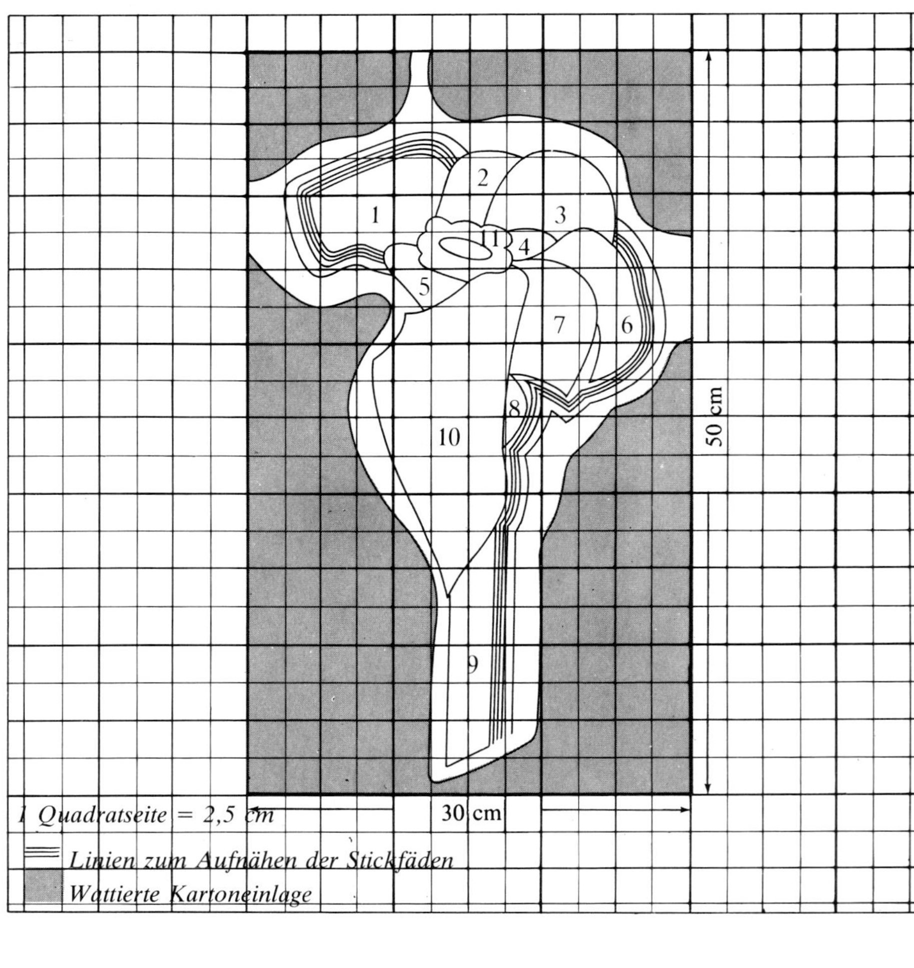

Stellen Sie sich nach dieser Zeichnung einen originalgroßen Musterentwurf her. Statt Millimeterpapier können Sie auch Karopapier verwenden – 2,5 cm sind dann jeweils 5 Karos.

Metallgarn und Perlen

Sticken mit Metallgarn

Arbeiten mit Metallgarnen ist absolut verschieden von allen anderen Handarbeitstechniken, weil man es hier mit einem einzigartigen, glänzenden und prachtvollen Material zu tun hat. Bei dieser Arbeit hängt viel davon ab, daß man die Garne sehr sorgfältig verarbeitet, und das braucht Geduld und Zeit. Die prächtigen Stickereien, die während des zwölften und dreizehnten Jahrhunderts in England entstanden und unter dem Namen „Opus Anglicanum" bekannt wurden, waren der Beginn einer Tradition wunderschöner Metallstickerei. Seit damals sind allerdings nie wieder Stücke von solcher Pracht entstanden, aber es wurden weiterhin Metallgarne mit großer Kunstfertigkeit zu Wappen, auf Uniformstücken, auf kirchlichen Gewändern und für den häuslichen Gebrauch verarbeitet. Auch in anderen Ländern entstanden üppige, aber auch einfache Stickwerke, bei denen Metallgarn oft mit Seidenfäden kombiniert wurden. In Museen, die textile Stücke ausstellen, findet man in der Regel auch einige Metallgarnstickereien. Daraus kann man Anregungen beziehen, und außerdem vermitteln sie einen Eindruck davon, welche Fülle verschiedener Effekte nur dadurch entstehen, daß Metallgarn in unterschiedlichen Richtungen gearbeitet und teilweise abgepolstert wird. In Museen findet man gelegentlich auch zeitgenössische Metallstickerei, meist in Form von kleinen Wandbehängen.

Echte Metallgarne sind heutzutage so teuer, daß man damit sehr viel sparsamer umgehen muß als früher. Dafür gibt es preiswerte, glänzende, synthetische Fäden, die man statt dessen verwenden, vielleicht aber auch mit Metallgarnen kombinieren kann, die eine geringe Beimischung von Edelmetallen (Gold und Silber) haben. Wenn man sich echtes Metallgarn leistet, dann nur solches von der besten Qualität, das nicht so leicht den Glanz verliert, wie es bei billigerem leicht der Fall ist.

Oft kann man Metallgarne nur auf der Stoffoberfläche zu Mustern legen und mit Überfangstichen festhalten, da sie sich nicht einfädeln lassen. Einige Metallgarne eignen sich jedoch auch zum Sticken. Speziell diese Garne kann man mit Schwarzstickerei kombinieren oder zusammen mit anderen Garnen bei Websticharbeiten verwenden. Gerollte und gewickelte Metallgarne schneidet man in kleine Stückchen und stickt sie auf wie Perlen. Neben den üblichen Metall-Stickgarnen kann man im übrigen auch Strick- und Häkelgarn für Stickarbeiten benutzen, das mit Metall- oder Lurexfäden durchzogen ist.

Metallgarnstickerei braucht einen dichtgewebten Untergrund, der mit Bedacht als Hintergrund für den Glanz der Stickerei ausgesucht werden sollte. Für kleine Werkstücke, zum Beispiel eine Schmuckschachtel oder ähnliches, kann man ein Stück Wildseide oder Rohseide nehmen. Für größere eignet sich ein Kleiderstoff oder ein Möbelstoff. Es empfiehlt sich in den meisten Fällen, den Stickstoff mit einem Futterstoff zu versteifen (siehe Seite 48/49). Denn bei dem Gewicht des Metallgarns und der dichten Stickart verzieht sich sonst das Untergewebe. Sticken Sie niemals ohne Rahmen und in einem Rundrahmen nur dann, wenn Sie das ganze Stickmotiv mit dem Rahmen einfassen können. Sonst besteht die Gefahr, daß der Rahmen schon fertige Stickerei kaputtmacht.

Muster für Metallgarnstickerei müssen einfach sein und der Art der Stickerei gerecht werden. Das Metallgarn soll dabei voll zur Geltung kommen. Beginnen Sie mit klar gezeichneten Formen, und vermeiden Sie anfangs Spitzen und scharfe Ecken. Bei detaillierten Mustern und Wappenzeichnungen benutzt man am besten die Perforiermethode, um das Muster auf Stoff zu übertragen. Wenn Sie ein Mustertuch machen wollen, zeichnen Sie sich überschneidende Kreise und Schnörkel auf ein Stück Stoff, nicht größer als 15 x 15 cm. Üben Sie verschiedene Überfangstiche mit verschiedenen Garnen oder Garnstärken, um ihre Eigenarten kennenzulernen.

Metallgarnstickerei läßt sich gut mit Applikationen kombinieren, aber auch mit unterschiedlichen Stickstichen mit Seide, Baumwoll-, Woll- oder synthetischem Garn. Feines Gold- oder Silberleder oder metallfarbenes Kunstleder macht sich in kleinen Mengen sehr hübsch als Kontrast zum Garn.

Ausrüstung

Hier eine Liste von Dingen, die Sie für die Metallgarnstickerei brauchen:

Eckiger oder runder Stickrahmen

Wollsticknadeln (Krüwell-Nadeln) in verschiedenen Stärken, einschließlich Nr. 10 für Perlarbeiten

Chenille-Nadel, Größe 18, um die Enden von Metallfäden durch das Gewebe zu ziehen.

Nagelschere (nicht rund), um Metallfäden zu schneiden.

Stichel, um Löcher vorzustechen und, wenn nötig, den Metallfaden zu dirigieren.

Bienenwachs: Damit versteift man den Faden für die Überfangstiche. Gewachste Fäden haften auch besser.

Pinzette: Manche Garne faßt man besser nicht mit der Hand an.

Malteser Seide (oder Kunstfaserfaden) für Überfangstiche und zum Perlensticken, in Gold und Grau.

Dosendeckel, etwa 10 cm Durchmesser, mit Filz ausgekleidet, zum Halten von Kantille beim Zuschneiden.

Reine Nähseide: statt Malteser Seide, in jeder gewünschten Farbe

Schnur in Gelb oder Weiß zum Unterlegen von Metallgarn.

Filz in Gelb oder Weiß, auch als Unterlage für Metallgarnstickerei.

Transparentes Nylongarn für alle Fälle, wo Stiche unsichtbar bleiben sollen.

Garne

Es sind eine Menge Metallgarne oder metallfarbener Garne im Handel, sogenannte Effektgarne, von denen hier nur die gebräuchlichsten genannt werden. Darunter sind Garne, die man nur legt und mit Überfangstichen befestigt, und andere, mit denen man richtig sticken kann. Die richtigen japanischen Gold- und Silbergarne, die jahrhundertelang für kirchliche Stickereien verwendet wurden, weil sie ihren Glanz behielten, werden heute nicht mehr hergestellt.

Japan-Gold-Ersatzgarn ist synthetisch und kann deshalb nicht stumpf werden. Es hat einen lebhaften Glanz und läßt sich gut legen und übersticken. Man kann es in verschiedenen Stärken kaufen, in Gold wie in Silber.

Imitiertes Japan-Gold in warmen, etwas stumpfen Goldtönen und deshalb brauchbar als Kontrast zu glänzenden Metallgarnen. Es ist nicht teuer und leichter zu handhaben als Garn, das überstickt werden muß.

Gimpe (leicht gedrehte Schnur): Ursprünglich ein Material, das zum Schmuck kirchlicher Gewänder und Tücher verwendet wurde. Da Gimpe einen Metallanteil hat, sollte man die beste Qualität nehmen. Mindere Qualitäten könnten stumpf werden. Feinere Garne kann man einfädeln und nicht nur zum Übersticken verwenden, sondern auch für Schwarzstickerei und Lochstickerei.

Plattiertes Garn ist eine metallüberzogene, flache Schmucklitze, die hauptsächlich für kirchliche Zwecke gebraucht wird.

Gold- und Silberlitzen gibt es in verschiedenen Stärken und Arten. Einige sehen Kordeln ähnlich. Meist sind sie heute synthetisch. Für allerlei Geld gibt es aber auch echte. Bei breiten Litzen braucht man keine Überfangstiche zu machen. Anstatt den Faden über die Litze zu führen, versteckt man kleine Haltestiche in den Goldlitzen.

Perl-Kantille besteht aus einem spiralförmig aufgedrehten ganz feinen Draht. Jede Spirale sieht wie eine kleine Perle aus. Kantille

Unten: Junger Vogel, ein Design, dessen Reiz aus verschiedenen Stichen und verschiedenen Metallflächen besteht. Achten Sie auf die unterschiedlichen Farben und Abstände der Überfangstiche und auf die im Korbmuster gelegten Streifen aus Goldleder. Die Füße des Vogel sind aus Perl-Kantille.

näht man so auf: Zwischen Daumen und Zeigefinger zieht man die Spirale gerade so weit auseinander, daß man einen Überfangstich mit ganz dünnem Garn (Malteser Seide) zwischen den Draht setzen kann. Man braucht dabei aber nicht jede „Perle" festzunähen. Um der Kantille die gewünschte Lage zu geben, muß man sie beim Legen in der Hand krümmen. Bei scharfen Ecken nimmt man am besten die flache Seite eines Stichels zu Hilfe. Das Ende von Perlen-Kantille wird nicht durch den Stoff gezogen.

Lurexgarne sind synthetische Garne von hoher Qualität, die man in verschiedenen Dikken als Stickgarne oder zum Übersticken in verschiedenen Farben, wie Gold und Silber, haben kann. (Es gibt auch Lurex plattierte Garne, silber- oder goldfarbig).

Kantille wird nicht wie die bisher genannten Metallflächen überstickt oder zum Sticken verwendet, sondern wie Perlen aufgefädelt. Kantille besteht aus sehr feinem, sehr eng gewickeltem Draht, den man in perlengroße Stückchen zerschneidet.

Krause Kantille hat eine stumpfe Oberfläche.

Glatte Kantille ist heller und blanker als krause.

Karo-Kantille ist glänzend und wirkt gemustert.

Wenn man für ein Werkstück verschiedenartige Kantille benutzt, kann man sehr aparte Wirkungen erreichen. Zum Schneiden legt man Kantille in den umgedrehten Schachteldeckel, damit man sie nicht in die Hand zu nehmen braucht. Dann schneidet man mit einer Nagelschere passend lange Stückchen ab. Genäht wird mit einer Wollstichnadel (Krüwell-Nadel) Nr. 10 und Malteser Seide (oder synthetischem Faden). Man holt die Nadel auf die rechte Stoffseite hoch, fädelt das Kantillestückchen auf wie eine Perle, läßt es auf den Stoff fallen und sticht die Nadel am Ende des Kantillestückchen wieder ein und da wieder aus, wo das nächste Kantillestückchen beginnen soll. Schneiden Sie Kantille nie länger als 1 cm. Winzige Stückchen sehen wie Perlchen aus.

Sticken mit Überfangstichen

Suchen Sie sich für die Überfangstiche zuerst ein passendes Nähgarn aus: entweder Malteser Seide oder reine Nähseide. Verwenden Sie nur kurze Fäden, etwa 30 cm lang. Längere Fäden verschleißen leicht. Ehe Sie den Faden einfädeln, sollten Sie ihn zwei bis dreimal durch Bienenwachs ziehen. Das Wachs versteift den Faden und verhindert, daß er sich beim Sticken verknotet. Außerdem haften gewachste Fäden besser am Metallgarn, das damit überstickt wird.
Ehe Sie gleich im Metallgarn arbeiten, sollten Sie lieber ein wenig mit gewöhnlicher Schnur experimentieren, auch um auszuprobieren, wie man am besten die Fadenrichtung ändert. Auf diese Weise können Sie erst einmal Erfahrungen sammeln, ohne dafür teures Metallgarn zu verbrauchen. Auch Schnur gibt es in verschiedenen Farben sowie auch in unterschiedlichen Naturfarben. Sie können damit ganz interessante Wirkungen erzielen.
Metallgarn verlegt man in der Regel paarweise, weil man so den Untergrund besser verdecken kann. Legen Sie also ein Stück Japan-Gold-Ersatzgarn oder imitiertes Japan-Gold zusammen, und legen Sie sich dieses Fadenpaar dann auf dem Stickstoff zurecht. Machen Sie in den Nähfaden einen Knoten, und holen Sie die Nadel auf die rechte Seite hoch. Dann nähen Sie zunächst zwei Steppstiche, die später vom Goldgarn verdeckt werden. Stechen Sie an einer Seite der beiden Goldfäden hoch, an der anderen Seite wieder ein. Auf diese Weise überstikken Sie die ganzen Goldfäden mit Überfangstichen, die die Goldfäden ganz gerade überbrücken. Sticken Sie diesen Stich in Abständen von 5 mm. Jeder Überfangstich sollte genau einen rechten Winkel zu den Goldfäden einnehmen. Ausgenommen sind Eckstiche.
Nach den ersten Stichen probieren Sie mal eine rechtwinklige Ecke. Es gibt zwei Möglichkeiten; abhängig von der Entfernung des letzten Überfangstichs von der Ecke. Sitzt dieser Stich dicht, brauchen Sie nur einen Schrägstich über den äußeren Goldfaden zu setzen. Dann sticken Sie ganz regulär weiter. Ist der Abstand des letzten Überfangstichs dagegen größer, sticken Sie je einen Schrägstich gesondert über die beiden Goldfäden, ehe Sie mit dem Sticken fortfahren. Grundsätzlich sollten die Überfangstiche in regelmäßigen Abständen gestickt werden.
Wenn Sie eine spitzwinklige Kehre machen, wenden Sie im Prinzip dieselbe Methode an. Fangen Sie mit dem äußeren Faden an, führen Sie ihn in einem entsprechenden Winkel genau über den Eckpunkt, und halten Sie ihn dort mit einem winzigen Querstich fest. Als nächstes setzen Sie einen Stich quer von Außenkante zu Außenkante der Ecke. Mit einem dritten Stich halten Sie den inneren Metallfaden an seinem Eckpunkt fest.
Bei ganz spitzen Winkeln werden Sie den inneren Faden am Eckpunkt durchtrennen müssen. Lassen Sie dann an beiden Fadenenden 2,5 cm überstehen, die später auf der Rückseite vernäht werden. Soll der Winkel noch schärfer werden, müssen Sie beide Metallfäden durchschneiden und entsprechende Enden für das Versäubern überstehen lassen.
Die Ecke wird in diesem Fall gebildet, indem man die Fadenenden spitz zusammenlegt, einen etwas unterhalb des anderen. Die Enden des Metallgarns zieht man mit einer Chenille-Nadel auf die linke Seite und vernäht sie dort, eines nach dem anderen. Wenn das Einfädeln schwierig ist, fädeln Sie statt dessen ein 12 cm langes Stück festes Garn, doppelt gelegt, in die Nadel. Mit der Garnschlinge lassen sich die einzelnen Metallfäden vorsichtig auf die linke Stoffseite ziehen. Hier legen Sie die Fadenenden flach unter die, auf der Oberseite schon bestickte Fläche und vernähen sie mit unsichtbaren Überfangstichen. Es ist übrigens rationeller, wenn Sie nicht jedes Fadenende sofort vernähen. Warten Sie, bis Sie ein Stickmotiv fertig haben, und nehmen Sie dann alle Fadenenden dran. So können Sie auch verhindern, daß Sie beim Sticken die vernähten Fadenenden mitgreifen.
Wenn mehr als eine Garnreihe nebeneinandergelegt werden soll, muß man die Übergangstiche versetzen, sozusagen wie bei Backsteinen. Man näht die Metallfäden sehr eng zusammen und setzt am Ende der Reihe, wo die Fäden wieder zurücklaufen, einen kleinen Haltestich auch über den vorangegangenen Faden im rechten Winkel zu den übrigen Überfangstichen. Legt man Metallgarn spiralenförmig, müssen die Überfangstiche sorgfältig geplant werden: innen dicht, nach außen hin immer weiter auseinander.
Überfangstiche brauchen nicht immer gleich auszusehen. Statt des Backsteinmusters kann man andere Stiche verwenden oder die Stiche anders anordnen. Auch müssen sich die Überfangstiche nicht unbedingt farblich den Metallfäden anpassen. Rot und Orange zum Beispiel geben dem Gold des Metallgarns Wärme, während Blau und Grün es etwas kühler erscheinen lassen. Silber- und Aluminiumfäden wirken ganz anders, je nachdem, ob man sie mit weißem, blauem oder malvenfarbenem Garn überstickt.

Links: Das alte Auto ist aus Metallgarnen gearbeitet, verziert mit Perlen und Goldfolie. Die Räder aus Kantille sind von innen nach außen gestickt.

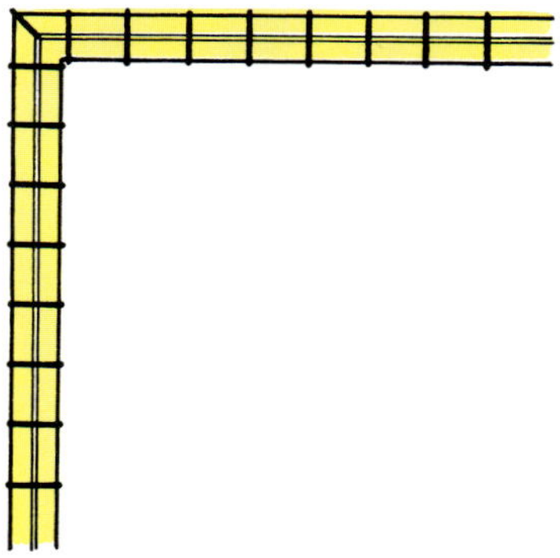

1. Bei einem rechten Winkel: über den äußeren Faden einen Schrägstich setzen

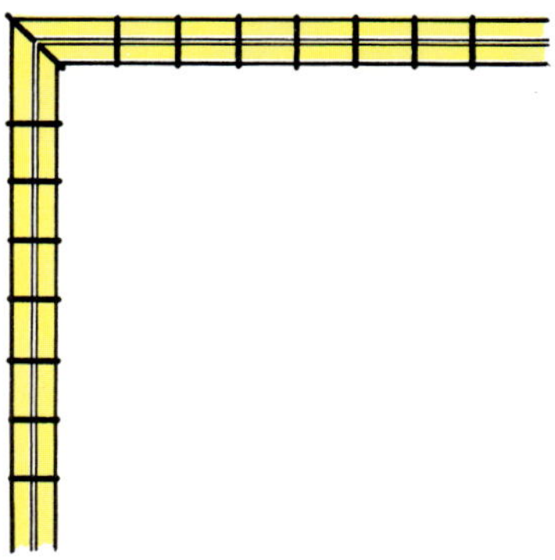

2. Bei einem rechten Winkel: Jeder Faden wird für sich mit einem Schrägstich gehalten

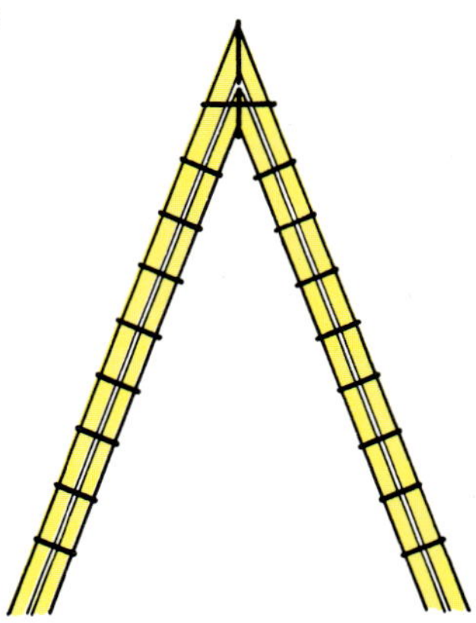

3. Ein spitzer Winkel

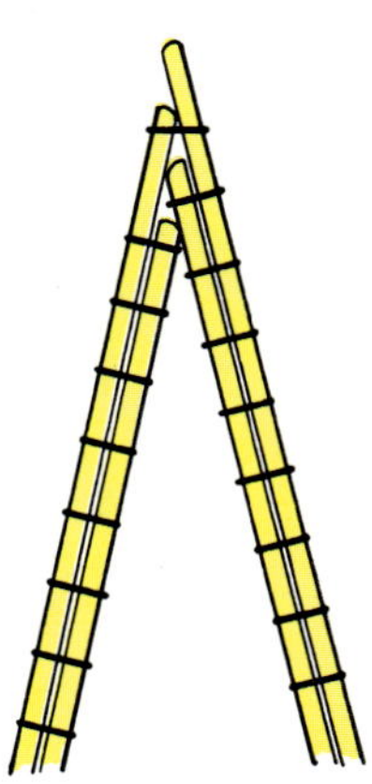

4. Laufen die Fäden sehr spitz zu, werden sie durchgeschnitten

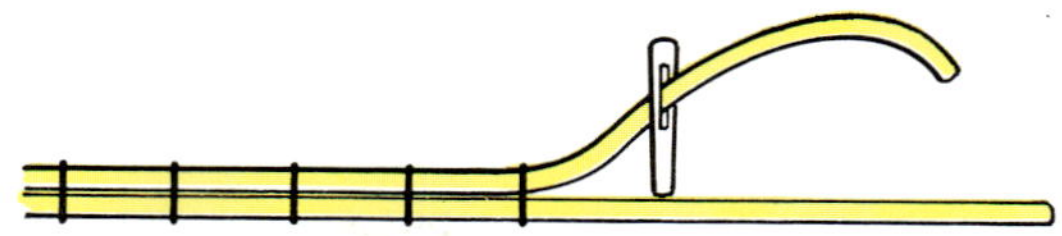

5. Garnenden werden mit der Nadel auf die linke Seite geholt

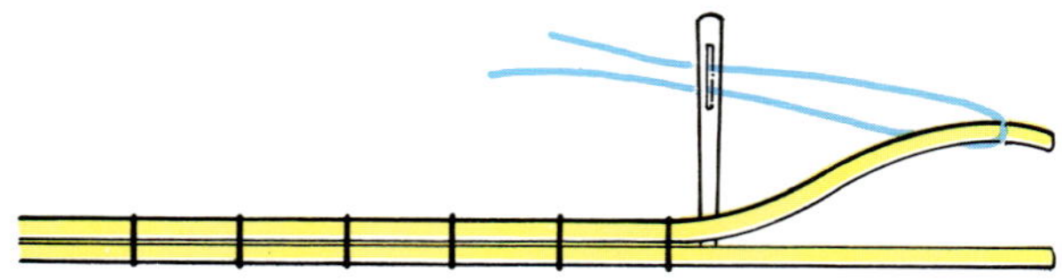

6. Man kann das Fadenende auch mit einer Schlaufe durchziehen

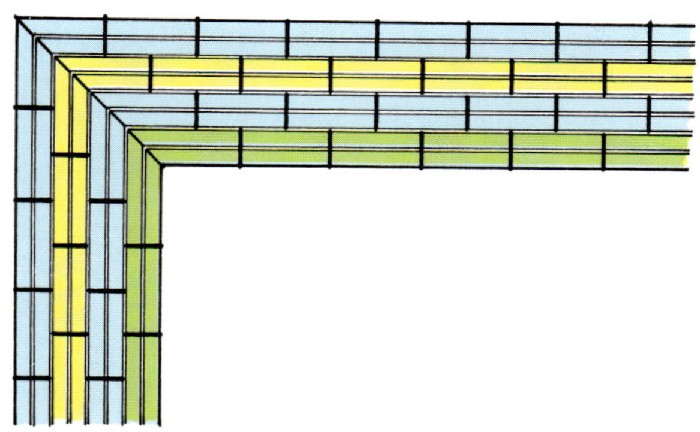

7. Backsteinmuster

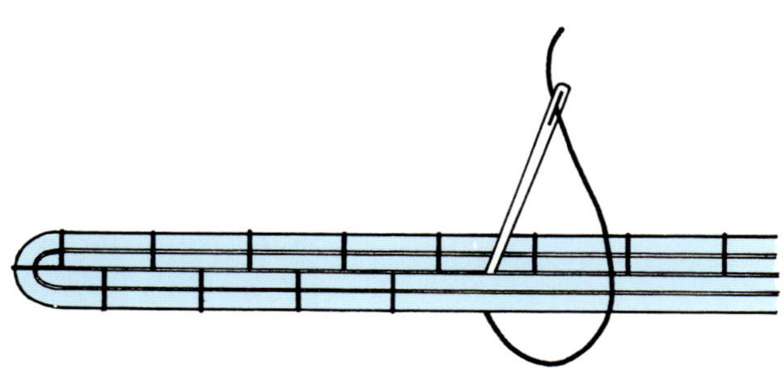

8. Backsteinmuster: Die Fäden werden eng zusammengestickt

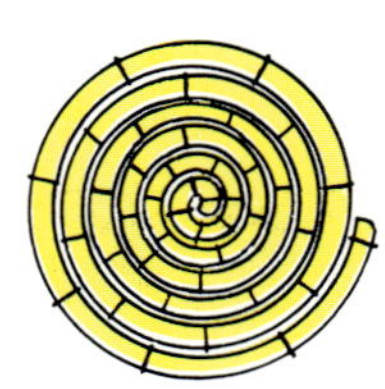

9. Backsteinmuster: Bei einer Spirale sitzen die inneren Stiche enger als die äußeren

Or nué (Lasurtechnik)

Eine herkömmliche Art, mit Metallgarn zu arbeiten, besteht darin, daß man zwei Metallfäden waagrecht legt und mit Überfangstichen hält. Das eigentliche Muster entsteht durch Farbwechsel der Überfangstiche. Wenn Sie beispielsweise ein Wappen sticken wollen, können Sie das gesamte Wappenfeld mit Goldlinien ausfüllen, die mit goldfarbener Seide gehalten werden. Kommen Sie nun an den Punkt, wo der Wappenspruch oder das Wappenzeichen beginnt, wechseln Sie das Garn für die Überfangstiche. Sie nehmen ein passend farbiges Garn und sticken die Überfangstiche dicht nebeneinander, soweit das Muster es verlangt. Dann sticken Sie wieder mit der Goldfarbe weiter bis zum Ende der Linie. Kommen Sie auf dem Rückweg wieder an das Muster, wechseln Sie den Faden, sticken das Musterstück wieder dicht und fahren dann wieder mit der Hintergrundfarbe fort. Auf diese Weise können Sie sowohl einfache als auch komplizierte Formen herausarbeiten. Die Umrisse muß man vorher aus dem Stoff vorzeichnen. Sie können mit so vielen Farben sticken, wie für Ihr Design nötig sind. Lassen Sie die einzelnen Fäden mit Nadel hängen, so daß Sie gleich weiterarbeiten können, wenn Sie an die entsprechende Stelle kommen.

Mit Schnur unterlegen

Wenn man die Stickerei mit Schnur unterlegt, erreicht man, daß Linien plastisch hervorgehoben werden. Die Schnüre legt man in gleichen Abständen, es sei denn, man arbeitet ein unregelmäßiges Korbmuster. Goldfäden unterlegt man mit gelber Schnur, die man notfalls vorher passend färbt.
Vor Gebrauch sollten Sie die Schnur wachsen, damit sie nicht ausfasert. Dann legen Sie sie auf den Stoff, und zwar im rechten Winkel zu den Goldfäden, und nähen sie da mit gewachstem Faden fest, den Sie abwechselnd oben und unten durch die Schnur stechen. Am Anfang und Ende übersticken Sie die Schnüre mit je zwei Stichen, ziemlich knapp an den Schnittkanten. Die Schnurmethode benutzt man übrigens auch, um Kantille zu unterlegen. Wenn die Schnur aufgenäht ist, übersticken Sie sie mit Abschnitten einer Kantilleart in geraden oder schrägen Plattstichen.

Korbmuster

Nähen Sie Schnüre parallel und in gleichen Abständen auf den Stoff, wobei die Abstände zwischen den Schnüren mindestens der Schnurdicke entsprechen müssen. Legen Sie zwei Goldfäden quer über die Schnüre, und befestigen Sie sie mit einem Doppelstich vor der ersten Schnur. Dann spannen Sie sie über die erste und zweite Schnur und setzen zwischen der zweiten und dritten Schnur wieder einen Doppelstich. Dann wieder zwei Schnüre weitergehen und einen Stich zwischen die vierte und fünfte Schnur sticken. Machen Sie so weiter bis zum Ende der Reihe, die Sie mit einem doppelten Haltestich beenden. Schneiden Sie die Goldfäden ab, lassen Sie aber einen Überstand von 2,5 cm. Nun fangen Sie wieder vorne an mit zwei neuen Goldfäden. Diesmal überspannen Sie am Anfang nur eine Schnur und setzen den Haltestich zwischen die dritte und vierte Schnur. Machen Sie weiter wie beim ersten Mal.
Durch die versetzten Haltestiche entsteht das Korbflechtmuster. Die dritte Reihe wird wieder wie die erste gearbeitet. Für diese Methode gibt es eine Reihe von Abwandlungen. Man kann die Haltstiche unregelmäßig setzen, verschiedene Garne zum Stikken oder Legen benutzen, wie etwa Seidengarn, feine Goldkordel, feine Lederstreifen unterschiedlicher Art.

Mit Filz unterlegen

Filzunterlagen verwendet man bei gespannten Fäden, Kantille, Gold- und Silberleder oder anderem aufgelegtem Material. Durch kleine Filzpolster erreicht man unterschiedliche Licht- und Schattenwirkungen, die noch dadurch unterstützt werden können, daß man das Material in verschiedenen Richtungen aufstickt. Man kann eine oder mehrere Filzschichten unterlegen, je nach gewünschter Höhe. Bei der üblichen Art der Polsterung einer Fläche von etwa 2,5 cm im Quadrat, schneidet man drei Filzstückchen zu: eines in der Größe der zu polsternden Fläche, das zweite etwas kleiner und das dritte noch kleiner. Zuerst heftet man das kleinste genau in die Mitte, dann das mittlere darüber und zum Schluß das größte, das mit kleinen Vorstichen befestigt wird. Wenn man bei jeder Polsterstärke so vorgeht, wird die Unterlage weich und gleichmäßig. Unter Umständen ist es nötig, das oberste Filzstück etwas zu vergrößern, um mehr unterpolsterte Fläche zu bekommen.

Litzen aufnähen

Litzen benutzt man für einzelne Linien oder um Konturen zu betonen. Stechen Sie die Nadel mitten in der Litze in der Richtung hoch, in der genäht werden soll, und setzen Sie die Naht in die Litze. Bei einer Ecke müssen Sie beide Kanten der Litze so annähen, daß die Litze am Eckpunkt möglichst flach gefaltet wird. Gelingt das nicht, muß man sie abschneiden und etwas tiefer wieder ansetzen. Dabei läßt man beide Enden 2,5 cm weit überstehen und holt die Überstände dann zum Vernähen auf die linke Seite. Wenn Sie mit einem Stichel vorsichtig ein

Loch in den Stoff machen, können Sie die Enden entweder mit einer Chenille-Nadel oder mit einer Fadenschlaufe, wie schon beschrieben, durchziehen.

Wappen- und kirchliche Stickerei

Wappenstickerei ist eine disziplinierte Arbeit, da die korrekte Zeichnung und die Farben eines Wappenschilds genau eingehalten werden müssen. Deshalb benutzt man dafür auch gerne konventionelle Metallgarne, wie Perl-Kantille für die Umrisse und andere Kantille für das Wappenzeichen. Metallgarne werden oft mit Applikationen kombiniert.

Wenn Sie etwas für die Kirche arbeiten wollen, fangen Sie klein an. Machen Sie eine Stola oder einen Beutel. Gegenstände, an denen Sie erst einmal Ihre Geschicklichkeit üben können. Wichtig ist, daß Sie sich bei der Planung von der Kirchengemeinde beraten lassen, denn die Ornamente haben ihre Bedeutung und müssen von jemand Sachkundigen entwickelt werden, der möglichst auch etwas von Stickarbeiten versteht. Beim Entwerfen muß man bedenken, wie das entsprechende Stück später fertiggestellt wird. Die Qualität eines sakralen Gewandes kann von der Wahl des richtigen Stoffes, aber auch von der Wahl des richtigen Futtermaterials abhängen.

Oben: Lilie in unregelmäßigem Korbmuster. Die Goldfäden verlaufen senkrecht.

Links: Wappenschild in „Or nué"-Technik

Oben rechts: Eine gestickte Krone. Das Juwelenband ist eingefaßt mit zweierlei Kantillen, die über eine unterlegte Schnur gestickt sind. Kleine Kantillestückchen ergeben die rauhe Struktur. Die Innenseite der Krone ist mit langen und kurzen Plattstichen ausgestickt.

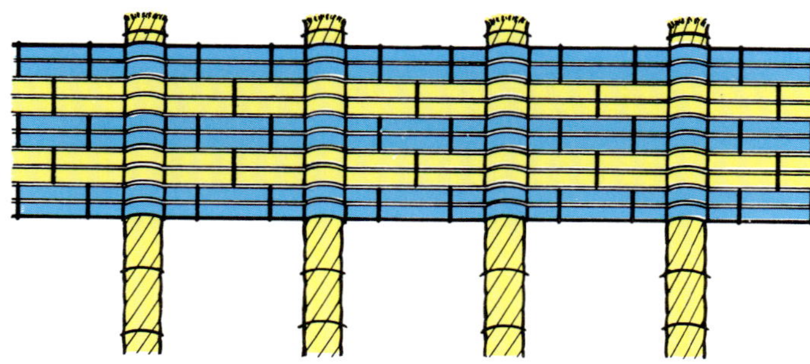

Mit Schnur unterlegen

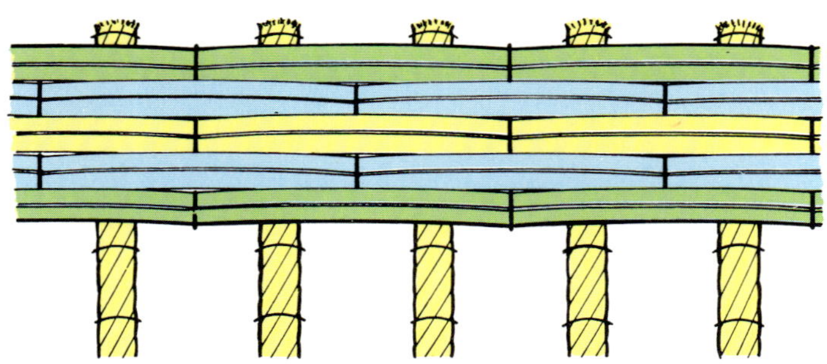

Korbmuster

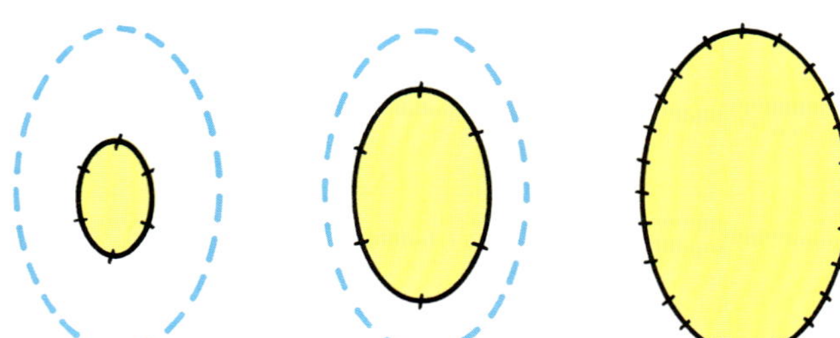

Mit Filz unterlegen

Goldstickbild „Alpenveilchen“

Dieses dekorative kleine Wandbild ist nach demselben Entwurf gearbeitet wie das Wandbild auf Seite 50.

Material:
Dichter, cremefarbener Untergrundstoff, 30 x 25 cm.
Feiner, weißer Baumwollstoff als Futter, 35 x 30 cm
1 Strang Baumwoll-Sticktwist in Kaffeebraun
1 Strang Baumwoll-Sticktwist in Dunkelbraun
4 Meter mittleres, imitiertes „Japan Gold“ (Effektgarn)
30 cm stumpfe Goldlitze
10 cm feine Perl-Kantille
5 cm krause Kantille in Gold
1 Spule echte Malteser Seide in hellem Gold oder eine Spule goldfarbene Nähseide für die Überfangstiche
Rohwolle zum Auspolstern
Kräftiger Karton, 19 x 14 cm
Kräftiges Garn zum Verschnüren

Stickanleitung
Spannen Sie den Untergrundstoff und den Futterstoff in einen runden oder eckigen Stickrahmen.
Vergrößern Sie das Stickmotiv auf die richtige Größe (siehe Seite 50) und übertragen Sie es mit Hilfe kleiner Vorstiche (siehe Seite 18) auf den Stoff.

Sticken Sie die Blüte wie folgt:

1. Arbeiten Sie die Steppstichlinien mit einem Faden Sticktwist
2. Besticken Sie alle angegebenen Flächen mit dem „Japan Gold“-Imitat. Legen Sie die Fäden paarweise.
Folgen Sie dabei den Umrißlinien. (Das Blütenblatt wird ganz dicht belegt. Dabei arbeitet man von außen nach innen.)
3. Bei dem Blütenblatt links oben folgt die Stickerei mit „Japan Gold“ nur der Kontur. Fassen Sie das Goldgarn auf beiden Seiten mit Goldlitze ein.
4. Sticken Sie, wo angegeben, die Perl-Kantille auf.
5. Sticken Sie die französischen Knötchen mit zwei Fäden Sticktwist.
6. Setzen Sie ein paar winzige Stückchen krause Kantille zwischen die französischen Knötchen wegen des Glanzeffekts.

Nehmen Sie nun die Arbeit aus dem Rahmen, und rahmen Sie die linke Seite. Nun werden alle mit p bezeichneten Flächen sorgfältig nach der Trapunto-Methode (Seite 120) mit Wolle wattiert. Achten Sie darauf, daß die Oberflächen auf der rechten Seite glatt bleiben.
Wenn Sie damit fertig sind, können Sie die Arbeit aus dem Rahmen nehmen und übrigen Futterstoff abschneiden.

So wird das Bild gerahmt
Legen Sie Ihr Stickbild – rechte Seite nach oben – auf den zugeschnittenen Karton. Heften Sie den Stoff an der Mitte aller vier Seiten auf die Pappe, achten Sie darauf, daß nichts verzogen ist. Drehen Sie die Pappe um, und verspannen Sie nun die überstehenden Stoffkanten quer über die Rückseite überkreuz miteinander. Beginnen Sie jeweils in der Mitte einer Seite, und arbeiten Sie von da nach außen. Die Ecken werden schräg ausgeschnitten, damit hier keine Beulen entstehen.

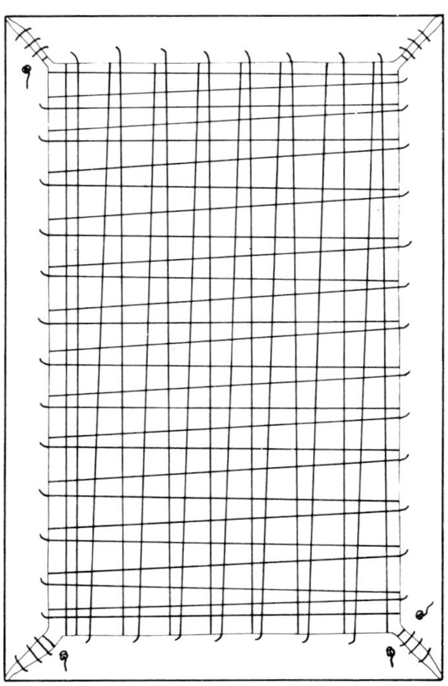

Beim Rahmen der Arbeit werden die Stoffkanten auf der Rückseite verschnürt

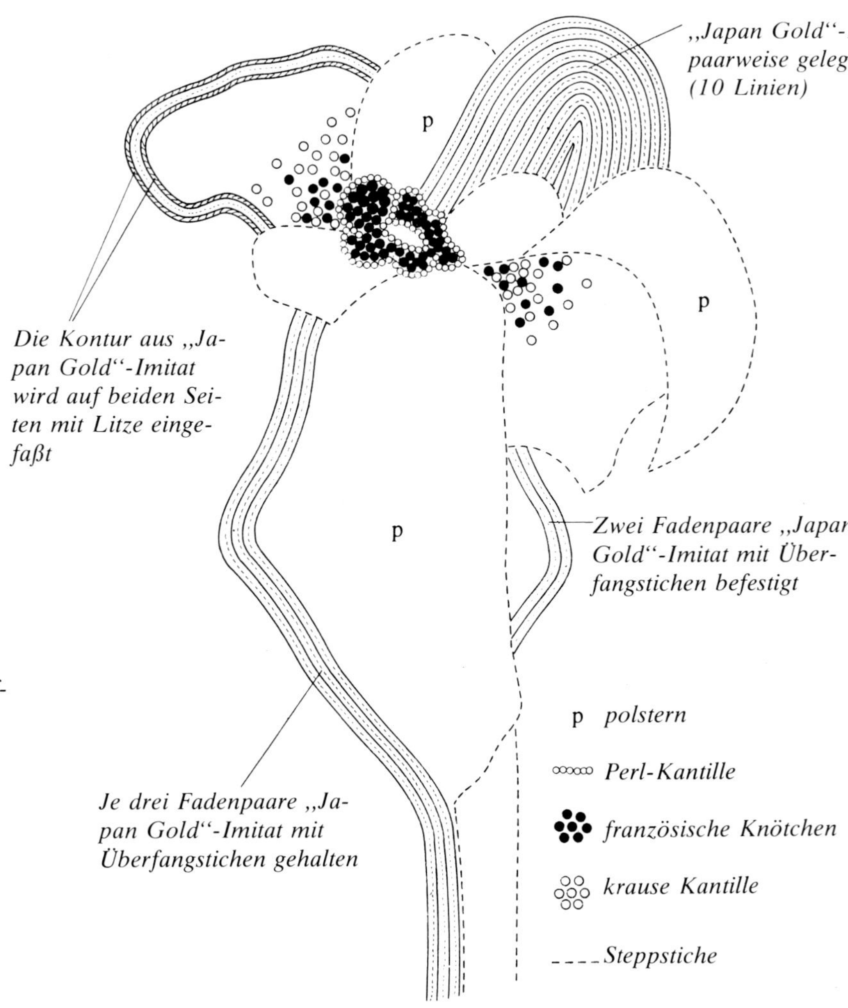

Perlenstickerei

Schon immer haben Perlen dem Schmuck gedient; ursprünglich war es Naturmaterial, Muscheln oder getrocknete Samenkörner, die man sich um den Hals hängte. Später wurden es Perlen. Auch in der Stickerei haben Perlen eine wichtige, schmückende Funktion. Manchmal genügt eine einzige, um einem Stickwerk einen Glanzpunkt zu geben. Man kann es überhaupt als Faustregel ansehen, daß man Perlen beim Sticken nur sparsam anwendet, weil die Arbeit sonst leicht überladen wirkt.
Einige Leute machen sich ihre Perlen selbst. Gewöhnlich jedoch verwendet man fabrikfertige Glasperlen und Chinaperlen bei der Stickerei. Hübsche Glasperlen gibt es in einer Unmenge von verschiedenen Größen, Formen und Farben. In Maßen können sie der Verschönerung von freier Stickerei dienen – vielleicht kombiniert mit französichen Knötchen –, und sie lassen sich sehr gut bei Stickarbeiten mit Metallgarnen einsetzen. Verschwenderischer kann man mit Perlen umgehen, wenn man sie als einziges Dekorationsmittel für bestimmte Kleidungsstücke oder Accessoires, für Abendtäschchen und Beutel verwendet, die zu den beliebtesten Objekten der Perlenstickerei gehören.
Für die Perlenstickerei braucht man einen Rahmen, am besten einen viereckigen, es sei denn, Sie besticken nur eine kleine Fläche, die gut in einen Ringrahmen paßt.
Das Garn sollte fein, aber kräftig sein, mercerisiertes Baumwollgarn oder Nylongarn zum Beispiel. Baumwollgarn zieht man ein paarmal durch Bienenwachs. Das Garn sollte farblich möglichst zu den Perlen passen, auch die Garnstärke hängt von der Art der Perlen ab. Eine Perlensticknadel ist sehr fein, lang und elastisch.
Fangen Sie auf der rechten Seite an. Stechen Sie die Nadel nach oben an die Stelle, wo die erste Perle sitzen soll. Fädeln Sie die Perle auf, und lassen Sie sie auf den Stoff fallen. Legen Sie die Perle zurecht, und stechen Sie unmittelbar danach ganz dicht an der Perle die Nadel wieder ein. Machen Sie unten einen kleinen Stich nach vorne, kommen Sie mit der Nadel hoch, fädeln Sie die nächste Perle ein und stechen wieder zurück zur ersten Perle. Einstechen und wieder zwei Perlenlängen nach vorne, wie bei einem normalen Steppstich. Der Faden darf nicht zu straff gespannt sein, weil er sonst reißt, aber auch nicht zu lasch, da sich die Perlen sonst hin und her bewegen.
Wenn Sie schnell vorankommen wollen und eine gleichmäßige Perlenreihe anstreben, arbeiten Sie so: Sie stechen am Anfang der Reihe hoch, fädeln so viele Perlen auf, wie Sie brauchen, stechen am Ende der Reihe wieder ein und setzen nun zwischen alle Perlen oder auch nur zwischen jede zweite oder dritte einen kleinen Überfangstich, der die Perlenschnur festhält.
Wenn die einzelnen Perlen sehr fest liegen sollen, kann man sie auch aufrecht festnähen, also mit dem Loch nach oben. Sie legen dann die Perle senkrecht auf den Stoff, ziehen von unten nach oben den Faden durch, auf der Außenseite der Perle wieder nach unten und wieder durch die Perlenöffnung nach oben. Jede Perle halten Sie mit zwei bis drei Stichen.
Eine weitere Methode bringt noch mehr plastischen Effekt in die Stickerei: Dabei setzt man eine Perle auf die andere. Sie stechen von unten hoch und ziehen den Faden durch eine runde Perle, von da aus weiter durch eine kleinere Perle und außen zurück wieder durch die runde Perle nach unten.
Sie können die Perlen auch auf andere Weise hervorheben. Unterlegen Sie sie mit aufgenähter Schnur oder einem Stück Zierkordel, das genauso lang ist wie die Perlenreihe, die Sie sticken.
Daß Sie den Stickfaden am Anfang und Ende sehr fest und sicher vernähen, ist beim Perlensticken besonders wichtig. Drehen Sie dafür die Arbeit um, und nähen Sie Steppstiche in schon bestickten Stoffflächen.

Pailletten

Pailletten gehören strenggenommen nicht zu den Perlen, aber sie werden oft zusammen damit verarbeitet. Pailletten gibt es in allen möglichen Formen und Farben. Bei einer runden Paillette sticht man von unten durch das Loch in der Mitte nach oben und setzt dann von der Mitte nach außen strahlenförmig ein paar Haltestiche in gleichen Abständen. Man kann Pailletten auch mit Hilfe kleiner Perlen befestigen. Von unten durch die Paillette und die Perle stechen, an der Außenseite der Perle wieder durch die Paillette zurück. Dafür nimmt man am besten transparentes Nylongarn.

Rechts: Zwei perlenbestickte Täschchen aus dem Anfang des Jahrhunderts

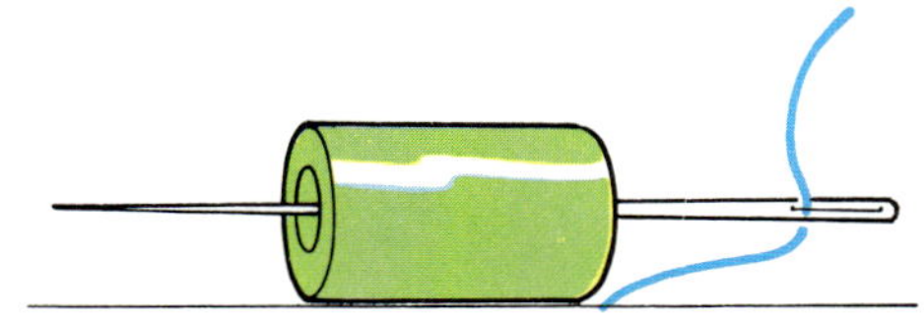

Perlen einzeln aufnähen

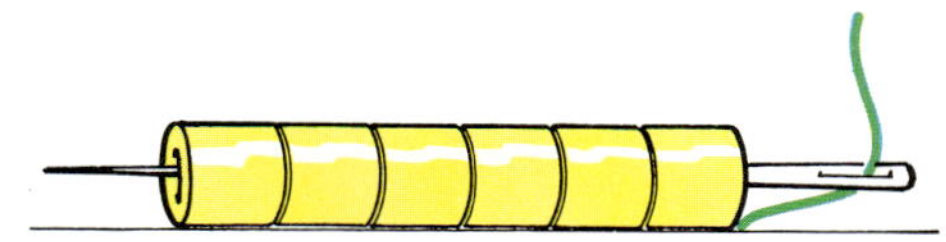

Eine Perlenreihe auffädeln

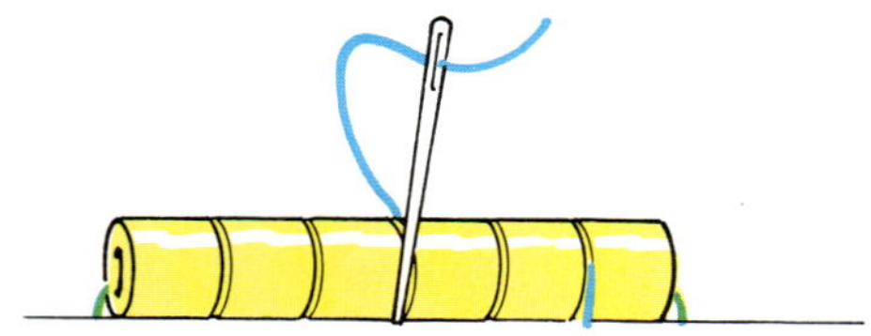

Zwischen die Perlen Überfangstiche setzen

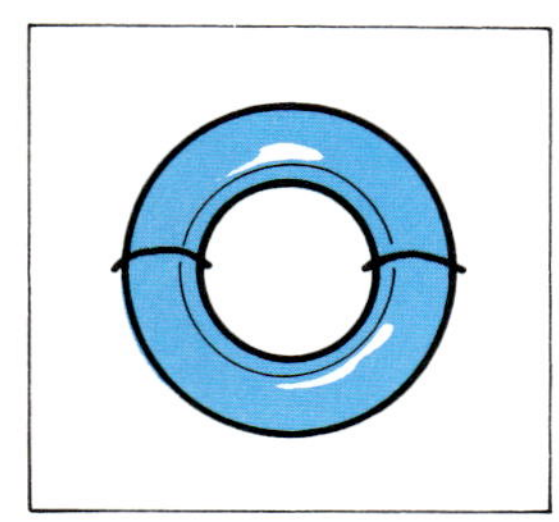

So näht man eine aufrechte Perle fest

Man kann eine Perle auf die andere setzen

Fadengebundenes Sticken

Schwarzstickerei

Die Technik der Schwarzstickerei ist historisch am meisten bekannt geworden durch die in Holbein-Stich gearbeiteten Muster der Elisabethanischen Zeit. Portraits jener Zeit zeigen entzückend feine Schwarzstickereien auf Kragen und Ärmeln.
Schwarzstickerei besteht aus kleinen, zu Mustern geordneten Vorstichen auf einem zählbaren Gewebe. Ursprünglich wurden diese Muster mit schwarzem Garn auf weißem Grund gestickt. Heute dagegen wird die Technik der Schwarzstickerei auch in vielerlei Farben abgewandelt. Bei dekorativen Stücken nimmt man gelegentlich Gold- und Silbergarn hinzu. Doch das ist nicht empfehlenswert bei Stickwerken, die öfter gereinigt werden müssen. Vorausgesetzt, man verwewendet das passende Garn, kann man Schwarzstickerei ebensogut auf feinem wie auf grobem Material arbeiten.
Man kann damit Tischwäsche verzieren, Stoffe für die Einrichtung, Kleider und Zubehörteile. Zum Üben ist ein fadengleicher, leinenbindiger Stoff passend, der nicht zu fest gewebt ist. Auf etwas lockeren Geweben stickt sich leichter, und die Stiche geraten gleichmäßig. Schon schwieriger wird das bei einem nicht ganz fadengleichen Gewebe wie Leinen, weil die Stiche dann nicht mehr ganz so gut liegen und ebenmäßig sind. Aber angenommen, Sie wollen ein Kleidungstück mit Schwarzstickerei schmücken, dann ist es nicht nötig, daß Sie das ganze Stück aus diesem für die Stickerei günstigen Stoff nähen. In solchen Fällen könnte man eine Stickereibordüre aufsetzen.
Wenn Sie den Deckel einer Schachtel bestikken, kann der Rest mit einem passenden unbestickten Stoff bezogen werden. Auf einen dekorativen Wandschmuck lassen sich mit Schwarzstickerei durchzogene, nesselähnliche Stoffe applizieren.
Wichtig ist, daß man das passende Garn findet. Dazu sollte man vorher mit verschiedenen Garnsorten experimentieren. Als Faustregel gilt, daß das Stickgarn etwa die Dicke eines Fadens aus dem bestickten Gewebe haben sollte. Allerdings ist es durchaus vertretbar, die Garnstärke bei der Arbeit zu wechseln, da einige Stichmuster besser in feinem Garn wirken, andere in dickerem.
Die für Schwarzstickerei brauchbaren Garne sind jedoch begrenzt. Dazu gehören Baumwoll-Perlgarn oder – bei feiner Stickerei – ein Faden von sechsträhnigem Baumwolltwist, auch reine Nähseide. Stickwolle, Kelim- oder auch Strickwolle eignen sich bei grobem Gewebe. Auf Nessel macht sich weiches Baumwoll-Stickgarn gut. Falls Sie gern etwas Metallgarn einarbeiten möchten, nehmen Sie solches, das sich gut einfädeln läßt und beim Durchziehen durch Stoff nicht aus der Form geht. Wie bei allen Stickereien auf zählbarem Gewebe nimmt man auch hier eine stumpfe Nadel, die die Gewebefäden nicht spaltet. Zur Schwarzstickerei braucht man nicht unbedingt einen Stickrahmen, aber es erleichtert manchmal die Arbeit, wenn man den Stoff spannen kann.
Die Motive für Schwarzstickerei lassen sich ebenso zu Bordüren zusammensetzen wie zu Bildern. Am besten lassen sie sich auf Millimeterpapier entwerfen. Falls Sie die Schwarzstickerei mit freier Stickerei kombinieren, halten Sie die Muster einfach.
Die Möglichkeiten Ihres Entwurfs hängen zudem immer von der Struktur des Stoffes ab. Zu den Formen, die sich grundsätzlich eignen, gehören vereinfachte Pflanzenformen, Gebäude, Figuren und Vögel. Wenn Sie Flächen füllen, wählen Sie ein Muster, das der Struktur der Fläche entspricht, die Sie darstellen wollen; das ist ein interessantes Problem. Es gibt Muster, die beispielsweise an Backsteine erinnern und andere, die einen Blattcharakter haben. Einige kleine Muster fallen sehr dicht aus und werden noch kompakter, wenn man sie mit einem dickeren Garn stickt. Andere Muster dagegen wirken hell und leicht. So kann man schon durch die Musterwahl Schattierungen erreichen. Sie können sich das vorher auf folgende Weise zurechtlegen: Sie schneiden aus Zeitschriften oder Zeitungen Textteile aus, die teils locker und teils eng und kompakt gesetzt sind, und außerdem dunkle Teile aus Illustrationen. Diese Papierstücke verteilen Sie auf Ihrem Stickentwurf und experimentieren damit, wie Sie die hellen und dunkleren Flächen am besten verteilen. Dann stecken Sie die Papierschnipsel fest und suchen die nach dem Grad von Dichte und Helligkeit passenden Stickmuster aus, abschattiert in hellen, mittleren oder dunklen Tönen.
Sie brauchen sich dabei nicht streng an den Namen „Schwarzstickerei" zu halten. Früher hat man tatsächlich nur schwarz auf weiß gestickt, aber das gilt heute nicht mehr. Es gibt keine Regel, die es Ihnen heute verbietet, statt dessen mit farbigem Garn oder auf farbigem Grund zu sticken oder beides. Der Reiz der Schwarzstickerei liegt darin, daß die Feinheit der Stickmuster sich gut vom Hintergrund abhebt. Auf hellem Grund kann man das mit Schwarz, aber genausogut mit Dunkelbraun, Flaschengrün, Rotbraun oder Marineblau erreichen. Umgekehrt ist cremefarbenes oder überhaupt blasses Garn auf dunklem Grund unter Umständen genauso wirkungsvoll wie weißes. Im übrigen lassen sich die Schattierungen, die typisch für diese Art der Stickerei sind, nicht nur durch Stichart und Dichte erreichen, sondern auch durch bis zu drei Schattierungen einer Farbe. Die Töne dürfen nur dem Untergrund nicht zu ähnlich werden, weil sie dann im Gesamtbild untergehen.
Alle Muster der Schwarzstickerei setzen sich aus vielen kleinen Vorstichen zusammen: waagrechten, senkrechten und schrägen. Sie alle werden über gezählte Fäden gestickt. Soll ein Stück beidseitig verwendbar sein, ersetzt man die Vorstiche durch Steppstiche oder durch doppelte Vorstiche. Gelegentlich lassen sich auch Kreuzstiche einarbeiten. Auch Webstiche lassen sich gut mit Schwarzstickerei verbinden.
Die Stichgröße variiert zwischen zwei, drei oder vier überstickten Gewebefäden, je nach Dicke des Materials. Sehr lange Stiche zerstören die Eigenart der Technik. Sticken Sie statt dessen zwei oder mehr kleinere Stiche. Achten Sie auch darauf: Bei manchen Mustern muß man immer eine gerade Anzahl von Fäden übersticken, weil es unmöglich ist, einen angrenzenden Stich genau in der Mitte eines Stiches anzusetzen, der über drei (oder fünf) Fäden geht.

Rechts: Teilstück einer Stickerei in verschiedenen Techniken, die auch auf Seite 6 und Seite 77 zu sehen sind. Hier in Schwarzstickerei. Die Details zeigen die verschiedenen Möglichkeiten der Technik.

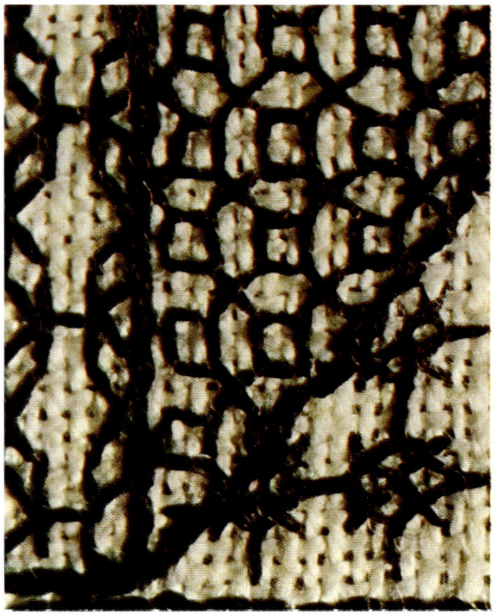

Steppstich

Am Anfang nicht den Faden verknoten, sondern auf der Rückseite so viel Faden hängen lassen, daß man ihn nach ein paar Stichen vernähen kann. Steppstiche werden genauso gestickt, wie sie unter den „freien Stichen“ (Seite 28) beschrieben sind. Man stickt die doppelte Stichlänge auf der Rückseite nach vorne und dann auf der Vorderseite wieder halb zurück bis zum vorhergehenden Stich, dann wieder über die doppelte Länge bzw. Fadenzahl nach vorne, über die halbe zurück und so weiter. Wenn also ein Stich über vier Fäden geht, sticht man acht Fäden nach vorne und vier wieder zurück. Bei eckigen Formen muß man auf der Rückseite diagonale Stiche machen, um im Stichrhythmus zu bleiben. Am Ende wird der Faden auf der Rückseite etwa 2,5 cm weit flach in den Fäden verankert und nicht durch mehrere Steppstiche zu einem Knoten festgebunden.
Bei locker gewebtem Grundgewebe müssen Sie darauf achten, daß Sie auf der Rückseite mit dunklem Garn keine längeren Querstiche machen, die auf der Vorderseite als Schatten sichtbar sind. Lieber Übergänge vermeiden und nach jeder Musterreihe den Faden vernähen.

Doppelter Vorstich (Holbein-Stich)

Wenn man ein fortlaufendes Schnörkelmuster stickt oder wenn die Stickerei von links und rechts ansehnlich sein soll, arbeitet man mit doppeltem Vorstich. Er besteht aus vorher sorgfältig geplanten gleichmäßigen Reihstichen, bei denen die Stiche und die Abstände dazwischen gleich lang sind. Auf dem Rückwärtsgang füllt man die Zwischenräume und spart die Stiche aus. Beim Sticken der Rückreihe sticht man genau in die Stichlöcher der Vorreihe, so daß das Ergebnis wie gesteppt aussieht und eine weiche fortlaufende Linie ergibt. Am Anfang und Ende vernäht man den Stickfaden mit winzigen Stichen, die in der Sticklinie untergehen.

So setzt man Muster zusammen

Gut, wenn man ein Stück Stoff übrig hat, auf dem man Stiche und Muster üben kann. Es gibt eine ganze Reihe traditioneller Muster, die sich zu Motiven und Bordüren zusammensetzen oder über eine Fläche verteilen lassen. Variationen entstehen durch Weglassen oder Hinzufügen von Stichen oder durch verschiedene Garnstärken. Wenn Sie ein vorgezeichnetes Muster ausfüllen, beginnen Sie damit am besten in der Mitte, um einen Mittelpunkt zu haben. Von da aus sticken Sie zur Außenkante des Motivs. Aber Vorsicht, nicht darüber hinaus!
Es ist leichter, nachträglich einen fehlenden Stich einzufügen als einen zu lang geratenen zu korrigieren. Mit einem Linienstich kann man ein Motiv ganz umrahmen. Manchmal ist es besser, damit nur einen Teil hervorzuheben. Weiche Umrisse bekommt man mit Überfangstichen, Steppstichen, Kettenstichen; verzierte Umrisse mit Korallen- oder Schneckenstichen. Hübsch lassen sich auch gefüllte Gitter (Seite 43) in eine Schwarzstickerei einfügen, wobei die Gitter oder die Füllung aus Metallgarn sein können.

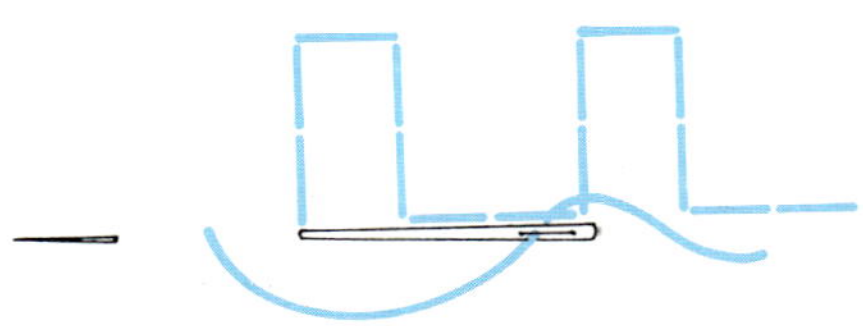

Muster in Steppstich

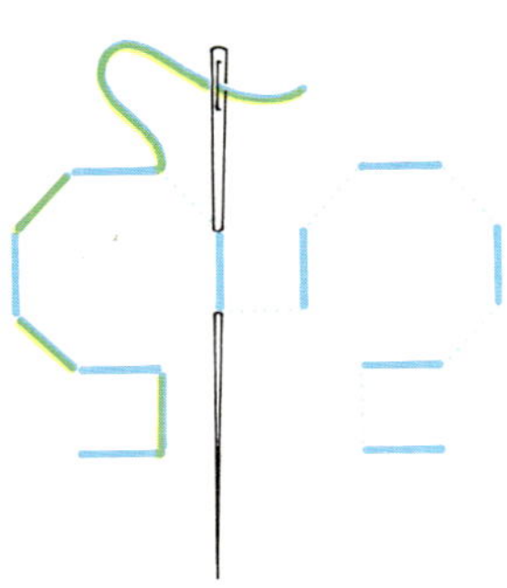

Doppelter Vorstich (Holbein-Stich)

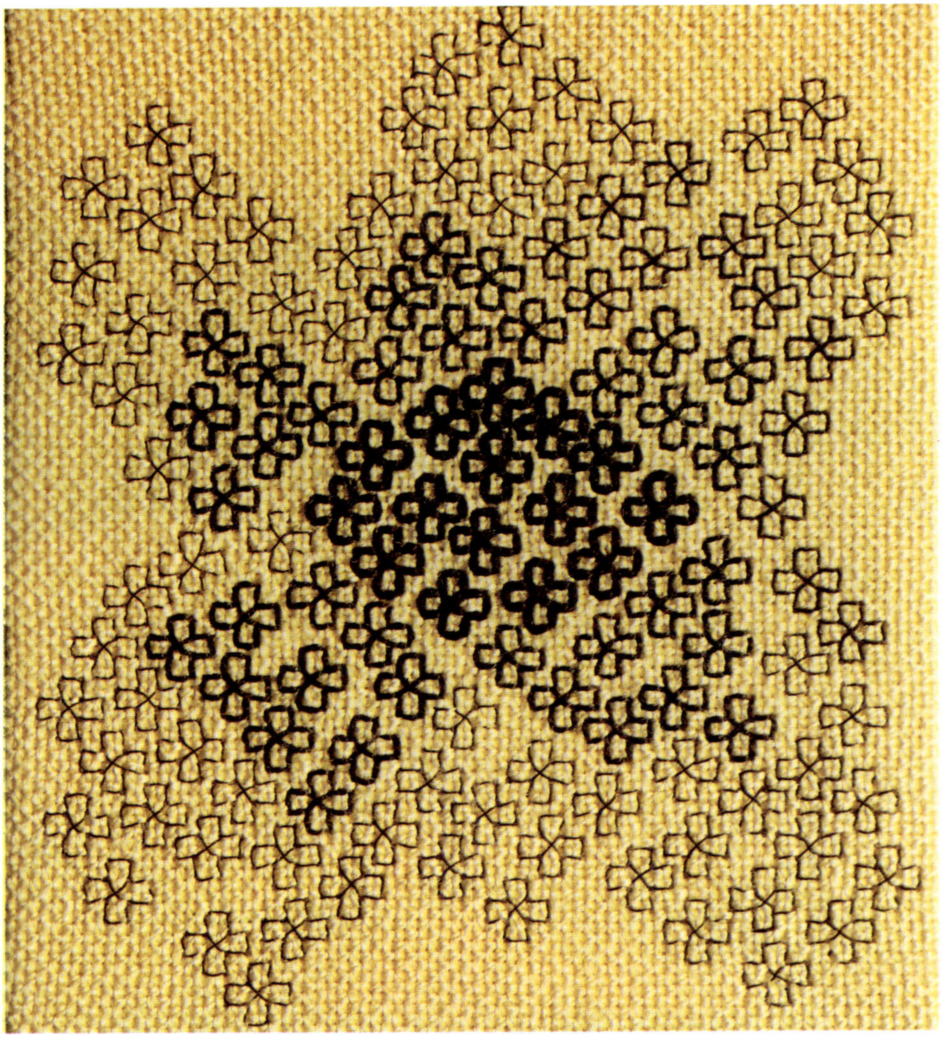

Rechts außen: Fuchsien mit Schmetterling. Die verschiedenen Füllmuster von unterschiedlicher Dichte ergeben die typischen Schattierungen. Hie und da wurde Goldgarn verwendet.

Rechts: Ein ganzflächiges Schwarzstickmuster, das durch verschiedene Garnstärken Rhythmus bekommt

Kreuzstich und Assisi-Stickerei

Wie schon der Name sagt, besteht Kreuzstichstickerei aus einer Reihe von überkreuz gestickten Stichen auf einem fadengleichen, leinenbindigen Stoff. Der Kreuzstich ist schon seit Jahrhunderten bekannt. Man findet ihn in vielen Ländern auf alten Sticktüchern, Wäschestücken oder bäuerlichen Gewändern. Beim Kreuzstich wiederholt man immer dieselben einfachen Stiche, deshalb empfinden viele diese Sticktechnik als reine Erholung. Einfache, aber auch vielteilige Muster kann man ganz und gar einfarbig, Ton-in-Ton oder mehrfarbig sticken mit gezwirnter oder mehrfädiger Baumwolle. Verschiedene Garne können einer Arbeit besonderen Reiz geben. Als Faustregel gilt, daß der Stickfaden etwa die Stärke der Gewebefäden haben sollte. Zum Sticken nimmt man eine stumpfe Nadel.

In Handarbeitsgeschäften bekommen Sie vielerlei Stickmuster in Kreuzstich, aber es ist auch keine Kunst, Muster selber zu entwerfen. Man zeichnet sie am besten auf Millimeterpapier. Ein Karo auf dem Papier bedeutet einen Kreuzstich auf dem Stoff. Anfänger beginnen mit einem ganz einfachen Motiv, das sie freihändig mit Bleistift auf Millimeterpapier zeichnen. Anschließend wird das Motiv dem Karogitter angepaßt. Man nimmt einen Filzstift oder Kugelschreiber und paßt die Umrisse der ersten Zeichnung so eng wie möglich den Karos an, wobei die Umrisse – wie es in der Art des Kreuzstichs liegt – nur durch senkrechte und waagrechte Linien gebildet werden.

Jedes Karo auf dem Millimeterpapier wird in einen Kreuzstich auf dem Gewebe übersetzt. Jeder Faden wird am Anfang und am Ende so vernäht, wie bei allen Stickarbeiten über gezählte Fäden. Lassen Sie am Anfang ein nicht zu knappes Stück Faden auf der linken Seite hängen und vernähen es, sobald Sie genügend Stiche gemacht haben. Auch am Ende wird der Faden etwa 2,5 cm lang durch die Stiche auf der Rückseite vernäht, so daß er ganz flach liegt und es keine Unebenheiten gibt.

Assisi-Stickerei

Das Hauptmerkmal der Assisi-Stickerei ist, daß hier nicht das Muster, sondern der Zwischenraum zwischen den Mustern mit Kreuzstich oder doppeltem Steppstich bestickt wird. Es handelt sich also um eine Art negativer Kreuzstichstickerei. Diese Sticktechnik stammt ursprünglich aus dem italienischen Ort Assisi. Die traditionellen Motive bestehen oft aus seltsam geformten Tieren und Vögeln, und die herkömmlichen Farben waren Blau und Hellrot auf cremefarbenem Grund.

Für Assisi-Stickerei nimmt man dieselben Stoffe und Garne wie für die übliche Kreuzstichstickerei. Auch hier sind nicht fadengleiche Stoffe zu vermeiden, weil darauf die Stickerei ungleichmäßig wird. Das Muster entwirft und plant man auf Millimeterpapier, wobei wieder ein Papierkaro einem Kreuzstich entspricht. Je nach Feinheit des Gewebes stickt man einen Stich über zwei, drei oder vier Fäden.

Zuerst wird das Stickmuster mit doppeltem Vorstich oder Steppstich eingefaßt. Solche Umrißlinien müssen entweder waagrecht oder senkrecht verlaufen, damit man mit den an Fäden gebundenen Kreuzstichen den gesamten Hintergrund ausfüllen kann. Wenn der Einfassungsrahmen fertig ist, beginnt man den Hintergrund auszusticken, die eigentlichen Muster aussparend. Dabei sticken Sie Kreuzstiche in waagrechten Reihen, halbe Stiche hin, die andere Hälfte auf dem Rückweg. Die Umrisse eines Assisi-Musters mit dicht besticktem Kreuzstichhintergrund erscheinen weicher, wenn man sie mit doppelten Vorstichen einfaßt.

Unten links: Ein Stickmotiv in Assisi-Technik. Detail daraus unten.
Rechts: Kreuzstich-Kissen. Das Mittelmotiv ist unten zu sehen.

Kreuzstich

Der Kreuzstich besteht aus einem einfachen, über zwei, drei oder vier Gewebefäden gestickten Kreuz. Üblicherweise behält man bei einer Stickarbeit eine Stichgröße bei. Auf der Rückseite sollte der zweite Schrägstich, der sogenannte Deckstich, überall dieselbe Richtung haben. Rechtshänder werden in der Regel am besten von rechts nach links sticken, wobei der Deckstich von links unten nach rechts oben verläuft. Für Linkshänder ist es umgekehrt leichter, nämlich von links nach rechts, Deckfaden von rechts unten nach links oben. Es ist nicht ratsam, den Stoff bei der Arbeit zu drehen, weil man dabei leicht durcheinanderkommt. Es gibt zwei Möglichkeiten, Kreuzstiche zu sticken: Man kann jedes Kreuz erst fertigsticken, ehe man das nächste in Angriff nimmt. Man kann aber auch erst eine Reihe von Unterstichen sticken und auf dem Rückweg die Deckstiche darüber setzen. Kreuzstiche sind senkrecht, waagrecht oder auch diagonal zu sticken.

Italienischer Kreuzstich

Ein Kreuzstich in einem Kästchen von Vorstichen nennt sich italienischer Kreuzstich. Damit dieser Stich klar herauskommt, sollten Sie mit dünnerem Garn sticken, als sonst für Kreuzstich üblich ist. Sticken Sie über drei oder vier Gewebefäden. Holen Sie die Nadel auf der linken Seite der Stickreihe hoch (A). Machen Sie einen geraden Stich nach rechts, und stechen Sie wieder am Anfangspunkt A aus. Von hier aus machen Sie einen schrägen Stich nach rechts oben und holen die Nadel nach A zurück.
Von A aus diesmal einen senkrechten Stich machen und am Ende des ersten waagrechten Stiches ausstechen. Wiederholen Sie diese drei Stiche fortlaufend bis zum Ende der Reihe, schließen Sie mit einem senkrechten Stich ab. Nun sticken Sie im zweiten Arbeitsgang die Deckfäden zu den Kreuzen von rechts unten nach links oben, wobei Sie (wie unten zu sehen ist) die Nadel immer senkrecht zu sich her führen. Die nächste Reihe oberhalb der ersten schließt die Kästchen um die Kreuze der ersten Reihe.

Unregelmäßiger Kreuzstich

Eigentlich handelt es sich hier um einen Stich, der auf Stramin gestickt wird. Aber er läßt sich auch sehr dekorativ auf leinenbindigem Gewebe arbeiten, wobei der Hintergrund frei bleibt. Außerdem kann man den unregelmäßigen Kreuzstich als Linienstich nehmen.
Er wird genau wie der Kreuzstich waagrecht oder senkrecht gestickt, wobei man den Stoff umdreht. Man kann von links nach rechts und von rechts nach links sticken, ganz nach Gebrauch. Eine ganz interessante Abwandlung: Man stickt abwechselnd eine Reihe von rechts nach links und umgekehrt. Dadurch entsteht eine Art Flechtmuster. Wichtig ist, daß man nicht aus dem Rhythmus gerät, sonst ist die Wirkung verdorben.
Fangen Sie an mit einem fertigen Kreuzstich über zwei (oder drei) Fäden. Bei jedem Stich wird die Nadel senkrecht von oben nach unten beziehungsweise auf Sie zu geführt, unter zwei (oder drei) Fäden hindurch.
Der zweite und alle folgenden Stiche entstehen in zwei Arbeitsgängen. Zu Beginn ist die Nadel wieder am Ausgangspunkt des ersten Stichs (links unten). Nun führen Sie sie schräg über den ersten Stich hinweg zwei (oder drei) senkrechte Gewebefäden weiter. So entsteht sozusagen das lange Bein dieses Kreuzstichs. Dann gehen Sie zurück zu den Ausstichlöchern des ersten, beziehungsweise vorausgehenden Stichs und sticken den normal langen Deckstich. Die ersten und letzten Stiche jeder Reihe sind übliche, gleichmäßige Kreuzstiche. Genau wie beim italienischen Kreuzstich nimmt man für diesen Stich ein dünneres Garn als üblich.
Weitere Abwandlungen des Kreuzstichs finden Sie im Kapitel „Straminstickerei“. Der Reisstich, der verlängerte Kreuzstich und der Smyrnastich (Sternstich) können über Stramin, aber auch über leinenbindige Gewebe gestickt werden.

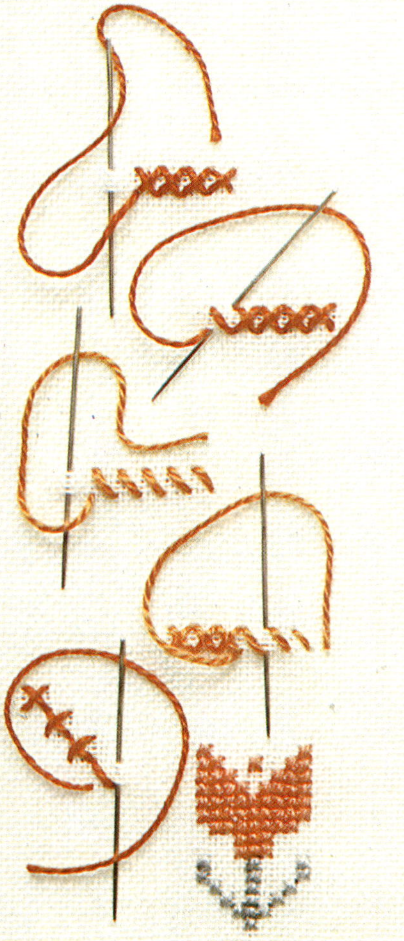

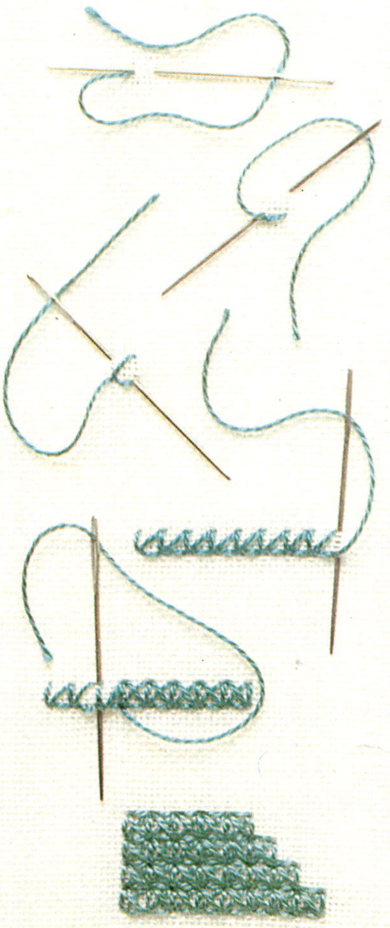

Etui für Taschentücher mit Kreuzstichmotiven

Muster aus Webstichen und geometrischen Spannstichen

Muster in Webstichen

Muster weben ist ebenfalls eine Stickmethode für zählbares Gewebe. Man kann damit einfache, aber auch komplizierte Muster gestalten. Die Arbeit erinnert an Weben. Man arbeitet mit waagrechten und senkrechten Vorstichen, die dem Fadenverlauf des Stoffes folgen. Die Vorstiche beziehungsweise Webstiche werden über und unter eine bestimmte Fadenzahl des Gewebes gezogen. Das Muster ergibt sich aus dem Verhältnis von Stichen und Zwischenräumen. Es kommt dabei sehr auf genaues Fadenzählen an. Deshalb nimmt man gleichmäßige und nicht zu fest gewebte fadengleiche Stoffe wie Nessel, Leinen oder Tweed.
Für Webstickerei gibt es vielerlei Anwendungsmöglichkeiten. Man kann Kleider damit verschönern, indem man das Kleidungsstück selbst bestickt oder aber nur Passe, Kragen, Taschen, Manschetten oder Gürtel. Man kann auch Netzgewebe damit verzieren, die als dekorative Vorhänge oder Raumteiler dienen sollen, und ein einfaches Bordürenmotiv kann zum flächenfüllenden Muster für einen Beutel oder ein Kissen werden. Webmuster lassen sich gut mit Schwarzstickerei kombinieren.
Auf der Rückseite einer Webstickerei entsteht sozusagen das Negativbild der Vorderseite. Bei lockeren Geweben besteht die Gefahr, daß die Rückstiche durchscheinen. In solchen Fällen sollte man vermeiden, längere freie Strecken (mehr als 2,5 cm) mit dem Faden zu überbrücken. Lieber den Faden vernähen und neu beginnen.
Die Wahl des Garnes hängt davon ab, ob Sie den Stoff mit einem dichten Muster verdekken oder ihn durch eine zarte Stickerei hindurchscheinen lassen möchten. Im zweiten Fall benutzen Sie einen ungeteilten runden Faden, zum Beispiel „Cotton à broder", Perlgarn oder Tapisseriewolle je nach Art und Dicke des Stoffes. Wenn Sie den Untergrundstoff verdecken wollen, nehmen Sie mehrfädiges Garn wie Stickwolle oder Sticktwist. Dabei liegen die Fäden des Garns nebeneinander, decken mehr Fläche und geben eine weiche, ebene Oberfläche ab. Für schwere Stoffe wie Tweed, kann man Strickwolle oder Kelimwolle benutzen.
Entwürfe für Webstickerei macht man auf Millimeterpapier. Je weniger Abstand zwischen den Stichen Sie einplanen, um so flächiger wird die Stickerei. Die Unebenheiten von manchen Materialien kann man geschickt benutzen, um der Stickerei Struktur zu geben.
Die Farbkombinationen sind beliebig. Zu bedenken ist, daß der durchscheinende Untergrund die Garnfarben abschwächt. Deshalb muß man unter Umständen zu kräftigeren Farbtönen greifen, um die gewünschte Wirkung zu erreichen.
Kleine Flächen kann man bei dieser Methode in der Hand sticken, aber größere, zusammenhängende Musterflächen sind auf jeden Fall in einem Rahmen leichter zu stikken. Arbeiten Sie von rechts nach links, und drehen Sie die Arbeit am Ende der Reihe, wenn Sie in der Hand sticken. Im Rahmen sticken Sie von rechts nach links und versäubern den Faden am Ende der Reihe.
Wenn Sie beginnen, lassen Sie ein Stück Faden auf der rechten Seite überstehen, das später nach links durchgezogen und unter den ersten Stichen vernäht wird. Dabei muß man darauf achten, daß die Stiche auf der rechten Seite nicht straff gezogen werden. Bei Netzgeweben muß man besonders vorsichtig sein.
Bei schwierigen Mustern ist es hilfreich, wenn man eine Reihe Vorstiche der Länge nach durch die Stickfläche zieht. Fangen Sie jeweils in der Mitte einer Stickreihe an, so daß Ihre Stickerei ein Zentrum bekommt. Die erste Stickreihe ist die schwierigste, weil man dabei sehr genau zählen muß. Ist diese Reihe fertig, kann sie als Leitlinie für die folgenden dienen. Folgt die zweite Reihe unmittelbar, ersetzen Sie den ersten Vorstich durch einen Rückstich, um zu verhindern,

daß sich der Faden verzieht. Die richtige Fadenspannung ist wichtig. Zu lockere Stiche verderben das Bild. Die Stiche auf der rechten Seite sollten auch nicht so lang sein, daß man sich daran leicht verfängt.

Geometrischer Spannstich

Die Rückseite beim Webstich sieht aus wie das Negativ der Vorderseite. Beim geometrischen oder gezählten Spannstich dagegen verlaufen die Stiche auf der Rückseite schräg.
Diese Spannstiche erfordern einen Untergrund mit leicht zählbarem Gewebe. Am besten gelingt er auf fadengleichem Stoff. Benützen Sie bei dieser Arbeit immer einen Rahmen.
Diese Stichart eignet sich für Bordüren ebenso wie für einzelne Muster oder flächenfüllende Stickerei. Ob Sie nur in einer Farbe arbeiten, Ton-in-Ton oder mit verschiedenen Farben, es kann alles sehr hübsch sein. Ein besonders interessanter Licht-und Schatteneffekt entsteht, wenn man nur bei einer Farbe die Stichrichtung ändert.
Spannstiche gehören zu einer Stichart, die in verschiedenen Sticktechniken verwendet wird. Bei den sogenannten geometrischen Spannstichen verlaufen alle Stiche entweder mit den Schuß- oder den Kettfäden des Grundgewebes. Man stickt mit einer stumpfen Tapisserie-Nadel und läßt am Anfang so viel Faden auf der rechten Seite überhängen, daß man den Faden auf der linken Seite vernähen kann, sobald ein paar Stiche gestickt sind. Stechen Sie hoch, über eine bestimmte Anzahl von Fäden hinweg wieder nach unten und dann wieder hoch neben dem Anfang des ersten Stiches. Auf diese Weise entsteht auf der Rückseite ein Schrägstich. So machen Sie weiter, aber machen Sie die Stiche nicht zu lang, denn man bleibt nämlich leicht daran hängen.
Damit die Stiche bei mehrfädigem Garn glatt und breit liegen, muß man ab und zu die Nadel hängen lassen, damit sich der Faden ausdreht. Dann zieht man den ganzen Faden durch das Nadelöhr.
Anders als die üblichen Muster kann man geometrische Spannstiche auch unregelmäßig verteilen und so interessante neuartige Muster entwickeln.

Links: Detail aus der Tischdecke von Seite 92–93 mit Musterfeldern in geometrischem Spannstich, Sternstichen, Webstichen und Durchbruchstickerei
Rechts: Detail eines Beutels in Webstickerei mit einer Vielzahl verschiedener Muster

Ajourstickerei

Frühe Beispiele von Ajourstickerei kennt man aus Griechenland und der Türkei. Sie sind in einer Farbe auf kontrastierendem Grund gestickt. Typisch jedoch für diese Art der Stickerei sind ganz und gar einfarbige Stücke (Stoff wie Garn), wie man sie beispielsweise bei Bettüberdecken und Herrenwesten des achtzehnten Jahrhunderts findet. Der Wärme wegen wurde Ajourstickerei damals häufig mit der Quilt-Technik verbunden.

Ajourstickerei wird oft mit der Hohlsaum- oder Durchbruchstickerei verwechselt. Der Unterschied besteht darin, daß man bei Hohlsaumstickerei Fäden aus dem Gewebe zieht, während die Lochmuster bei Ajourstickerei durch Auseinanderziehen des Gewebes entstehen, durch die Anordnung der Stiche, die für diese Technik charakteristischer ist als die Stiche selbst.

Ajourstickerei kann man in Bordürenart arbeiten oder aber als flächenfüllende, geometrische Muster und als Füllstickerei bei freien Entwürfen. Man kann damit Wäschestücke oder Möbelstoffe, Gardinen, Kissen oder Einsätze für Kleider verzieren. Wie bei der Schwarzstickerei sind Umrißlinien beliebig. Stiche, die sich als Konturenstiche eignen, sind: der verschränkte Kettenstich, Korallen- oder Schneckenstich.

Um Ajourstickerei voll zur Geltung zu bringen, sollten Sie ein lockeres Gewebe nehmen und ein Garn, das etwas feiner ist als die Gewebefäden. Das Garn muß allerdings kräftig sein, denn es muß Spannung aushalten können. Leinengarn, feines Perlgarn oder baumwollenes Häkelgarn ist geeignet. Man kann auch Sticktwist benutzen, aber nur als kurze Fäden, weil es sonst womöglich bei der Arbeit verschleißt. Um einen Kontrast in die Arbeit zu bringen, werden Einzelstiche gelegentlich mit einem dickeren Garn gestickt. Sobald man aber mehrere Stiche in ein Loch setzt, ist dickeres Garn nicht zu gebrauchen. Nehmen Sie eine feine, stumpfe Tapisserie-Nadel Nr. 24, die in den meisten Fällen richtig ist. Für den Anfang und das Ende brauchen Sie eine feinere, spitze Nadel, weil Sie mit der Tapisserie-Nadel den Faden nicht unter feinen Stichen vernähen können. Es gibt eine Reihe von Stichen, die man bei der Ajourstickerei anwenden kann. Die gebräuchlichsten davon sehen Sie auf den nächsten Seiten. Einige davon sind Abwandlungen von Stichen, die bereits bei einer anderen Technik vorgestellt wurden, andere sind nur der Ajourstickerei vorbehalten. Wichtig ist, daß das Garn die richtige Spannung behält, daß aber andererseits die Gewebefäden zwar beiseite gezogen werden, aber nicht völlig aus der Richtung geraten.

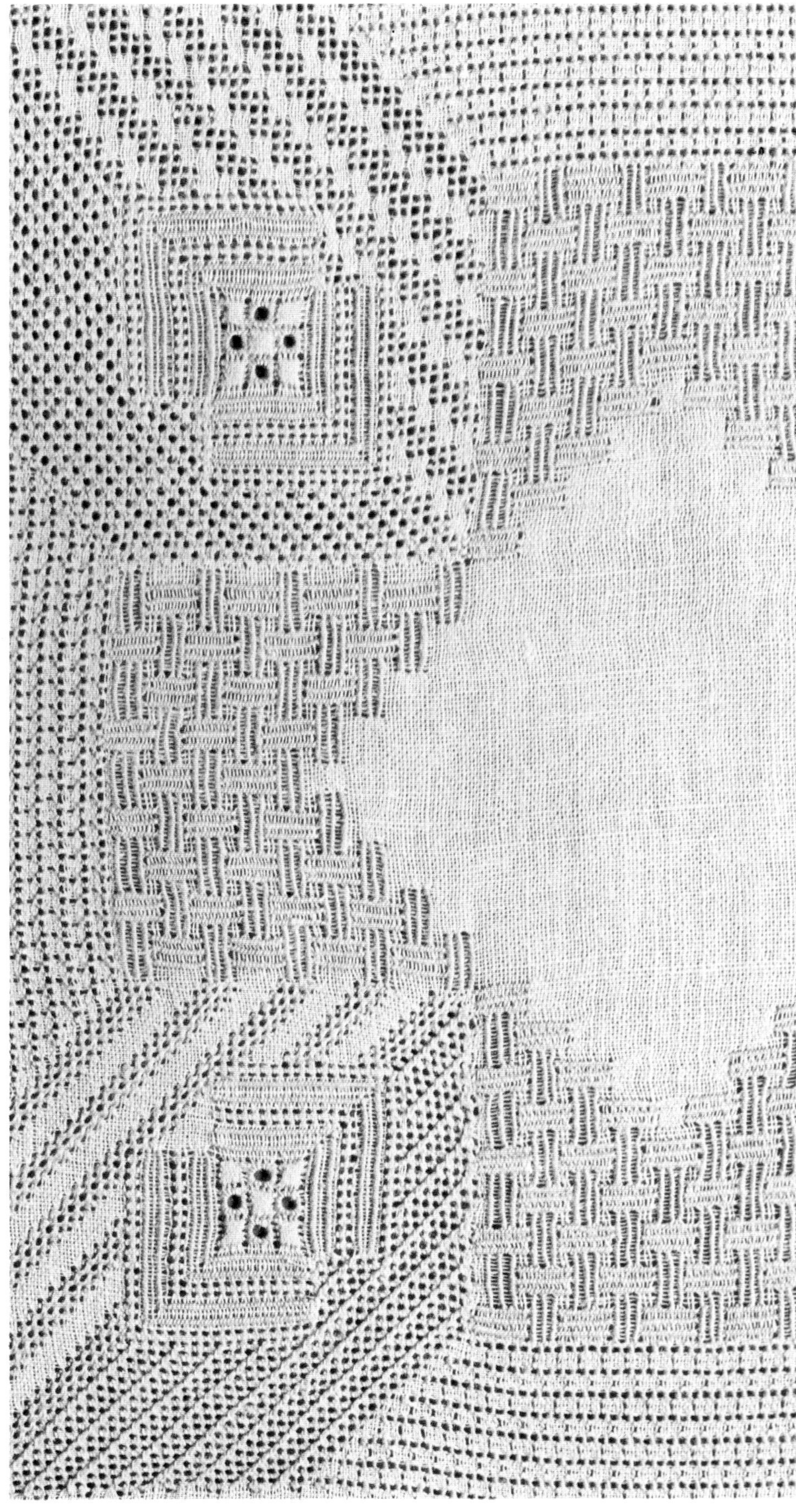

Ein verzogener Stoff läßt sich später nicht mehr in Ordnung bringen. Deshalb nehmen viele von vorneherein lieber einen Stickrahmen. Man darf den Stoff nur nicht straff einspannen.
Die Stiche der Ajourstickerei sind unterschiedlich dicht. Einige waren eng zusammengesetzt, andere brauchen Distanz, um das Stickwerk zarter erscheinen zu lassen.
Suchen Sie sich einen Stich aus, der in Ihr Konzept paßt, und denken Sie daran, daß bei größeren Musterflächen mehrere Sticharten meist auch mehr Reiz bringen. Die meisten Stiche werden über zwei oder drei Fäden gestickt, von Ausnahmen abgesehen.
Eine einfache Methode, die Stickfläche zu begrenzen, ist die: Man zieht an allen vier Kanten den vierten Gewebefaden (von außen) heraus. Vier Fäden weiter nach innen sticken Sie um alle vier Kanten herum eine Reihe doppelter Steppstiche über jeweils vier Fäden. Der Stickfaden sollte die Stärke der Gewebefäden haben.
Dann schlägt man die Stoffkanten nach hinten, und zwar so, daß die Rückstichreihe genau auf der Kante sitzt. Nun setzen Sie zwischen jeden der doppelten Rückstiche je einen Spannstich die ganzen vier Seiten entlang. Auf dem Rückweg schließen Sie das so entstandene dreiseitige Muster mit Rückstichen zu Kästchen. Fäden gut anziehen. Der Saum ist so gut gesichert, daß Sie Stoffüberstände abschneiden können.

Ganz links: Kleine Decke in fein gezeichneter Ajourstickerei. Unter den Stichen sind Sternstiche, Spannstiche, Wabenstiche, diagonale Spannstiche.

Links: Ein Hausmotiv in Ajourstickerei. Es gehört zu einer Reihe von Wandbehängen, bei denen dasselbe Motiv in verschiedenen Techniken gestickt wurde. (Siehe auch S. 6)

Spannstich

In der Ajourstickerei wird dieser Stich auch „Peitschenstich“ genannt. Er ist einer der einfachsten Stiche und wird genau wie bei der Stickwolle-Stickerei so nebeneinandergesetzt, daß der Faden zwischen zwei Stichen auf der Rückseite schräg verläuft. Nach jedem Stich den Faden fest anziehen.
Der Spannstich ist vielseitig, ein Grundstich für allerlei Abwandlungen. Man kann Spannstiche auf Abstand setzen, drehen, als Steppstich arbeiten, zu einer Linie zusammensetzen oder zu einem flächigen Muster.

Kästchenstich

Er ist auch als vierseitiger Spannstich bekannt. Dieser hübsche Stich ist für Stickreihen gut zu gebrauchen, besonders bei Säumen. Sticken Sie von rechts nach links. Damit der Stich nicht zu dünn wirkt, muß man manchmal mehrere Reihen sticken. Jeder Stich setzt sich aus drei Arbeitsgängen zusammen. Der erste Stich des jeweils folgenden ist zugleich der letzte des vorigen Kästchens.

Dreiseitiger Spannstich

Bei diesem Stich entsteht eine Reihe von Dreiecken, wobei die Spitzen abwechselnd nach oben und nach unten zeigen. Sticken Sie von rechts nach links über eine gerade Fadenzahl, in der Regel vier, und wiederholen Sie jeden Arbeitsgang, da dieses Muster aus Doppelstichen besteht. Alle drei Seiten eines Dreiecks auf der Oberseite des Stoffes setzen sich also aus zwei Fäden zusammen. Holen Sie die Nadel an der Oberseite der zu stickenden Linie hoch, und stechen Sie wieder ein vier Fäden darunter und zwei Fäden nach rechts, vier Fäden links davon stechen Sie wieder aus. Führen Sie die Nadel zurück zum ersten Ausstich an der Spitze, und von da stechen Sie im Loch links unten wieder aus. Nun beginnt der zweite Stich. Stechen Sie wieder in dem Loch an der Spitze ein und vier Fäden links davon aus. Sticken Sie so weiter bis zum Ende der Reihe.
Zwischen der ersten und allen folgenden Reihen läßt man ein oder zwei Gewebefäden Zwischenraum.

Waben- oder Ringstich

Eine Reihe von Rückstichen werden hier zu kleinen Achtecken zusammengefügt, die sich zu Ringen runden, wenn man den Faden anzieht. Jeder Ring setzt sich aus zwei Hälften zusammen. Stechen Sie immer unter zwei Gewebefäden durch, egal, ob die Stiche waagrecht, senkrecht oder schräg verlaufen. Genau wie bei dem dreiseitigen Stich links werden jeweils zwei Stiche doppelt gestickt. Wie üblich bei Rückstichen, erscheinen auf der linken Seite lange Stiche.

Spannstich

Kästchenstich

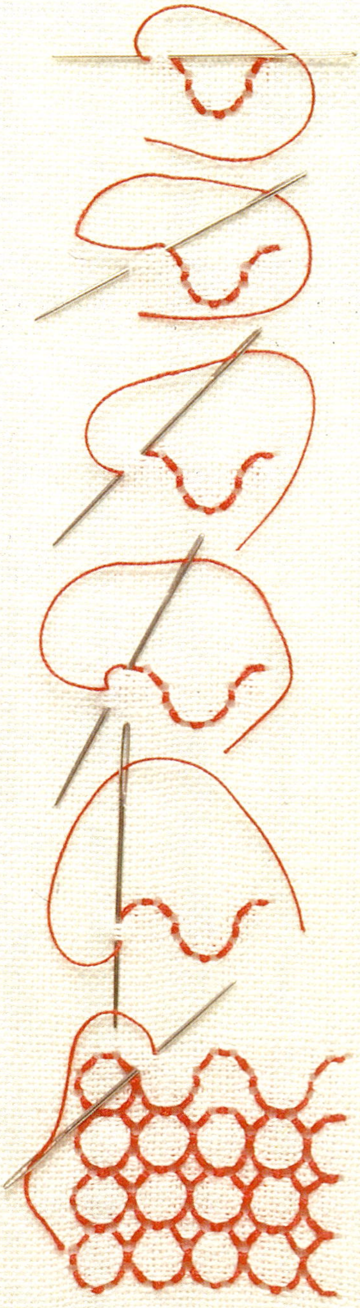

Diagonaler Spannstich

So kann man eine schräge Linie sticken. Sehr viel attraktiver wirkt dieser Stich aber als flächiges Muster. Er besteht aus einer Reihe von Vorstichen, bei denen man die Nadel abwechselnd senkrecht und waagrecht führt, unter drei bis vier Gewebefäden hindurch. Jeder Stich wird zweimal gestickt. Am Ende der Reihe wird die Arbeit gedreht. Man setzt die angrenzende Reihe in die Löcher der vorigen.

Gittermuster

Mit feinem Garn gestickt, kann man so auf zarte Weise Flächen füllen. Das Muster setzt sich aus einer Reihe doppelter Schrägstiche zusammen, die über ein Quadrat von je drei Gewebefäden gestickt werden. Geht man von einem Schrägstich zum nächsten über, sticht man die Nadel unter sieben Gewebefäden durch. Zwischen den einzelnen Schrägstichen und den einzelnen Reihen bleibt je ein Gewebefaden Abstand.

Sternstiche mit „Augen"

Es gibt verschiedene Arten von Sternstichen. Die einfachste Form ist der algerische Sternstich, der über ein Quadrat von sechs oder acht Gewebefäden gestickt wird. Die acht strahlenförmigen Spannstiche gehen alle von einem Loch in der Mitte aus. Man sticht jeweils in dieses „Auge" ein und am Ende des Spannstichs aus. Vier Stiche führen in die Mitte der vier Seiten, vier Stiche zu den vier Ecken.

Ein „einzelner Sternstich" wird ähnlich gestickt, nur werden hier die Stiche von der Mitte aus eng nebeneinander gestickt, mit nur einem Gewebefaden dazwischen. Wie bei allen aus einem Mittelloch heraus gestickten Stichen muß das Garn so fein sein, daß die Stiche säuberlich nebeneinander Platz haben. Wichtig ist auch eine gleichmäßige Spannung, die ein gutgeformtes Loch freigibt. „Einzelne Sternstiche" können allein stehen oder aber als Füllmuster, wobei man für angrenzende Sterne dieselben Löcher verwendet.

Eine Variationsmöglichkeit: Man setzt Sternstiche verschiedener Größen zusammen, einige davon vielleicht nur halb gestickt, oder man benutzt verschiedene Garne. Sternstiche bilden oft die Mitte eines Spannstich-Motivs, wobei die Ecken genauso gestickt werden wie die Hälfte eines Sternstichs.

Rautenförmige Sternstiche werden im Prinzip genauso gearbeitet wie andere, nur sind in diesem Fall die vier Eckstrahlen senkrecht beziehungsweise waagrecht und die Stiche dazwischen schräg.

Gezogener Kreuzstich

Als gezogener, plastisch hervortretender Stich macht sich eine Serie von Kreuzstichen gut, wobei jeder Stich doppelt gestickt wird, Man nimmt dünnes Garn dafür. Beim Sticken wird jeder Arbeitsgang zweimal gemacht. In der ersten Reihe stickt man nur die halben Stiche, indem man den Faden auf der Oberseite schräg, auf der Unterseite senkrecht führt. Auf dem Rückweg macht man die Kreuze komplett, indem man die Deckstiche auf dieselbe Weise stickt, nur in anderer Richtung. Wie üblich kann man diese Kreuzstiche als einzelne Reihen sticken oder als flächige Muster, wobei man bei jeder neuen Reihe in die Löcher der vorigen einsticht.

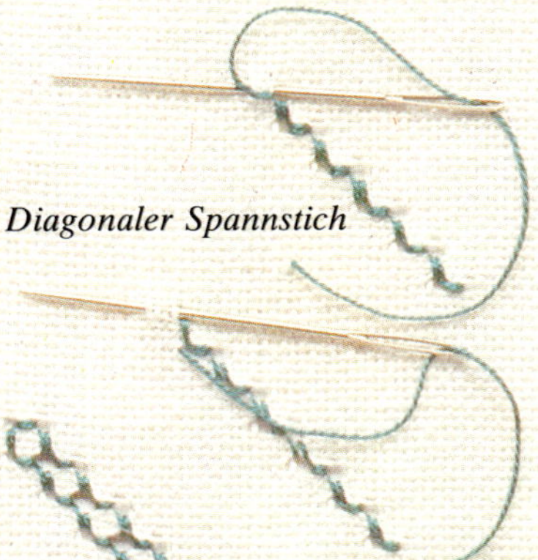

Diagonaler Spannstich

Gittermuster

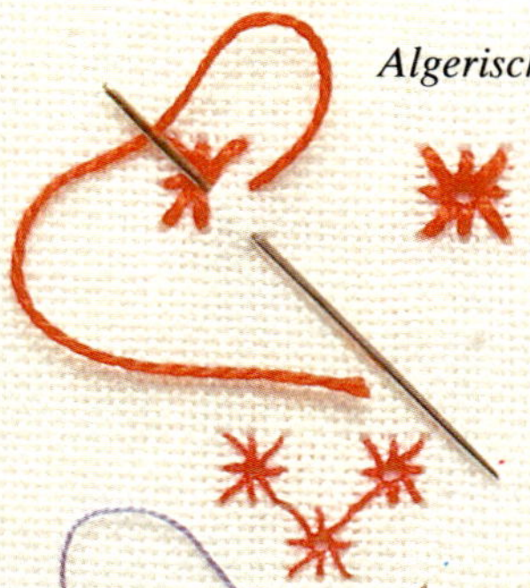

Algerischer Sternstich

Einzelner Sternstich

Rautenförmiger Sternstich

Gezogener Kreuzstich

Abendbeutel in Ajourstickerei

Dieser reizende Beutel in Ajourstickerei, oben mit Kordeln zusammenzuziehen, ist einfach zu machen. Das locker gewebte Material ist mit gleichfarbenem Garn und etwas synthetischem Goldgarn bestickt. Das Grundmuster der Stickerei kann auch für andere Stickarten als Vorlage dienen, zum Beispiel für Schwarzstickerei, Webstickerei, geometrische Spannstiche auf zählbarem Gewebe oder für freie Stickerei auf einem Kleidungsstück oder Stoff für die Einrichtung. Das lose Gewebe, das man für Ajourstickerei nimmt, läßt das Futter des Beutels durchscheinen.

Material:
Fadengleiches Leinen, 12 Fäden auf 2,5 cm, 68 x 23 cm
Leichte Futterseide oder Baumwollstoff in einer Kontrastfarbe zum Beutel, 75 x 15 cm
2 Scheiben aus Pappe, je 11 cm Durchmesser
Garne:
5 Strang Perlgarn Nr. 3
2 Knäuel Perlgarn Nr. 5
2 Strang Metallgarn
Nähgarn

Arbeitsanleitung
Schneiden Sie ein 50 x 23 cm großes Stück Leinen zu, und nähen Sie durch die Mitte beider Seiten eine Heftnaht. Die kurze Seite entspricht der Höhe des Beutels. Übersticken Sie die kurze Heftnaht mit 24 Smyrnastichen. Um diese Stichreihe hervorzuheben, sticken Sie jeden Arbeitsgang zweimal. Auf beiden Seiten der Smyrnastiche sticken Sie die Stickreihen, die auf dem Musterbild rechts angegeben sind.
Die Riegel für die Kordel werden so gemacht: Spannen Sie vier Fäden Perlgarn Nr. 5 dicht über den Stoff. Dann weben Sie mit Perlgarn abwechselnd über und unter zwei Fäden. Durch diese Stege ziehen Sie die Kordel. Nähen Sie die Seitennaht des Beutels – rechts auf rechts – mit Steppstichen zusammen, die Sie den anderen Stichen anpassen. Drehen Sie dann den Beutel auf die rechte Seite, und decken Sie die Naht mit Smyrnastichen zu, die auf die 24 Smyrnastiche auf der anderen Beutelseite abgestimmt werden. Der untere Beutelrand, 1,5 cm unter der ersten Stickreihe, wird versäubert, eingeschlagen und geheftet.

Schneiden Sie drei Teile aus dem Futterstoff zu, ein Rechteck von 41 x 15 cm und zwei Kreise von 15 cm Durchmesser. Legen Sie die Kreise aus Pappe je auf eine Stoffscheibe. Nähen Sie die überstehenden Stoffkanten auf der Rückseite mit großen Spannstichen quer über die Scheibe gegeneinander. Nähen Sie die kurze Kante des Futterstoffrechtecks zusammen. Drehen Sie den Stoff nach links, schlagen Sie die Stoffunterkante 1 cm breit nach außen, und nähen Sie diese um die Kante einer der stoffbespannten Scheiben. Dabei muß die Stoffseite der Scheibe auf die Beutelaußenseite kommen. Nun schneiden Sie eine Stoffscheibe von 15 cm Durchmesser aus Leinen zu. Legen Sie diese mit der linken Seite auf die Stoffseite der zweiten Pappscheibe, und spannen Sie sie – wie beschrieben – um die Pappscheibe.
Als nächstes heften Sie die leinenbespannte Scheibe als Boden gegen den Leinensack mit der Leinenseite nach unten und nähen ihn dann mit überwendlichen Stichen fest. Falten Sie nun den oberen Beutelteil zwischen viertem und fünftem Smyrnastich und den vierten und fünften Sternstichen nach innen, und nähen Sie diesen Umschlag an der Rückseite der goldenen Kästchenstiche fest. Dann wird der Futterbeutel in den Leinenbeutel gesteckt, linke Seite auf linke Seite. Die Oberkante des Futters schlagen Sie nach innen um, und nähen Sie sie da an, wo die Sternstiche beginnen.
Als nächstes machen Sie aus Perlgarn Nr. 3 zwei Kordeln von 40 cm Länge und zwei 5 cm lange Quasten. Übersticken Sie die Quasten oben mit Schlingstichen in Goldgarn. Ziehen Sie die Kordeln von beiden Seiten durch die gewebten Stege. Nähen Sie die Kordelenden zusammen, und befestigen Sie je eine Quaste daran.

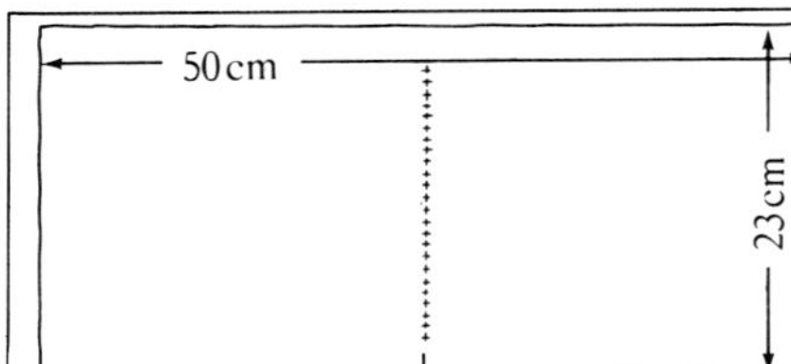

Markieren Sie die Mitte mit Smyrnastichen. Dann beidseitig nach Vorlage sticken.

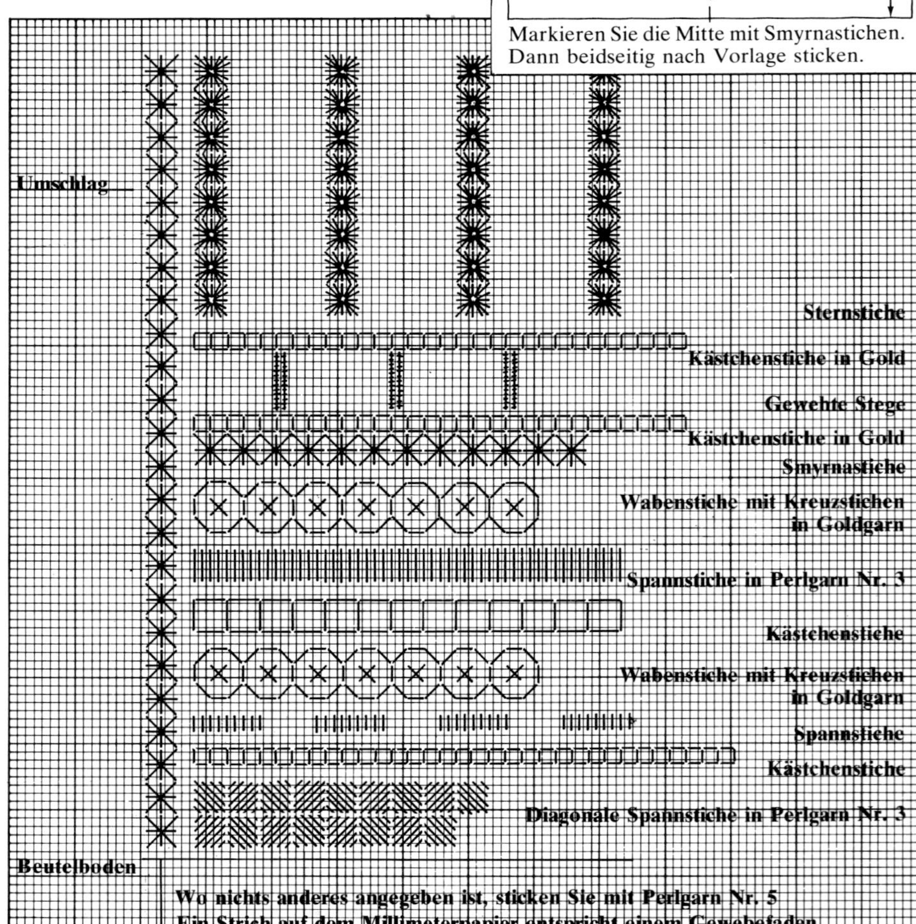

Straminstickerei

Straminstickerei

Irgendwann in der Entwicklungsgeschichte der Stickerei ging man dazu über, als Untergrund für die Stickarbeiten viel gröbere Gewebe zu nehmen als bis dahin üblich. Das bedeutete, daß man den ganzen Grund mit Stickstichen bedecken mußte, damit der grobe Stoff nicht zu sehen war. Daraus entstand eine ganz neue Art der Stickerei, die unter so verschiedenen Bezeichnungen wie Straminarbeit, Straminstickerei, Tapisserie, Petit point und Needlepoint bekannt wurde. Tapisserie ist eine nicht korrekte Bezeichnung, weil es sich dabei eigentlich um ein Gewebe mit Schuß- und Kettfäden handelt. Petit point hat man früher zu allen Straminarbeiten gesagt, vorausgesetzt der Großteil war in Gobelinstichen (petit point) gestickt. Heute verwendet man den Ausdruck für besonders feine Arbeiten in Gobelinstichen auf einfädigem Stramin.
Viele Leute machen sich mit Hilfe von vorgemaltem Stramin mit der Straminstickerei vertraut. Diese Art nennt man fälschlicherweise Tapisserie, da viele Motive aus Arbeiten des siebzehnten und achtzehnten Jahrhunderts stammen, die aber auf einem Webstuhl entstanden waren. Kopien dieser wunderschönen, alten Motive stickt man heute lückenlos auf Stramin.
Es gibt ein paar sehr frühe Straminarbeiten, die aus dem Mittelalter stammen. Außerdem wurde sehr viel in der Elisabethanischen Zeit auf Stramin gestickt (Ende des sechzehnten Jahrhunderts). Dabei handelt es sich hauptsächlich um Kissen, Bettüberwürfe, Taschen und Buchhüllen.
Seither wurde Straminstickerei vielfältiger, nicht nur im klassischen Gobelinstich, sondern auch in einer Menge anderer Stiche. Auch die Farbkombinationen haben sich im Lauf der Jahrhunderte gewandelt. Auf die starken, aber angenehmen Farben der bestickten Stuhlsitze des achtzehnten Jahrhunderts, die klassische Szenen oder stilisierte Blumenornamente als Motiv hatten, folgten als Kontrast die grellen Töne und volkstümlichen Motive mit Hunden, Blumen, Papageien der Berliner Wollstickerei, die im neunzehnten Jahrhundert groß in Mode kam.
Auch heute machen wir von der Vielfalt von Stichen Gebrauch, die sich über viele Jahre hin entwickelt haben. Aber man sollte es vermeiden, alte Vorbilder zu kopieren. Es gibt moderne Garne und Stoffe und auch Stickmuster, um Straminstickerei zu arbeiten, die für unser Jahrhundert einzigartig ist. Straminstickerei unterscheidet sich von anderen Sticktechniken darin, daß der Hintergrund vollkommen verdeckt wird. Auf diese Weise entsteht ein sehr robustes Material, das nicht nur dekorativen Zwecken dienen kann, sondern auch strapaziert werden darf. Wegen der großen Stickflächen braucht diese Arbeit viel Zeit, aber auch Sorgfalt, besonders wenn man ein Muster ständig wiederholt. Straminstickerei steht zwar außerhalb des Kapitels über fadengebundenes Sticken, tatsächlich aber ist auch hier das Fadenzählen die Grundlage.
Man kann damit ebensogut kleine Gegenstände herstellen, zum Beispiel, Bildchen und Briefbeschwerer sowie Bezüge für Möbel, Stuhlsitze, Kirchenpolster, Hockerbezüge, kleine Teppiche, Kissen und Handtaschen. Ein Einsatz aus Straminstickerei kann sich in Kleidungstücken hübsch machen und kommt auch bei bestickten Gürteln und Knöpfen zur Geltung. Straminstickerei muß chemisch gereinigt und darf nicht gewaschen werden.

Stramin

Bei Straminen gibt es beachtliche Qualitätsunterschiede. Nehmen Sie den besten, wenn Sie darauf etwas Haltbares sticken wollen. Billigere Sorten mögen für rein dekorative Stücke ausreichen. Stramin wird nach Größe des Gewebegitters ausgesucht. Es kommt auf die Fadenzahl pro Zentimeter (beziehungsweise pro 10 cm) an. Manche Stramine haben in einem Quadrat nicht die gleiche Anzahl von Kett- und Schußfäden. Das macht nur dann etwas, wenn Sie nach einem Diagramm arbeiten, bei dem es auf ganz genaue Stichgrößen ankommt. Man kann Stramine in zwei Sorten einteilen: einfädigen Stramin (Mono-Stramin) und doppelfädigen Stramin. Der doppelfädige eignet sich für Kreuzstiche mit all ihren Abwandlungen, wie z. B. für verlängerten Kreuzstich (doppelten Kreuzstich), Reisstich, unregelmäßigen Kreuzstich. Doppelfädiger Stramin (die vorgemalten sind meist doppelfädig) ist auch der richtige Grundstoff für Gobelin- oder halbe Kreuzstiche. Diesen Stramin gibt es von 1,3 bis 8 Gewebekaros (Löcher) pro Zentimeter. Der meistgebrauchte hat 2,5 Karos. Der Stramin liegt im allgemeinen 60 cm breit. Es gibt aber auch 90 cm breite
Auf einfädigem Stramin läßt sich besser arbeiten, und es gibt eine größere Skala von verschieden dichtem Gewebe. Einfädiger Stramin hat den Vorteil, daß man darauf alle Stiche, einschließlich der Kreuzstich-Familie, sticken kann. Er wird in Dichten von 4 bis 10 Löchern pro Zentimeter hergestellt. Für

Rechts: Das Kissen zeigt eine Vielzahl unterschiedlicher Straminstiche

Kissen, Kniepolster, Stuhlsitze eignet sich Stramin von 5,6 oder 6,4 Löchern pro Zentimeter. Damit bekommt man eine feste, kräftige Stickarbeit. Für kleine Gegenstände ist ein 7,2-Löcher-Stramin geeignet. Für Experimente mit dickem Garn sollte ein 4-Loch-Stramin richtig sein. Diese Straminarten liegen in der Regel 65 bis 100 cm breit. Für Straminstickerei ist ein eckiger Rahmen wichtig, weil sich das Gewebe leicht verzieht. Nicht geeignet ist ein runder Stickrahmen, weil dadurch wiederum Straminfäden verschoben werden. Sie können notfalls auf einen Rahmen verzichten, wenn Sie die Arbeit zum Beispiel auf Reisen mitnehmen wollen. Sie müssen dann nur sehr auf die richtige Spannung achten. Gobelinstiche verziehen das Gewebe mehr als andere. Das passiert nicht so leicht, wenn man Gobelin- oder Kreuzstiche schräg setzt. Dennoch ist es gut zu wissen, daß man die fertige Stickarbeit zum Schluß spannen kann, damit das verzogene Gewebe wieder glatt wird. Für das Spannen müssen Sie auf allen Seiten einen Rand von 5 cm unbestickt lassen. Und vergessen Sie nicht, ihr Stickgarn daraufhin zu prüfen, ob es farbecht ist.

Garne

Es gibt Garne, die speziell für Straminarbeit ausgerüstet sind. Das bedeutet, sie sind robust, farbecht und in einer guten Farbskala im Handel. Man kann interessante Abwechslung in die Arbeit bringen, wenn man mehr als eine Art dieser Stickwollen verwendet. Da der Stramin vollkommen zugestickt werden muß, probieren Sie vorher aus, wie weit ein Wollstrang reicht, damit Sie nicht zuviel oder zuwenig Garnvorrat kaufen.

Tapisseriewolle nimmt man hauptsächlich für vorgemalten, trassierten Stramin und für zweifädigen Stramin von 4 Loch pro Zentimeter.

Stickwolle gibt es in vielen Farbtönen. Sie ist robust, farbecht und in der Regel auch mottenfest. Stickwolle ist fein und deshalb für beinahe alle Straminarbeiten zu gebrauchen, da man je nach Art der Stiche mit mehreren Fäden sticken kann.

Persische Wolle wirkt sehr attraktiv auf Stramin. Sie wird aus drei Fäden gezwirnt, die sich leicht trennen lassen. Es hängt von der Gittergröße ab, mit wie vielen Fäden man stickt. Die Farbauswahl ist nicht so groß wie bei Tapisserie- und Stickwolle.

Zweisträhnige Teppichwolle ist sehr kräftig und strapazierfähig, aber die Farbauswahl ist begrenzt. Diese Wolle eignet sich für groben Stramin und Gebrauchsstücke, die strapaziert werden.

Für dekorative Stickerei, die keinen praktischen Zweck erfüllen soll, kann man nahezu jedes Garn nehmen, vorausgesetzt, es läßt sich mühelos durch den Stramin ziehen.

Weiches Baumwollgarn, ein mattes Stickgarn, bildet klar begrenzte Stiche.

Strick-, Häkel und Webgarne, die in Modefarben hergestellt werden, haben manchmal eine interessante Struktur, die man als Kontrast zu den üblichen Stickgarnen einsetzen kann. Für kleine Glanzlichter eignet sich das nicht stumpfe Perlgarn. Üblich ist Nr. 3 oder aber mehrere Fäden des feineren Nr. 5. Feines Perlgarn kann man auch mit einem Wollfaden zusammen verarbeiten oder damit Wollstiche übersticken.

Synthetischer Bast kann ebenfalls für Glanzpunkte sorgen.

Es gibt bei Straminstickerei leider kein Schnellverfahren, um die benötigten Garnmengen zu kalkulieren. Jeder Fall ist anders, abhängig von Straminart, unterschiedlichen Garnen und Stichen. Als grobe Faustregel: Ein Knäuel Stickwolle von 25 Gramm reicht für ein Quadrat von 15 cm Seitenlänge, bestickt mit Gobelinstichen auf einem Stramin von 6,4 Loch. Ein kleiner Strang (8 Meter) Tapisseriewolle bedeckt, in Gobelinstichen auf zweifädigem 4er Stramin gestickt, eine Fläche von 10 x 7,5 cm. Auf Seite 13 finden Sie weitere Tips für die Garn-Berechnung. Zum Sticken benutzt man die stumpfen Tapisserie-Nadeln, damit man das Gewebe nicht zersticht. Nr. 20 ist eine gute Vielzwecknadel, Nr. 18 ist für dicke Garne, Nr. 22 für feine Garne.

Muster

Muster für Straminstickerei können gut in geometrische Flächen aufgeteilt sein, ausgefüllt mit Stichen, die sich immer wiederholen. Sie können aber auch ganz frei zusammengesetzt werden. Zu bedenken ist aber, daß die Stickerei an das strenge Gitter des Gewebes gebunden ist. Deshalb lassen sich damit weder weiche Linien noch Kurven oder schnurgerade Diagonalen arbeiten. Nur waagrechte und senkrechte Reihen können ganz gerade sein. Um ein Muster in Straminstickerei zu übersetzen, machen Sie es genau gleich wie beim Kreuzstich (Seite 70) mit Hilfe von Millimeterpapier.
Man zeichnet also ein Musterbild auf Millimeterpapier, das man möglichst so aussucht, daß die Papierkaros den Gewebekaros entsprechen, so daß man eine original-große Zeichnung bekommt. Wenn Sie kein genau übereinstimmendes Millimeterpapier bekommen, müßen Sie auf dem Stramin in beiden Richtungen die Fäden auszählen, die überstickt werden sollen, und auf dem Papier entsprechend viele Kästchen markieren.
Wenn Sie ein Muster aufzeichnen, planen Sie auch Stiche ein, die über mehr als einen Faden gestickt werden. Aber Vorsicht bei Stichen über eine ungerade Fadenzahl! Sie lassen sich nicht mit Stichen über eine gerade Fadenzahl kombinieren.
Wenn man nach einem Zählmuster arbeitet, ist es oft hilfreich, wenn der besseren Übersicht halber der Stramin in größere regelmäßige Felder eingeteilt wird, die man durch Reihfäden markiert. Vor dem Sticken markiert man vor allem mit Fäden die senkrechte und waagrechte Mitte des Grundgewebes. Bei flächenfüllenden Mustern beginnt man stets in der Mitte und arbeitet nach außen.
Freie Entwürfe kann man mit schwarzer Tinte auf weißem Papier aufmalen und sie dann unter den Stramin legen. Dann malt man mit Künstler-Ölfarben, die mit etwas reinem Terpentin verdünnt werden, das Muster auf dem Stramin nach. Benutzen Sie niemals Filz- oder Kugelschreiber, die nicht wasserfest sind.

Stiche

Straminstiche basieren entweder auf dem Kreuzstich oder auf dem Vorstich. Bei der Planung müssen Sie die Fäden und nicht die Löcher zählen. Bei der Straminstickerei dürfen die Gewebefäden nicht verschoben werden. Ausnahmen sind Sternstiche mit einem „Auge" in der Mitte. Wenn Sie beim Sticken zweimal oder mehrmals in ein Loch einstechen und es dabei schwierig wird, den Faden durchzuziehen, müssen Sie feineres Garn nehmen.
Machen Sie am Ende des ersten Fadens einen Knoten. Stechen Sie nach links, und lassen Sie den Knoten oben auf der rechten Seite, etwa 3 cm von dem ersten Stich entfernt in Stichrichtung, links, rechts, oben oder unten, je nachdem. Wenn Sie die ersten Stiche über diesen auf der Rückseite vorgezogenen Faden gestickt haben, kann der Knoten abgeschnitten werden. Wenn erst genügend Stiche gestickt sind, kann man beim Anfang und Ende den Faden unter der Rückseite der Stiche etwa 2,5 cm weit vernähen.

Rechts: Mustertuch für Straminstiche

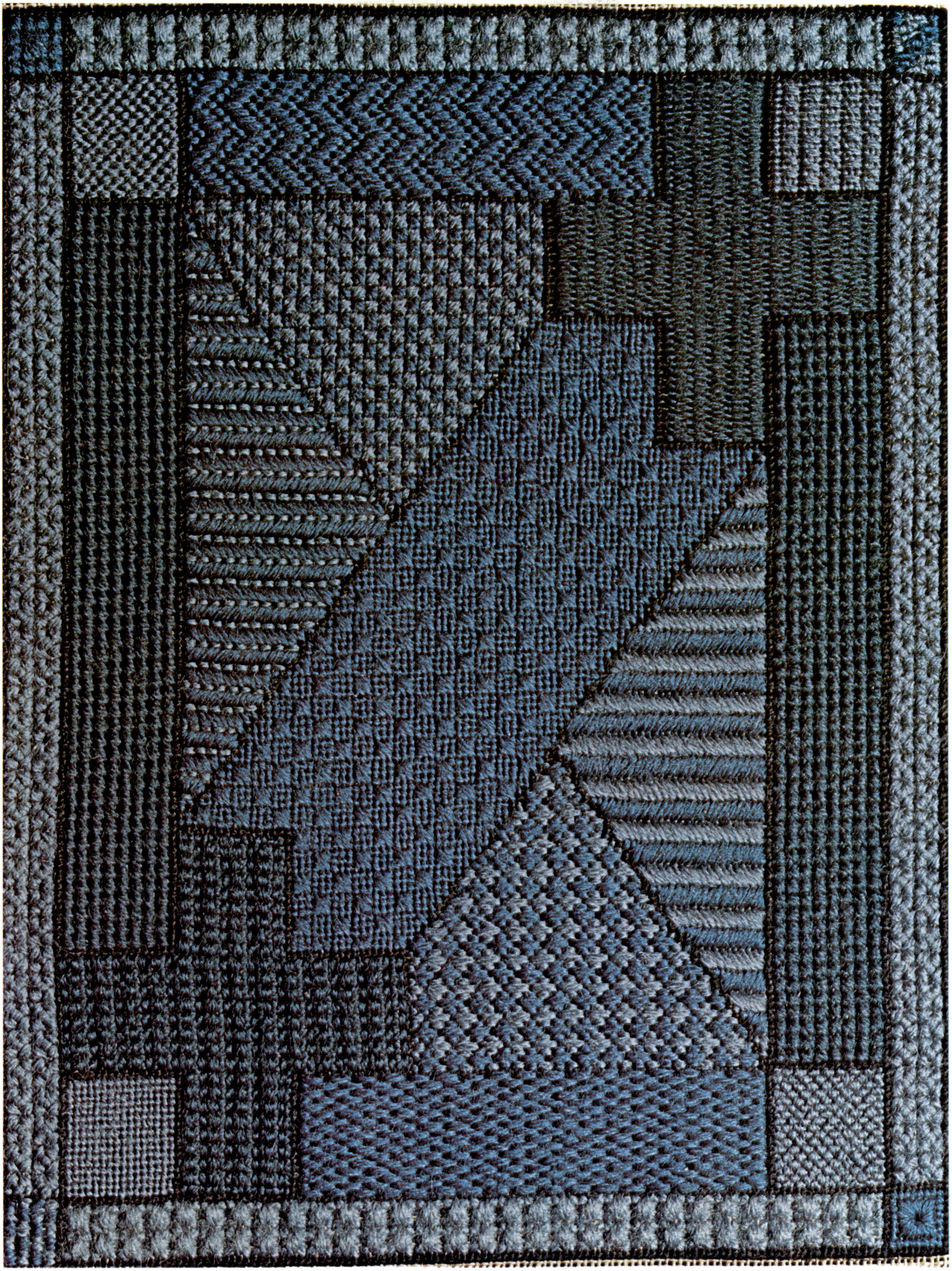

Kreuzstich

Kreuzstiche kann man sowohl als Umrißlinien um ein Feld aus anderen Stichen sticken wie als Füllstich oder als Einzelstich, der ein Feld von Gobelinstichen unterbricht. Der Deckstich soll bei allen Kreuzstichen einer Arbeit immer die gleiche Richtung haben. Kreuzstiche werden über zwei oder mehr Fäden von einfädigem Stramin gestickt oder aber über ein Fadenpaar eines doppelfädigen Stramin. Wie bei anderen Zählgeweben gibt es auch bei Stramin zwei Methoden, Kreuzstiche zu arbeiten. Eine Methode ist, jeden Kreuzstich für sich erst fertigzustikken, ehe man zum nächsten übergeht. Gestickt wird von rechts nach links. Diese Methode ist zu empfehlen, wenn man Hintergründe oder größere Flächen füllt, besonders, wenn man in schrägen Reihen stickt, wobei der Stramin weniger leicht verzogen wird. Wollen Sie einem Einzelstich mehr Profil geben, sticken Sie einen doppelten Unterstich, und setzen Sie einen Deckstich darüber. Die andere Methode: Man stickt erst eine Reihe halber Stiche und setzt auf dem Rückweg die Deckstiche darüber.

Reisstich

Dieser Stich wird manchmal auch „Crossed Corners“ genannt. Er kann bei Bordüren, Mustern als Hintergrund- oder Einzelstich angewandt werden. Er hat eine dekorative Oberfläche und wird in der Regel über je vier Kett- und Schußfäden oder je zwei Fadenpaare gestickt. Reisstiche sind sehr fest und strapazierfähig. Sie bestehen aus einem großen Kreuzstich, dessen vier Ecken mit einem Diagonalstich überstickt werden. Auf der Rückseite sind die Stiche waagrecht oder senkrecht.
Sticken Sie Reihen von rechts nach links. Als Abwandlung stickt man die Diagonalstiche in einer anderen Farbe als die Kreuzstiche. In diesem Fall müssen zuerst die Kreuzstiche gearbeitet werden. Im nächsten Arbeitsgang setzt man die Schrägstiche darüber. Sie können auch aus anderem Garn bestehen, zum Beispiel Perlgarn über Wolle, nur dürfen sie nicht zu fein ausfallen. Nimmt man dafür dickes Garn, bleibt von dem Kreuz darunter nur wenig sichtbar, was eine perlenähnliche Wirkung erzeugt. Reisstiche lassen sich gut mit anderen Stichen kombinieren. Einen guten Kontrast zu über vier Fäden gestickten Reisstichen geben beispielsweise Stiche ab, die nur über zwei Fäden gestickt sind, oder Gobelinstiche, welche nur über einen Faden gesetzt werden. Reisstiche können als Einzelstiche die gleichmäßige Fläche eines Hintergrunds aus Gobelinstichen beleben.

Verlängerter Kreuzstich

Diese Abwandlung des üblichen Kreuzstiches ergibt einen guten Füllstich, der sich sehr hübsch als Hintergrund eignet. Er wird genau wie der normale Kreuzstich gestickt, nur ist er doppelt so hoch wie breit. Stickt man ihn über zwei senkrechte Straminfäden, muß man ihn andererseits über vier waagrechte Fäden hochziehen. Genau wie bei anderen Kreuzstichen kann man entweder jedes Kreuz für sich arbeiten oder eine Reihe von Schrägstichen mit einer zweiten Reihe in umgekehrter Richtung übersticken. Wenn der verlängerte Kreuzstich das Untergewebe ganz verdeckt, setzen Sie eine Reihe von Rückstichen über die Kreuzmitten. Eine Abwandlung ist der versetzte lange Kreuzstich, der einen wunderschönen Hintergrund ergibt. Sticken Sie zuerst eine Reihe verlängerter Kreuzstiche, bei der Sie nur einen über den anderen Stich ausführen. Bei der nächsten Reihe darunter setzen Sie die Kreuzstiche in diese Lücken der ersten Reihe auf halbe Höhe. In der dritten Reihe stehen die Kreuze direkt unter denen von der ersten Reihe, bei der vierten unter den Kreuzen der zweiten Reihe. Man sticht immer in die Löcher der entsprechenden Vorreihe. Überstickt man die Kreuzmitten mit Steppstichen, wird der Stramin zuverlässig verdeckt, und das Muster gewinnt noch an Reiz.

Methode 1

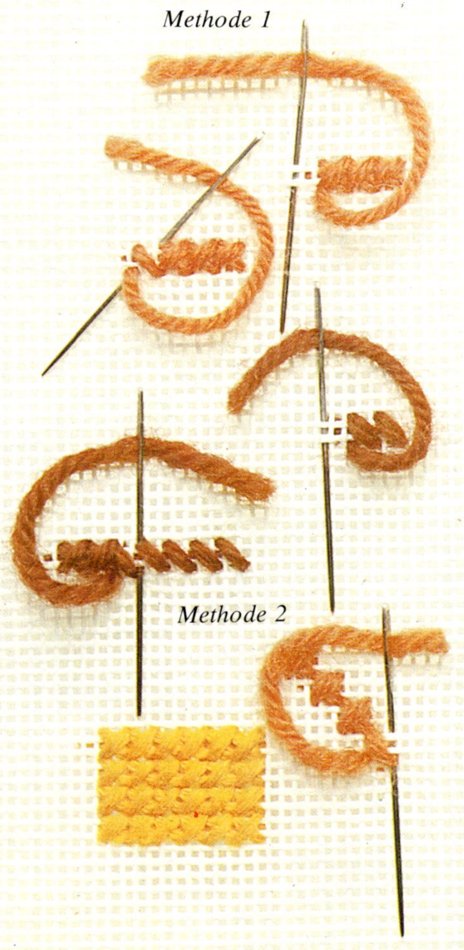

Methode 2

Versetzter langer Kreuzstich

Langbeiniger Kreuzstich

Diese Abwandlung des Kreuzstiches ist ein kräftiger Stich für Füllungen, Hintergründe und auch einzelne Linien. Wenn man einmal den Rhythmus gefunden hat, geht er einem rasch von der Hand. Man stickt von rechts nach links, um eine weiche Oberfläche zu bekommen. Wenn Sie aber zusammengesetzte Reihen abwechselnd von rechts nach links und von links nach rechts sticken, sieht die Stickerei wie ein Geflecht aus. Bei jedem Arbeitsgang wird die Nadel senkrecht unter zwei waagrechten Straminfäden durchgeführt. Fangen Sie mit einem Kreuzstich über je zwei Fäden an. Dann stechen Sie über das Kreuz schräg hinweg zwei Fäden weiter und führen die Nadel wieder senkrecht nach unten. So entsteht das lange Bein. Der Deckstich des zweiten Kreuzes wird wieder über zwei Fäden gestickt, wobei man die Nadel durch die Löcher des ersten Kreuzes führt. Diese beiden Bewegungen machen Sie wieder und wieder bis zum Ende der Reihe. Sie beenden jede Reihe mit einem kurzen Stich.

Smyrnastich

Smyrnastiche sind erhaben und heben sich deshalb gut von flachen Stichen ab. Sie eignen sich für dekorative Sachen, wegen des herausragenden oberen Stiches aber nicht so gut für Stuhlsitze und Polster aller Art. Da sind sie nicht nur unbequem, sie nützen sich auch rascher ab. Der Anfang des Stiches ist wieder ein großes Kreuz über je vier Gewebefäden. Darüber setzt man ein gerades Kreuz aus erst einem senkrechten und darüber einem waagrechten Stich. Dann fangen Sie den nächsten Stich rechts davon an. (Der Smyrnastich wird auch einseitiger Sternstich genannt.)

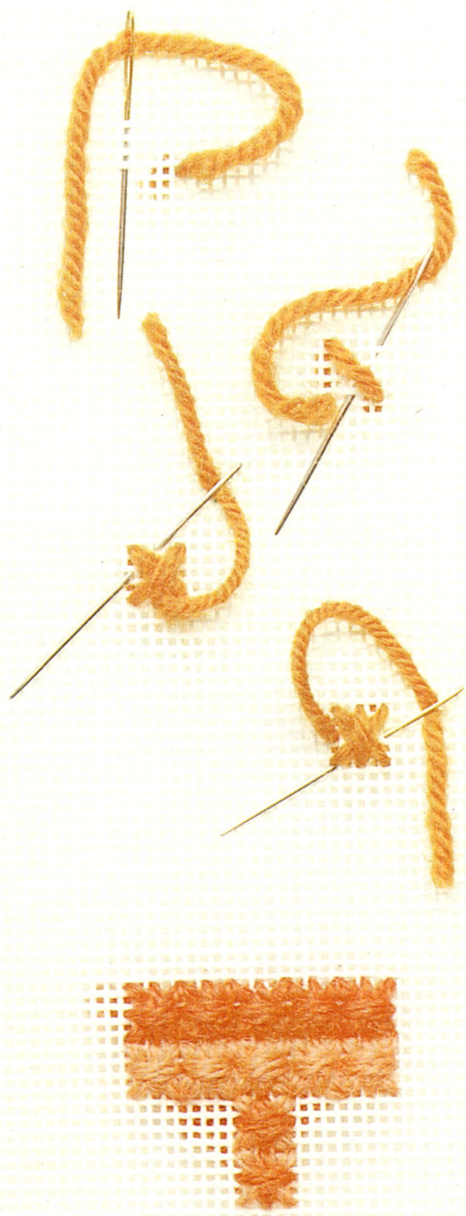

Aufrechter Kreuzstich

Er wird über zwei senkrechte Straminfäden von rechts nach links gestickt. Dieser kleine, kompakte Stich ist fest und strapazierfähig. Er zeigt eine leichte strukturierte Oberfläche. Jeder Stich wird aus einem senkrechten Stich für sich gearbeitet, der von einem waagrechten gleicher Länge überkreuzt wird. Die zweite und alle folgenden Reihen passen sich der vorigen Reihe an.

Gobelinstich

Dabei handelt es sich um einen kleinen flachen Stich, der einen guten Kontrast zu erhabeneren Stichen abgibt. Er wird als kleiner Schrägstich über ein Straminfadenpaar gestickt und ist geeignet für detaillierte Stickmotive und als Füllstich für unregelmäßige Flächen, die man mit größeren Stichen nicht exakt begrenzen kann. Man kann Gobelinstiche auch für Umrisse und als Hintergrundstiche benutzen. Außerdem sind sie gut, um Fäden da zu verdecken, wo andere Stiche nicht hinreichen.

Gobelinstiche kann man senkrecht und waagrecht sticken, immer mit einem langen Stich auf der linken Seite, der den Stichen mehr Spannung gibt und das Stickwerk stärkt.

Damit sich auf großen Flächen das Gewebe nicht verzieht, besonders wenn man ohne Rahmen stickt, sollte man Gobelinstiche diagonal sticken. Das ergibt auch eine ebene Oberfläche. Dabei wird die Nadel auf dem Abwärtsweg unter zwei senkrechten Straminfäden durchgeführt. Auf der linken Seite entsteht eine Art Webmuster.

Gerader Gobelinstich

Dieser senkrechte Stich könnte auch Spannstich genannt werden, denn man arbeitet ihn genauso. Die Nadel wird schräg von oben eingestochen und unten genau neben dem vorigen Stich ausgestochen. Um den Stramin gut zu verdecken, nimmt man ein mehrfädiges Garn und zieht es nicht zu fest an. Sollte der Stramin trotzdem zwischen den Reihen durchscheinen, setzen Sie mit feinerem Garn eine Steppnaht, je über einen oder zwei Fäden gestickt, darüber.

Schräger Gobelinstich

Auch dieses ist eine Abwandlung des Spannstichs, der ähnlich wie der gerade Gobelinstich gestickt wird. Nur führt man hierbei die Nadel gerade von oben nach unten unter zwei, drei oder mehr waagrechten Gewebefäden hindurch. Dabei entstehen Stiche, die schräg über einen senkrechten Straminfaden verlaufen. Dieser Stich ist deckender als der gerade Gobelinstich. Auch hier kann man, wenn nötig, Steppstiche zwischen die Stickreihen setzen. Gerade, schräge und weite Gobelinstiche sind geeignet für Flächen, Muster, Bordüren und Hintergründe.

Weiter Gobelinstich

Man stickt eine Reihe schräger Gobelinstiche, diesmal jedoch über zwei oder drei waagrechte und senkrechte Straminfäden. Alle Stiche verlaufen parallel und dicht nebeneinander. Die folgenden Reihen können dieselbe Neigung haben, aber auch entgegengesetzt gearbeitet werden.

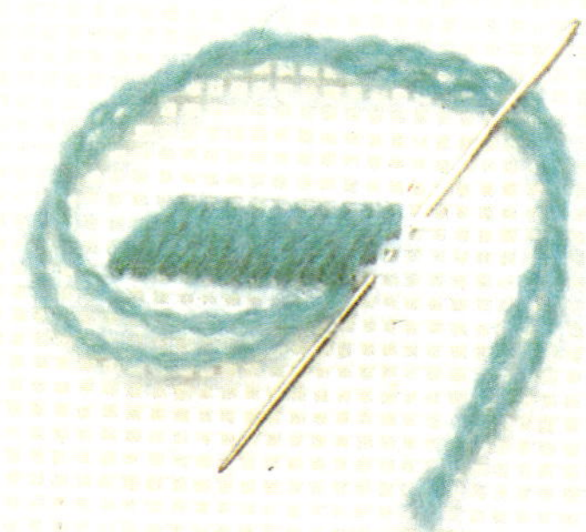

Gerader Gobelinstich

Schräger Gobelinstich

Übergreifender Gobelinstich

Er besteht aus langen Stichen über vier, fünf oder sechs waagrechte Straminfäden mit einer leichten Neigung über einen senkrechten Gewebefaden. Bei der zweiten und allen folgenden Reihen faßt man den untersten Gewebefaden der vorigen Reihe mit, so daß die beiden Reihen um eine Fadenbreite ineinandergreifen. Auf der Rückseite erscheinen die Stiche gerade. Mit diesem flachen Stich kann man Hintergründe rasch ausfüllen.

Diagonaler Spannstich

Dieser Stich (auch Plattstich genannt) ist vielseitig. Verschiedene Muster entstehen einfach dadurch, daß man die Fadenrichtung ändert, die Stichlänge variiert, unübliche Farbkombinationen wählt oder andere Stiche damit kombiniert.

Um den Grundstich zu üben, sticken Sie über ein Quadrat von je vier einzelnen Straminfäden. Machen Sie zuerst den Mittelstich, der quer von einer Ecke zur anderen führt. Dann füllen Sie mit angrenzenden Stichen auf beiden Seiten die Ecken aus. Diese Stiche gehen erst über drei, dann über zwei und zum Schluß über einen Gewebefaden. Dann holen Sie die Nadel hoch am Ende des längsten Stiches des fertigen Quadrats und machen jetzt den längsten Diagonalstich des gegenüberliegenden Quadrats. Füllen Sie das Quadrat aus. Bei den beiden angrenzenden Quadraten werden die Stiche in die Löcher der schon fertigen gesetzt.

Auf diese Weise kann man flächenfüllende Muster oder Bordüren zusammensetzen, man kann auch nur Teile von Mustern oder Bordüren so arbeiten. Eine Reihe von, aus vier Quadraten zusammengesetzten, Blöcken kann unter anderen Stichen sehr dekorativ sein, damit läßt sich aber auch ein regelmäßiger Hintergrund aus Gobelinstichen auflockern. Bei dem Wechsel der Stichrichtung entsteht ein interessanter Licht- und Schatteneffekt. Bei einem flächigem Muster kann man diese Wirkung noch verstärken, indem man unter den Fäden eines Blocks zwei Fäden überkreuz durchzieht und sie so etwas polstert.

Wer will, kann natürlich alle Stiche in eine Richtung sticken. Farbwechsel bringt man hinein, indem man entweder ganze Quadrate in einer anderen Farbe stickt oder aber – was sehr hübsche Muster ergibt – nur die schrägen Hälften. Die Quadrate können über 2, 3, 5 oder 6 Fäden gearbeitet werden. Dem entsprechend ändert sich die Anzahl der Stiche in jedem Kästchen.

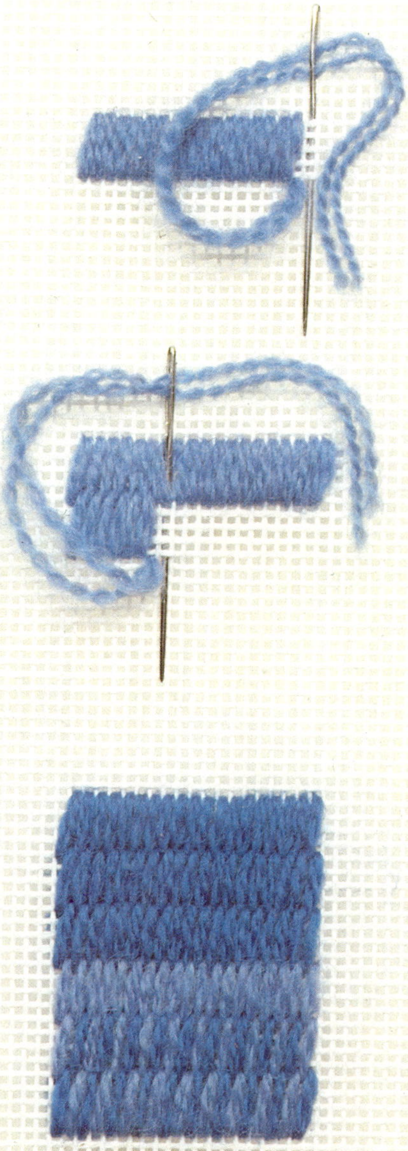

Karo-Stich

Hier handelt es sich um eine Kombination von diagonalem Spannstich und Gobelinstich. Felder mit Spannstichen wechseln sich ab mit Gobelin-Feldern, alle in gleicher Größe. Stickt man die diagonalen Spannstiche über ein Quadrat von je vier Fäden, muß man im angrenzenden Feld vier mal vier Gobelinstiche sticken. Das Karo-Muster ist hübsch auf größeren Flächen und schneller gearbeitet als nur Gobelinstiche.

Pariser Stich

Man stickt abwechselnd kurze und lange gerade Stiche in fortlaufender Reihe. Beginnen Sie, indem Sie abwechselnd zwei und vier waagrechte Straminfäden übersticken, wobei der kurze Stich in der Mitte des langen Stiches sitzt. Die nächste Reihe stickt man genauso, nur versetzt, so daß also jetzt der kurze Stich unter dem langen Stich der Vorreihe sitzt und der lange unter dem kurzen. Aus entsprechend vielen Reihen können Sie ein Flächenmuster mit einer sanften Struktur zusammensetzen.

Ungarischer Plattstich

Ein sehr nützlicher Flachstich. Dabei werden gerade Platt- beziehungsweise Spannstiche in Dreiergruppen gestickt: erst ein Stich über zwei waagrechte Gewebefäden, dann über vier und wieder über zwei. Zwischen den Gruppen läßt man einen Abstand von zwei senkrechten Fäden. Die nächste Reihe, die genau wie die vorige gestickt wird, greift mit den langen Stichen in die Zwischenräume hinein. Die dritte Reihe wiederum sitzt unmittelbar unter der ersten, so daß die langen Stiche der ersten und die langen Stiche der dritten sich in gemeinsamen Stichlöchern treffen. Alle kurzen Stiche sitzen genau untereinander und ebenso alle langen Stiche. Der ungarische Plattstich kann einfarbig und mehrfarbig, aber auch Ton-in-Ton gestickt werden.

Sternstiche mit „Augen“

Die Machart ist bereits im Kapitel „Ajourstickerei“ beschrieben. Sie stechen die Nadeln in das Mittelloch und arbeiten von da aus Stiche nach allen Richtungen und in jedes Gewebeloch des Stramins, so daß ein Quadrat entsteht. Sternstiche kann man nicht mit dickem Garn sticken. Nehmen Sie für ein Quadrat von je vier oder sechs Fäden zwei Fäden Stickwolle, bei einfädigem Stramin von 6,4 Löchern pro Zentimeter. Die Stiche müssen dicht nebeneinaderliegen.
Auf Stickarbeiten mit praktischem Nutzen kann man kleine Sternstiche sticken, im richtigen Größenverhältnis zu den übrigen Stichen. Ist der Stramin in den Zwischenräumen zu sehen, setzt man Steppstiche darüber. Große Sternstiche sollten nur dekorativen Stickereien vorbehalten bleiben. Wo es paßt, kann man ein Muster durch halbe Sternstiche ergänzen oder unregelmäßige Sterne sticken, bei denen die Stiche nicht alle aus einem Zentrum kommen.

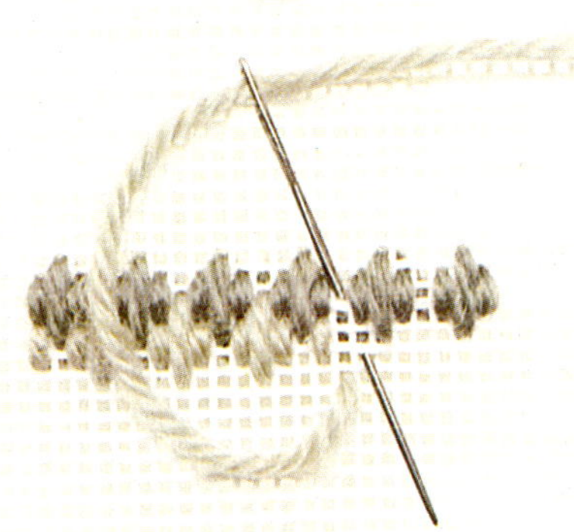

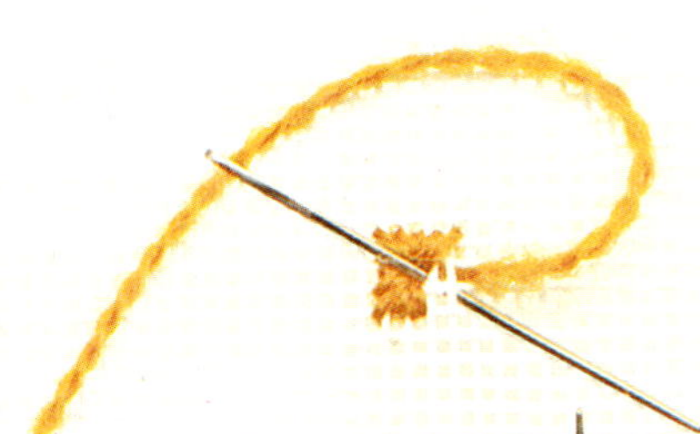

Karo-Stich

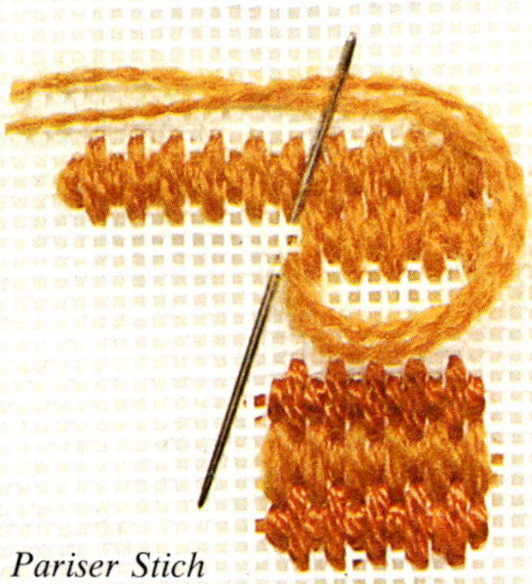

Pariser Stich

Türkischer Knoten

Dieser Stich, mit dem man Wollbüschel produziert, wird auf Stramin mit Nadeln und Wolle gestickt. Man kann ihn bei kleinen Stickarbeiten anwenden und bei gestickten Teppichen. Arbeiten Sie von links nach rechts. Führen Sie die Nadel von rechts nach links unter einem waagrechten Faden hindurch. Fangen Sie nicht mit einem Knoten an. Lassen Sie ein Fadenende auf der rechten Seite unter dem ersten Stich, und halten Sie es mit dem linken Daumen fest. Nun führen Sie die Nadel unter dem nächsten senkrechten Gewebefaden rechts hindurch, aber so, daß die Nadelspitze nach links zeigt. Der Faden liegt über der Nadel. Wiederholen Sie den ersten Arbeitsgang, ohne den Faden straff zu ziehen. Lassen Sie den Faden eine Schlaufe von gewünschter Größe unterhalb des Stiches bilden. Halten Sie die Schlaufe mit dem linken Daumen fest, während Sie den zweiten Arbeitsgang wiederholen. Wiederholen Sie die zwei Bewegungen bis zum Ende der Reihe. Es kann die Arbeit erleichtern, wenn Sie die Schlingen um einen Bleistift oder einen Stock passender Dicke machen, damit alle gleich werden. Zum Schluß werden die Schlingen aufgeschnitten und glattgestrichen.

Ein mit Straminstichen gestickter Wasserfall

Rechts: Verschiedene Florentiner Stiche für Kissen

Rechts außen: Zwei Details aus einem Sticktuch mit Florentiner Stichen und Gobelinstichen

Gegenüberliegende Seite: Diese Kissen wurden in Florentiner Stickerei gearbeitet, einer besonders effektvollen Variante der Straminstickerei

Unten: Brillenetui in Straminstickerei mit Sternstichen und Kreuzstichen

Florentiner Stickerei

Die Florentiner Stickerei, auch als Bargello bekannt, gehört ebenfalls zum Straminsticken. Sie wird aber gesondert behandelt, weil sie einzig und allein auf dem Spannstich beruht. Dieser Stich wird in regelmäßigen Folgen zu spitz oder rund verlaufenden Linien zusammengesetzt.

Charakteristisch ist die sorgfältige Schattierung und Mischung von Farbtönen. Gewöhnlich kommen zwei oder mehr Farben in drei oder vier verschiedenen Schattierungen vor. Für die Florentiner Stickerei verwenden Sie einfädigen Stramin und Garn, das den Stramin gut bedeckt. Am besten eignet sich mehrfädiges Garn wie Stickwolle oder persische Wolle, da es flach aufliegt und man notfalls einen Faden mehr nehmen kann. Auf feinem Stramin kann man auch mit Sticktwist arbeiten, wenn ein gewisser Glanz erwünscht ist.

Florentiner Stickerei kann als Untergrund auch auf anderen leinenbindigen Stoffen, zum Beispiel Rupfen gearbeitet werden. Dabei müssen die Stiche nicht unbedingt den Grund verdecken, und es braucht auch nicht jede Fläche ganz ausgestickt zu werden.

Die Verwendungsmöglichkeiten für diese Art der Stickerei sind beinahe unbegrenzt. Sie ist zwar nicht ganz so strapazierfähig wie manch andere Stickart auf Stramin, kann aber doch gut für Polsterbezüge aller Art verwendet werden, vorausgesetzt, die Stiche sind nicht zu lang. Für Kniepolster muß man zwei Fäden kräftiger Teppichwolle nehmen, denn weichere Garne verschleißen zu schnell.

Mit Florentiner Stickerei kann man vielerlei kleine Gegenstände schmücken, auch Kleidungsstücke und Accessoires. Mann kann die Stiche mit anderen Straminstichen kombinieren, wenn sich die Florentiner Muster, die dann möglicherweise einfarbig bleiben, sich dem Design einfügen lassen.

Man kann bei dieser Technik von links nach rechts oder von rechts nach links sticken. Wie bei anderen Straminarbeiten fängt man mit einem Knoten auf der rechten Seite an und führt den Faden etwa 3 cm weit auf der linken Seite zum ersten Stich. Man sticht hoch und vier Fäden weiter oben wieder ein. Dann führt man die Nadel zwei Fäden wieder nach unten und einen Faden nach rechts (links), sticht also auf halber Höhe des ersten Stiches aus und vier Fäden weiter unten wieder ein. In Höhe des Beginns des ersten Stiches holt man die Nadel wieder hoch, einen Faden rechts (links) neben dem zweiten Stich, der um die Hälfte tiefer sitzt als der erste. Diese beiden, gegeneinander versetzten Stiche wiederholt man bis ans Ende der Reihe. Hier handelt es sich um den Grundstich der Florentiner Stickerei. Die zweite Reihe setzt man unmittelbar unter die erste. Der erste Stich beginnt vier Fäden unter dem ersten Stich der Vorreihe, der zweite zwei Fäden tiefer usw. Benutzen Sie die Stichlöcher der ersten Reihe. Gezwirntes Garn muß geglättet werden, damit es flach aufliegt. Und ziehen Sie die Stiche nicht zu straff an. Der Faden soll flach auf dem Gewebe liegen, ohne die Straminfäden zu verschieben.

Aus dem Grundstich werden die klassischen Stichmuster entwickelt. Zacken zum Beispiel macht man so: Sie stechen aus und vier Fäden weiter oben wieder ein, auf halber Höhe des ersten Stiches wieder aus, vier Fäden weiter oben wieder ein, auf halber Höhe des vorigen Stiches wieder aus. Das heißt, Sie ziehen jeden Stich um zwei Fäden höher als den vorhergehenden. Nach acht Stichen haben Sie den „Gipfel" erreicht. Dann sticken Sie auf die gleiche Weise wieder nach unten, bis Sie die Basis des ersten Stiches erreicht haben. Nun fängt dasselbe von vorne an mit der Treppe nach oben. Die zweite Reihe beginnt vier Fäden unter dem ersten Stich und folgt genau dem Rhythmus der ersten Reihe, wobei man auch dieselben Stichlöcher benutzt. Meist stickt man die zweite Reihe in einer anderen Farbe oder Farbschattierung als die erste und die dritte wieder in einem anderen Ton. Man stuft die Farben entweder Reihe um Reihe von dunkel nach hell oder umgekehrt. Wenn Sie erst einmal an den Stichrhythmus gewöhnt sind, jeweils zwei Querfäden höher beziehungsweise tiefer, können Sie dazu übergehen, die Stichlängen zu variieren. Üben Sie mal Stiche über sechs Fäden oder eine Leiter, die sich jeweils nur um einen Faden hoch beziehungsweise nach unten bewegt, oder versetzen Sie die Stiche um je drei Fäden. Die Bewegungen der Nadel bleiben immer dieselben. Die erste Reihe dient immer als Leitlinie für die übrigen. Als Abwechslung kann man die Spitzen abflachen, indem man auf der obersten Stufe eine Reihe gleichgroßer Stiche in gleicher Höhe stickt, egal, ob bei einer Spitze nach oben oder nach unten oder bei beidem. Rundungen arbeitet man, indem man auf jeder Stufe mehr als einen Stich stickt. Sollte bei mehreren nebeneinandergesetzten Stichen etwas Stramin durchscheinen, setzt man einen waagrechten Steppstich dazwischen. Rauten oder Ovale stickt man, indem man Spitzen oder Bögen spiegelbildlich nach unten wiederholt. In solchen Fällen stickt man am besten erst alle Umrisse der Muster auf der ganzen Fläche, ehe man die Muster ausfüllt. Auf diese Weise entdeckt man rechtzeitig, wenn man sich verzählt hat.

Wenn Sie die erste Reihe sticken, fangen Sie in der Mitte an und arbeiten von da nach außen. Wenn es sich um ein größeres Werkstück handelt, lohnt sich die Mühe, erst alle Straminfäden auszuzählen, um festzustellen, ob man in der Mitte besser mit einem Wellenberg oder einem Wellental beziehungsweise einem Zacken nach oben oder nach unten beginnt.

Wer sich ein eigenes, nicht regelmäßig wiederkehrendes Muster zurechtlegt, zeichnet die Umrisse am besten auf Millimeterpapier auf. Der Grundlinie folgend, kann man dann die Füllungen ausarbeiten. Dieselbe Technik wird auch beim Entwurf von Kreuzstichmustern angewandt (siehe Seite 70).

Rechts: Eine Tasche mit Florentiner Stickerei. Die schwarzen Stiche sind waagrecht gearbeitet

Unten: Kissen in typischer Florentiner Arbeit

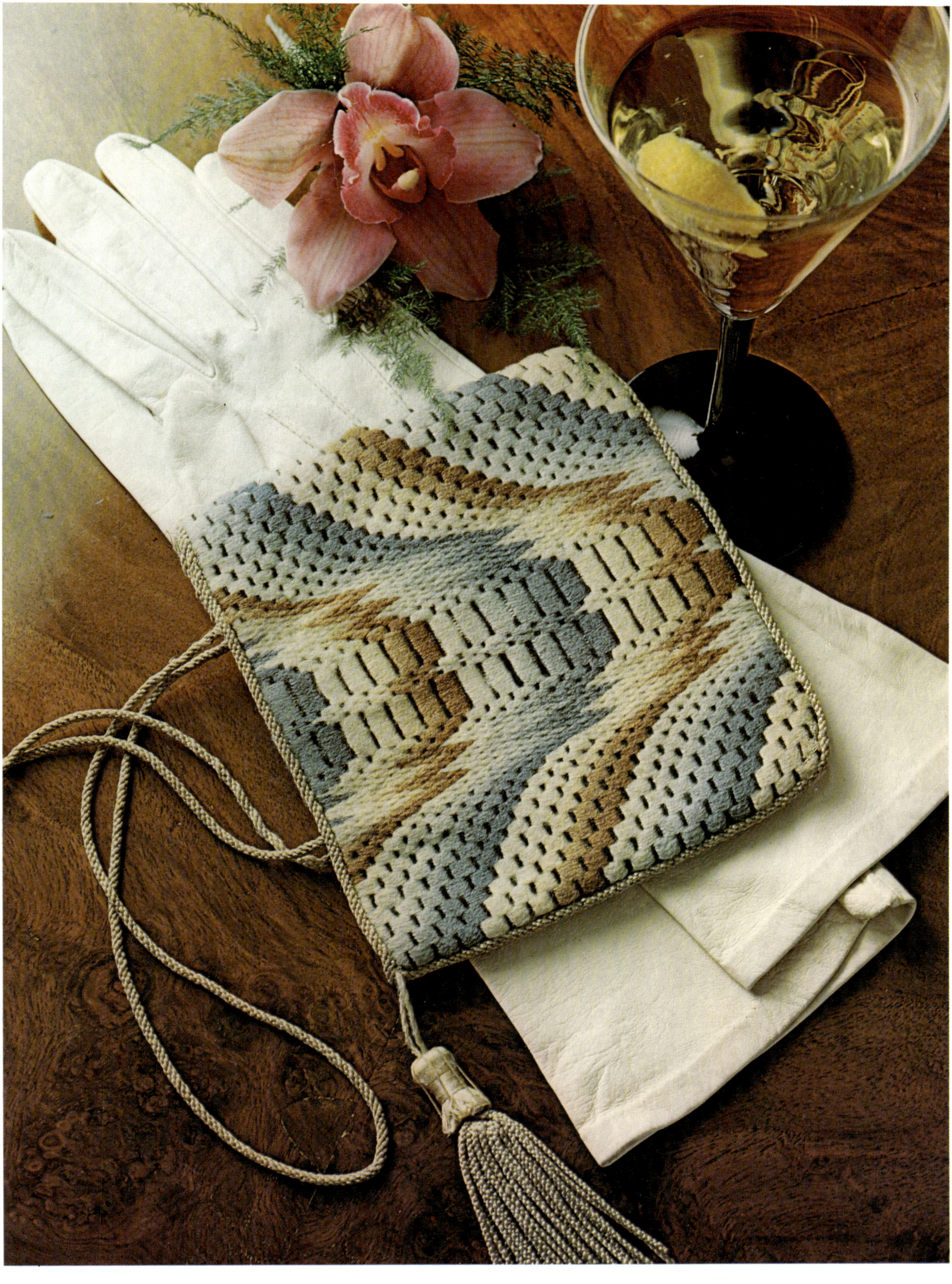

Kissen in Florentiner Stickerei

Zwischen runden und spitzen Feldern sitzen hier keine Blümchen. Die Florentiner Stikkerei bedeckt nur die vordere Kissenplatte, als Rückseite wurde Stoff dagegengesetzt. Man kann aus dem sich wiederholenden Stickmuster beliebig große Stickwerke zusammensetzen. Die Arbeitsanleitung bezieht sich aber auf eine Kissenplatte von 57 x 35,5 cm Größe, wie sie auf dem Bild zu sehen ist. Die Kissenfüllung ist etwas größer, damit das Kissen prall gepolstert ist.
Unter der Vielzahl von Garnen, die heute angeboten werden, finden Sie sicher die passenden Farbtöne. Vergleichen Sie den Unterschied von kräftigen Farben (auf dem Foto) mit einer Kombination von blassen Farbtönen (auf der Musterzeichnung).

Material:
1,5 Meter einfädigen Stramin, 68 cm breit, 7,6 Löcher pro cm.
Stickwolle in Strängen von je 4 Gramm
5 Strang Schwarz
3 Strang Gold
3 Strang helles Tannengrün
2 Strang dunkles Tannengrün
2 Strang blasses Rosa
3 Strang dunkles Rosa
3 Strang Rostfarbe
2 Strang Beige
2 Strang Rosa-Beige
2 Strang Steinfarbe
1 Strang Grün
Starker Futterstoff für die Rückseite, 3 cm größer als die fertige Kissenplatte, also 60 x 38,5 cm
Kissenfüllung, 60 x 38 cm, und Nähgarn

Stickanleitung
Fangen Sie die Arbeit in der Straminmitte an. Jeder Stich reicht über sechs waagrechte Straminstiche. Nur die Blumen sind in kürzeren Stichen über zwei Gewebefäden gearbeitet.
Arbeiten Sie nach dem Diagramm in folgender Reihenfolge:
1. die Konturen in Schwarz
2. die beiden äußeren Beige-Töne
3. die Stiele der Blumen
4. die steingrauen Stiche um die Blumen herum

So versäubert man die Kissenplatte
Nachdem Sie die Stickerei gespannt haben (siehe Seite 22), rahmen Sie sie mit Montenegriner Stichen ein. Das sind unregelmäßige (langbeinige) Kreuzstiche, die mit senkrechten Stichen überstickt werden. Der restliche, unbestickte Stramin wird auf die linke Seite zurückgefaltet und durch den Stickrahmen mitgegriffen. Man setzt die Stiche über drei waagrechte und zwei senkrechte Fäden, damit die Kante festen Halt bekommt. Schneiden Sie den Stramin bis 1 cm vor der Umrahmung ab.
Säumen Sie dann den Stoff für die Kissenrückseite, und nähen Sie die Stoffkanten in die Montenegriner Stiche auf drei Seiten. Schieben Sie die Kissenfüllung durch die offene Seite, und nähen Sie auch die zu.

Montenegriner Stich

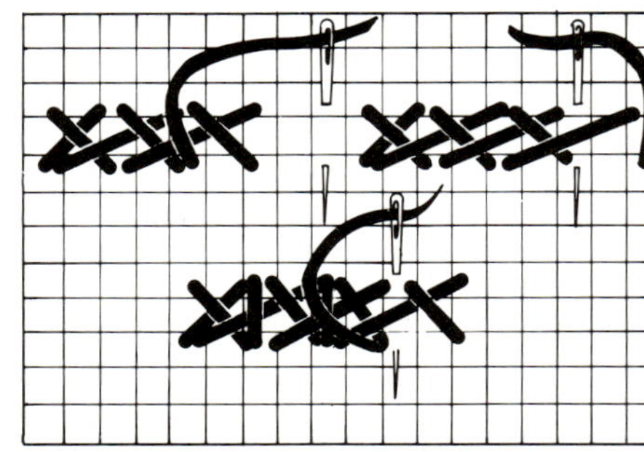

Patchwork und Quilten

Patchwork

Gegen Ende des 18. Jahrhunderts kam man auf die Idee, Stoffreste weiterzuverwenden, indem man sie zu Bettdecken zusammensetzte. Damals pflegte man die Stoffe zusammenzufalten und einfache Formen auszuschneiden – Rauten (Rhomben), Dreiekke, Rechtecke und Quadrate. Später kamen auch kompliziertere Muster auf. Damit war man gezwungen, erst einmal Schablonen anzufertigen, nach denen die Stoffe zugeschnitten werden konnten.

Wenn wir heute Patchwork-Quilts aus der alten Zeit betrachten, können wir an ihnen Material und Druckmuster der damals üblichen Kleiderstoffe studieren. So trug man im 18. Jahrhundert gern bedruckte Baumwollstoffe, im 19. Jahrhundert legte die Mode mehr Wert auf Seide und Samt – immer wanderten alle Reste in die Patchwork-Dekken. Einige dieser frühen Flickendecken waren wattiert und gefüttert, um sie wärmer zu machen. Man nennt diese Technik „Quilten" – daher die Bezeichnung „Patchwork-Quilt".

Heute steht uns eine Fülle von Stoffen zur Verfügung. Und da viele Frauen selbst ihre Kleider sowie Vorhänge und Kissen für ihre Wohnung nähen, fallen auch viele Stoffreste an. Wer Patchwork näht, wird zum Sammler auch kleinster Stoffstückchen. Aus der Not ist das Patchworken ja auch entstanden. In der Wildnis fehlte es an Stoffen, und die Siedlerfrau war gezwungen, auch aus Abfällen noch Brauchbares zu zaubern. Manchmal macht Patchwork gerade denen Spaß, die sonst mit Handarbeit nicht viel im Sinn haben. Selbst für komplizierteste Patchwork-Arbeiten braucht man nur weniges einfaches Handwerkszeug.

In diesem Kapitel beschreiben wir einige verschiedene Patchwork-Techniken wie Schablonen-Patchwork, Blockhaus-Patchwork, Domfenster-Patchwork und „Suffolk-Puffs" oder Puff-Patchwork. Man kann in all diesen Techniken große Stücke arbeiten, aber ebensogut lassen sich auch kleine Gegenstände wie Nadelkissen, Brillenetuis und Einschlüsse für Briefbeschwerer in Patchwork-Technik anfertigen. Ein Kleidungsstück kann ganz aus Patchwork bestehen, es kann aber auch lediglich mit einem Patchwork-Motiv oder einer Patchwork-Borte auf Ärmel oder Saum verziert werden. Grundsätzlich läßt sich ein Stück Stoff durch Patchwork ersetzen, nur muß man Größe und Form des Patchwork-Einsatzes vorher genau überlegen, da man aneinandergesteppte Flicken nicht gut wieder zerschneiden kann.

Es empfiehlt sich im allgemeinen, nur Stoffe ähnlicher Machart und von ungefähr gleichem Gewicht in einem Patchwork zu kombinieren. Am besten verzichtet man auf synthetische Gewebe, die meist leicht ausfransen und sich nur schwer falten lassen. Am einfachsten ist reine Baumwolle zu verarbeiten, aber je mehr Erfahrung Sie sammeln, desto reichhaltiger wird die Palette der Stoffe, mit denen Sie experimentieren können: Leichte Wollstoffe, feiner Tweed und Seide lassen sich zu zauberhaften Patchworks verarbeiten. Sogar Kordstoffe sind geeignet; wenn Sie die Flicken so anordnen, daß der Fadenlauf in unterschiedliche Richtungen weist, können Sie interessante Licht-Schatten-Effekte erzielen.

Beim Patchworken werden nun keineswegs irgendwelche Stoffreste irgendwie aneinandergesetzt. Man muß aus dem vorhandenen Material ein dem Zweck entsprechendes Muster entwerfen und jedes Stoffstückchen mit Bedacht zuschneiden. Man wird also ein Stückchen gepunkteten Stoff so zuschneiden, daß der Punkt in die Mitte kommt.

Manchmal fehlt einem Patchwork trotz sorgfältigster Verarbeitung doch die Schönheit vergleichbarer Stücke. Gelegentlich liegt es am unzulänglichen Entwurf, häufiger aber daran, daß die Farben zu wenig Hell-dunkel-Abstufungen zeigen. Sie sollten immer helle, mittlere und dunkle Farbtöne miteinander kombinieren. Ungebleichter Nessel wirkt an sich hell, aber erst ein wenig zusätzliches Weiß macht diese Farbe lebendig.

Patchwork wird mit feinem Nähgarn genäht, das aus dem gleichen Material bestehen sollte wie der verarbeitete Stoff. Baumwollfaden ist am haltbarsten. Meistens wird durchgehend nur weißer Baumwollfaden verwendet oder nur schwarzer, wenn die Stoffstückchen vorwiegend dunkel sind. Baumwollgarn Nr. 50 ist das feinste. Möchten Sie aber lieber Garn im Farbton der Stoffmuster verwenden, so bieten sich mercerisierte Baumwollgarne in allen Farben an. Seidenstoffe dürfen nur mit reiner Nähseide aneinandergenäht werden. Synthetische Stoffe oder Mischungen aus synthetischen und Naturfasern nur mit synthetischen Garnen. Zum Heften kann normaler Heftfaden verwendet werden. Seide oder Chintz muß man allerdings mit Nähseide heften, denn gewöhnlicher Reihfaden würde Stichspuren hinterlassen.

Zum Nähen verwendet man feine Näh- oder Sticknadeln Nr. 8 oder 10. Die Wahl der Nadel richtet sich nach der Art des Nähfadens. Auch die Stecknadeln müssen fein und am besten kurz sein. Eine scharfe Schere braucht man zum Zuschneiden der Stoffstückchen und zusätzlich eine Papierschere oder ein Teppichmesser zum Ausschneiden

Rechts: Ein amerikanischer Patchwork-Quilt mit dem „Stern von Bethlehem"-Muster aus dem neunzehnten Jahrhundert

der Schablonen. Benutzt man ein Messer, so ist ein Brett als Unterlage beim Schneiden erforderlich.
Die unversäuberten Saumkanten der Stoffteilchen bei Schablonen- und Blockhaus-Patchwork müssen durch ein Futter geschützt werden.

Schablonen-Patchwork

Die Schablonen aus Metall, Kunststoff oder festem Karton umfassen typische Formen wie das regelmäßige Sechseck, das verlängerte Sechseck (Kirchenfenster), den Rhombus, das Dreieck und das Rechteck in verschiedenen Größen. Industriell hergestellte Schablonen werden meistens bevorzugt, weil man sich auf ihre Genauigkeit verlassen kann. Bei diesen fertigen Schablonen bezeichnet das angegebene Maß die Länge einer Kante.
Fensterschablonen sind nicht unbedingt erforderlich, werden aber oft zusammen mit den Schablonen angeboten. Eine Fensterschablone besteht aus transparentem Kunststoff mit einem undurchsichtigen Rahmen von 6 mm Breite. Dieser Rahmen entspricht der Nahtzugabe. Die Fensterschablone macht es möglich, einen bestimmten Abschnitt des Stoffmusters auszusuchen und sich beim Zuschneiden zu vergewissern, daß zum Beispiel eine Blüte in die Mitte des Stoffstückchens gerückt ist. Außerdem kann man beim Zuschneiden den Fadenlauf im Auge behalten. Beim Zuschneiden von unifarbenen oder kleingemusterten Stoffen ist eine Fensterschablone nicht nötig.
Die Stoffstückchen werden im allgemeinen um eine Papiereinlage geheftet, ehe man sie zusammennäht. Das Papier muß so dünn sein, daß man die Nadel ohne Mühe durchstechen kann, anderseits aber doch so fest, daß der Stoff seine Form behält. Diese Papiereinlagen dienen als vorläufige Abfütterung und Verstärkung der einzelnen Stoffstücke. Geeignet ist jede biegsame Papiersorte, am besten Karteikarten und Postkarten. Die Papiereinlagen müssen sehr sorgfältig ausgeschnitten werden, denn von ihnen hängt die exakte Form der fertigen „Patches“ ab. Man kann die Papiere mehrmals verwenden, ehe man sie wegwirft.
Die folgende Arbeitsbeschreibung bezieht sich auf sechseckige Schablonen. Wir haben dafür Schablonen mit einer Kantenlänge von 2,5 cm verwendet – eine mittlere Größe also, mit der sich gut arbeiten läßt. Sie können auch größere oder kleinere Sechsecke wählen. Diese Anleitung gilt im Prinzip auch für andere Schablonenformen; allerdings ergeben sich Unterschiede, in welcher Weise die Nahtzugaben umzufalten sind.

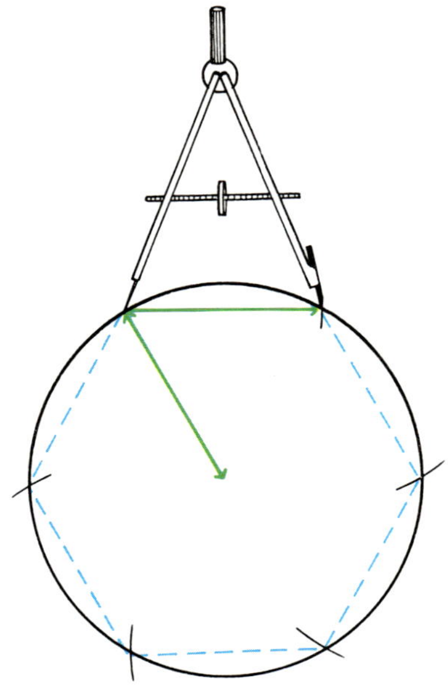

So wird ein Sechseck konstruiert

Eine Rosette aus Sechsecken, alle mit senkrechtem Fadenlauf

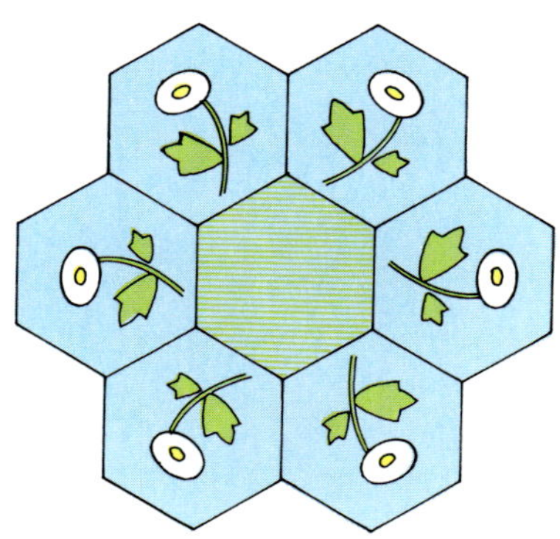

Eine Rosette aus Sechsecken, bei der das Stoffmuster strahlenförmig von einem Sechseck in der Mitte ausgeht

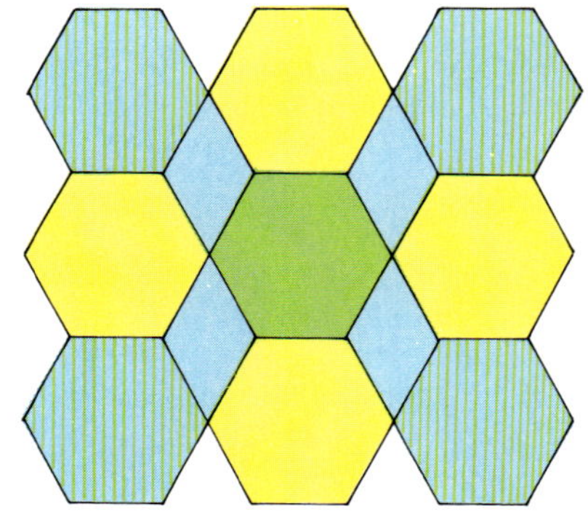

Muster aus Sechsecken und Rhomben (Rauten)

„Baby block“-Patchwork-Muster aus Rhomben

Muster aus Rhomben und Dreiecken

Ausschneiden der Stoffteile

Die Schablone auf Papier legen, beides fest zusammendrücken und den Umriß mit einer Papierschere ausschneiden. Wenn Sie lieber mit einem Messer arbeiten, müssen sie das Papier auf eine feste Unterlage legen.
Dann die Schablone flach auf das Papier drücken, dort festhalten und mit dem Messer dem Umriß folgen. Nicht mit einem Stift den Umriß nachzeichnen und dann erst ausschneiden – die Papierschablonen würden dann nicht ganz gleichmäßig ausfallen. Es empfiehlt sich auch nicht, mehr als zwei Papierlagen in einem Arbeitsgang auszuschneiden. Schneiden Sie erst einen Vorrat

Papierschablonen zu, ehe Sie mit der Näharbeit beginnen, und sondern Sie alle aus, die nicht ganz exakt ausgefallen sind.
Der gute Gesamteindruck einer Patchwork-Arbeit hängt wesentlich davon ab, daß der Fadenlauf bei allen Stoffteilchen die gleiche Richtung hat. Sie müssen die Stoffteilchen deshalb nach Möglichkeit so zuschneiden, daß die Kettfäden in der fertigen Arbeit von oben nach unten durchlaufen. Beherrscht man die Technik erst einmal richtig, kann man durchaus gestreifte Stoffmuster strahlenförmig um ein zentrales Sechseck oder im rechten Winkel zueinander anordnen.
Jedes Stoffteilchen ist mit einer Nahtzugabe von 6 mm zu schneiden. Manche Stoffarten verlangen einen breiteren Saum. Wenn Sie nach einer Fensterschablone zuschneiden, ist die Nahtzugabe schon berücksichtigt.

So werden die „Patches" hergestellt

Eine Papierschablone in die Mitte auf die linke Seite eines Stoffstückes legen und in der Mitte feststecken. Nun an einer Seite die Nahtzugabe genau um die Kante der Papierschablone schlagen und mit einem Knoten auf der rechten Stoffseite mit dem Heften beginnen. Es wird mit normalem Baumwoll-Heftfaden gearbeitet. Die erste Kante mit einem einzigen Heftstich von einer Ecke zur anderen heften. Nun die zweite Seite umschlagen, die doppelt gefaltete Ecke mit einem Stich festhalten und von da einen weiteren Stich bis zur nächsten Ecke machen.
Ebenso die übrigen vier Seiten heften, wobei jede Ecke durch einen Extrastich gehalten wird. Mit einem Rückstich sichern. Ein Sechseck von mehr als 2,5 cm Kantenlänge muß natürlich mit mehr als nur einem einzigen Stich an jeder Seite geheftet werden, denn die Stoffkanten müssen flach an der Papierschablone anliegen.

So werden die „Patches" zusammengenäht

Mit dem Zusammennähen sollte man erst anfangen, wenn ein großer Vorrat an fertigen „Patches" fertiggestellt und ihre Anordnung im Muster festgelegt ist. Zwei Stoffteilchen rechts auf rechts zusammenlegen. Man näht zuerst drei oder vier überwendliche Stiche von links nach rechts zur Ecke hin, übernäht sie dann in der Gegenrichtung und arbeitet weiter bis zum Ende der Kante. Entweder die Naht durch ein paar Rückstiche sichern oder den Faden hängen lassen und zum Annähen des nächsten Stoffstückchens verwenden. Die beiden zusammengenähten „Patches" auseinanderfalten und flach ausbreiten, das nächste Stoffstückchen anlegen und wieder mit überwendlichen Stichen annähen. Die Stiche müssen sehr eng sein, und die Ecken der „Patches" müssen genau aneinanderstoßen, damit keine Lücken entstehen. Machen Sie etwa sieben Stiche je Zentimeter, und spannen Sie beim Nähen den Stoff gleichmäßig, damit die „Patches" am Ende flach und dicht nebeneinanderliegen, ohne sich zu verziehen. Die Stiche erfassen dicht an der Bruchkante nur wenige Fäden des Stoffes, ohne die Papiereinlage zu durchstechen, die man wieder verwenden kann, solange sie nicht beschädigt ist.
Nähen Sie doch zum Einüben eine Rosette aus sieben Sechsecken zusammen; die mittlere sollte sich von den übrigen sechs in der Farbe oder im Muster abheben. Diese Rosette ist vielleicht der Anfang einer größeren Arbeit. Sie können sie auch mit blinden Saumstichen auf einen Grundstoff applizieren und auf diese Weise ein Kissen, ein Kleidungsstück oder eine Tasche schmücken.
Braucht man die Papiereinlagen zum Anfertigen neuer „Patches", sollte man sie von Zeit zu Zeit aus den schon zusammengenähten Stoffstückchen heraustrennen, niemals aber aus Teilen, die noch nicht zusammengenäht sind. Natürlich kann man die Einlagen auch erst nach Abschluß der ganzen Arbeit heraustrennen.
Haben Sie eine Patchworkarbeit ganz aus Sechsecken angefertigt, stehen Sie am Ende vor dem Problem, aus den gezackten Seitenkanten einen geraden Abschluß herzustellen. Entweder füllen Sie nun die Zwischenräume mit halben Sechsecken zu einem geraden Abschluß auf, oder Sie unterlegen jedes Sechseck an der Kante mit einem weiteren. Als Abschlußkante für einen Patchwork-Bettüberwurf eignet sich Paspelband.

So werden Rhomben gearbeitet

Das Zuschneiden der Papierschablonen und der Stoffteilchen geschieht genau gleich wie beim Sechseck beschrieben. Beim Heften der Rhomben um die Papiereinlage muß man die spitzen Ecken besonders sorgfältig falten und heften. Die Papiereinlage in der Mitte des Stoffteilchens auf der linken Seite feststecken und anheften. Beim Heften der spitzen Ecken folgendermaßen vorgehen: das überstehende Stück des ersten Saumes vor die Nahtzugabe der nächsten Seite falten und dann diese um die Papiereinlage schlagen. Die mehrfach gefaltete Spitze durch einen Rückstich festhalten. Nun die dritte Kante umlegen, dann wieder die Spitze doppelt falten und durch einen Rückstich sichern. Zuletzt die verbleibende Längskante umheften. Um einen Stern aus Rhomben zusammenzusetzen, näht man erst zwei Gruppen aus je drei Rhomben zusammen und verbindet diese dann mit einer durchgehenden Naht. Auf diese Weise vermeidet man ein Loch in der Sternmitte.

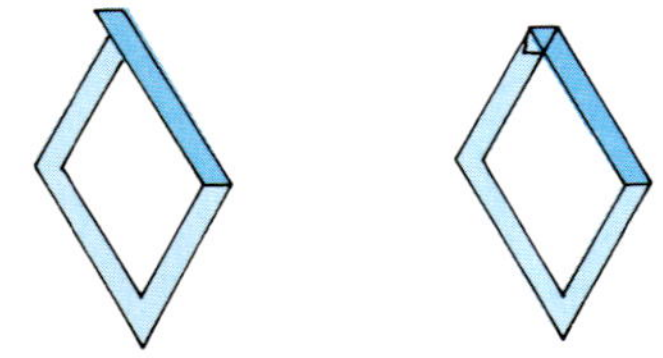

Ungewöhnliche Formen

Rechteck, verlängertes Sechseck (Kirchenfenster) und Dreieck lassen sich aus dem regelmäßigen Sechseck und dem Rhombus entwickeln. Wollen Sie Patchwork mit nicht handelsüblichen Schablonen herstellen, sind Sie darauf angewiesen, sich selbst Schablonen aus starkem Karton mit geraden Seitenkanten und exakten Ecken zu schneiden. Haben Sie selbst ein Patchwork-Muster aus unkonventionellen Formen entworfen, müssen Sie Ihren Entwurf auf starkes Papier übertragen und die einzelnen Formen ausschneiden. Nun die Stoffteilchen um diese Papierschablonen heften und mit überwendlichen Stichen aneinandernähen. „Patches" mit gebogten Rändern müssen, wie in der Schneiderei üblich, umgesäumt werden.
Auch Wild- und Glattlederflecken können zu Patchwork verarbeitet werden. Sie werden aber nicht mit Nahtzugaben um Papiereinlagen geheftet, sondern direkt mit überwendlichen Stichen aneinandergenäht. Leder wird mit scharfem Messer direkt an der Schablone entlang ausgeschnitten.

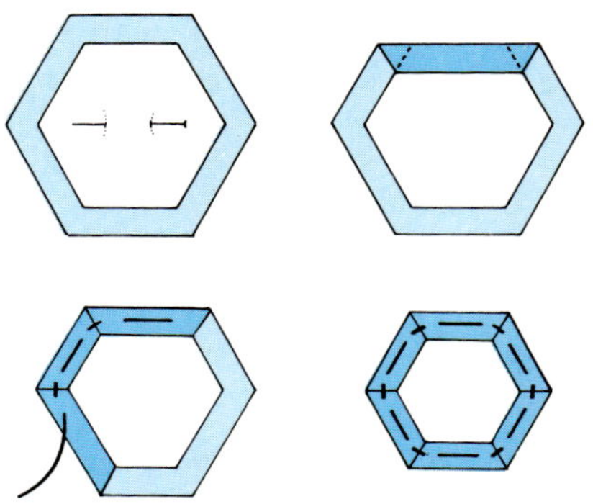

Patches herstellen

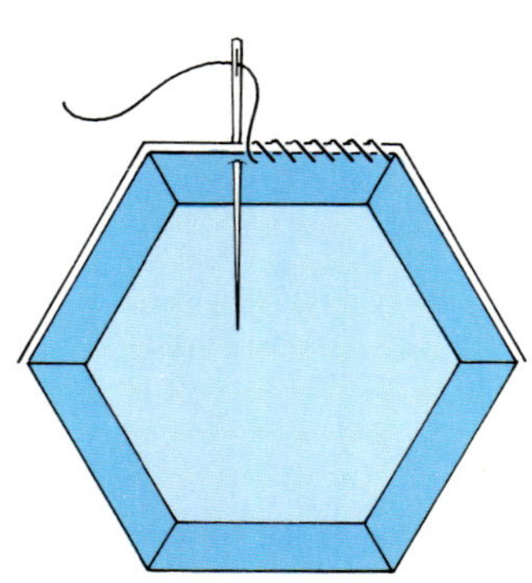

Patches zusammennähen

Patchwork-Bettüberwurf

Dieser schöne Überwurf für ein Einzelbett wurde nach Schablonen gearbeitet, und zwar mit Sechsecken, halben Sechsecken, Rhomben und Dreiecken von 57 mm Kantenlänge. Das Muster ist aus dreizehn großen sechseckigen Motiven zusammengesetzt, von denen jedes wieder aus sieben Sechsecken und zwölf Dreiecken besteht. An jeder Ecke der großen Sechseckmotive sitzt ein Stern aus sechs Rhomben. Diese Sterne sind jeweils durch zwei halbe Sechsecke miteinander verbunden.

Material:
Baumwollstoffe für die „Patches“
5 m Baumwollstoff, 90 cm breit, zum Abfüttern
Schablonen: 57 mm Sechseck, Rhombus, Dreieck
Nähfaden

Arbeitsanleitung
Die nebenstehende Schemazeichnung zeigt ein Viertel des Bettüberwurfs. Zuerst das ganze Rechteck im Zentrum zusammensetzen. Dann vier Randstreifen arbeiten, zwei lange für die Längsseiten und zwei kürzere für Kopf- und Fußende. Zuletzt sind noch die Quadrate für die Ecken zu nähen. Die Randstreifen mit überwendlichen Stichen annähen, rechts auf rechts. Zuletzt die Quadrate in die Ecken einsetzen. Die 5 m Futterstoff in zweimal 2,50 m zerschneiden und mit einer einfachen Naht aneinandersetzen. Das Futter muß auf allen vier Seiten 18 cm über das Patchwork hinausragen. Dieser Überstand wird rundum zu einem 1 cm breiten Saum umgeschlagen und angeheftet.
Die linke Seite der Patchworkarbeit auf die linke Seite des Futterstoffes legen, nach der Mitte ausrichten. Nun die beiden Stoffe rundum zusammenstecken und dann über die ganze Fläche zusammenheften. Dazu braucht man eine feste Unterlage. Mit den überstehenden Kanten des Unterstoffes die Patchwork-Arbeit einfassen. Dazu schlägt man den Stoff zu einem Saum um und näht ihn mit engen feinen Hohlstichen fest. Damit die Decke sich nicht aufblähen kann, muß man in Abständen von 30 cm, über die ganze Decke verteilt, die beiden Stofflagen zusammenknoten. Man arbeitet mit doppeltem Nähfaden, sticht durch eine Verbindungsnaht zwischen zwei Stoffteilen von unten nach oben und wieder zurück, verknotet die beiden Fadenenden fest auf der Rückseite der Decke und schneidet die Fäden etwa 5 mm vom Knoten ab.

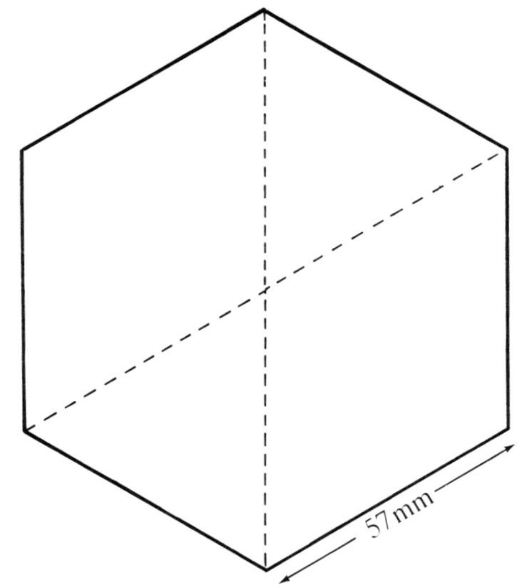

So schneidet man aus einem Sechseck Rhomben, Dreiecke und halbe Sechsecke

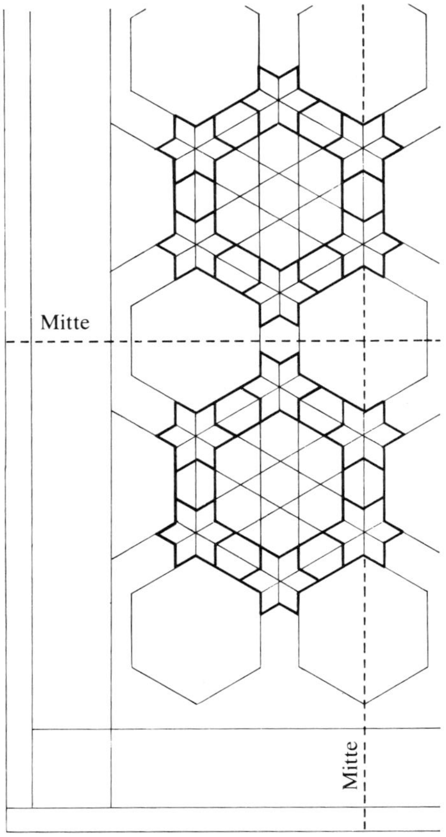

Ein Viertel der Decke – das Patchworkmuster im Detail

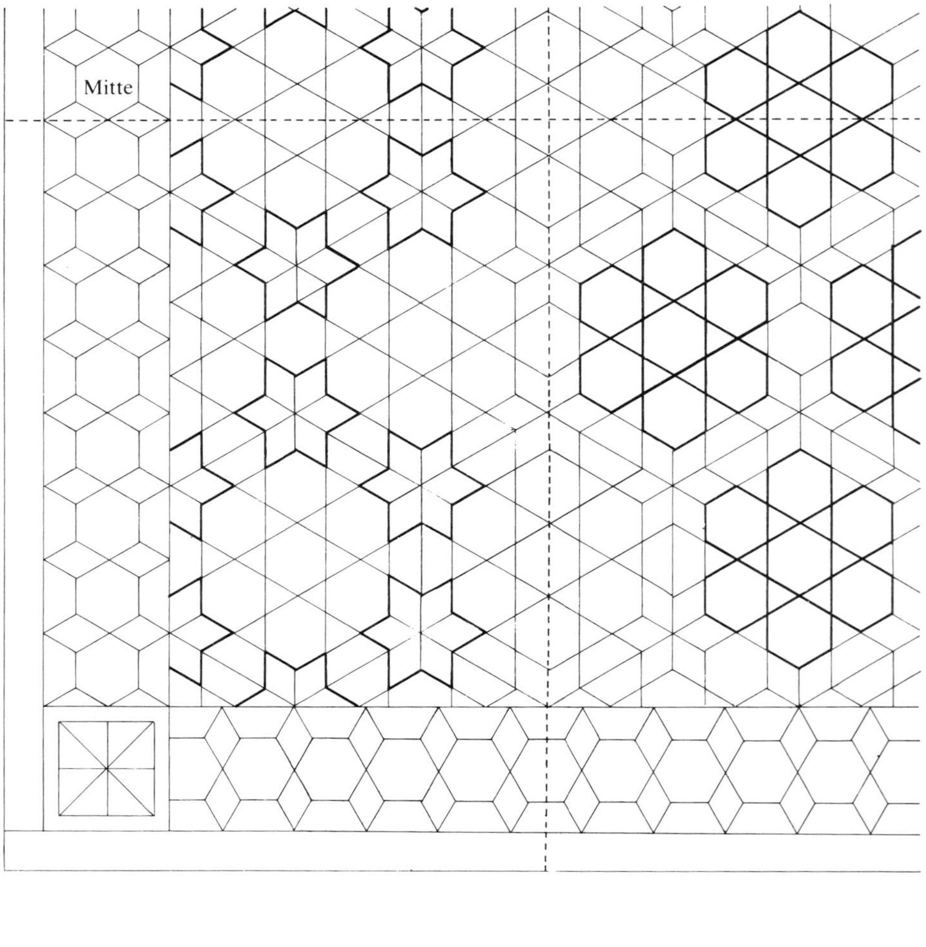

Blockhaus-Patchwork

Das Blockhaus-Patchwork unterscheidet sich wesentlich vom Schablonen-Patchwork. Beim Blockhaus-Muster werden Streifen aus Baumwollstoff auf ein quadratisches Stück Futterstoff aufgenäht, und zwar werden ausgehend von einem kleinen Quadrat in der Mitte ringsherum im rechten Winkel Streifen angesetzt, bis der Unterstoff abgedeckt ist. Ein geeigneter und preiswerter Unterstoff ist Kaliko, ein feines, stark appretiertes Baumwollgewebe.

Für eine große Arbeit, z. B. einen Bettüberwurf, kann das Unterstoffquadrat bis zu 30 x 30 cm groß sein. Man näht entsprechend viele dieser Quadrate zu einer Decke aneinander. Ein Kissenbezug kann aus einem einzigen Quadrat bestehen. Es kann natürlich auch aus mehreren kleineren zusammengesetzt sein. Fertigen Sie ein Papierschnittmuster an, und schneiden Sie die Unterstoffquadrate aus. Diese Stoffquadrate werden gebügelt und dann zweimal diagonal gefaltet, um so den Mittelpunkt markieren zu können. Dann faltet man sie wieder auseinander und legt sie flach auf eine Unterlage. Angenommen, ein solches Unterstoffquadrat sei 10 x 10 cm groß, so schneiden Sie aus bedrucktem oder unifarbenem Stoff ein Mittelquadrat von 3 x 3 cm zu. Folgen Sie mit der Schere exakt den Schuß- und Kettfäden. Legen Sie dieses kleine Quadrat nun genau in die Mitte des Unterstoffquadrats, und nähen Sie es dicht am Rand entlang mit Vorstichen fest. Dieses kleine Quadrat muß nicht umgesäumt werden. Von ihm ausgehend werden nun gerade Stoffstreifen im Uhrzeigersinn und einander überlappend auf das Unterstoffquadrat aufgenäht.

Zeichnen Sie auf Papier ein Schnittmuster auf, aus dem Sie die Länge jedes einzelnen Streifens ablesen können. Sie brauchen jede Länge viermal. In unserem Beispiel ist jeder Streifen auf dem Diagramm 2,5 cm breit. Dazu müssen Sie zwei Säume von je 5 mm Breite rechnen. Folgen Sie beim Zuschneiden der Stoffstreifen dem Fadenlauf.

Nun stecken Sie einen der kürzesten Streifen fest, und zwar die rechte Seite des Streifens auf die rechte Seite des Mittelquadrats. Nähen Sie den Streifen mit Vorstichen 5 mm neben der Kante fest. Schlagen Sie nun den Streifen um, so daß die rechte Seite oben liegt, und pressen Sie ihn flach. Der zweite Streifen wird nun auf die gleiche Weise angesetzt, und zwar quer über das Ende des umgelegten ersten Streifens. Im Uhrzeigersinn folgen dann alle übrigen Streifen der Reihe nach, bis das Grundquadrat ausgefüllt ist. Jeder Streifen deckt dabei die nicht gesäumte Kante des vorhergehenden Streifens ab.

Die Tradition verlangt, daß jedes Blockhaus-Quadrat aus hellen Streifen an zwei aneinanderstoßenden Seiten und dunklen Farben auf den diagonal gegenüberliegenden Seiten besteht. Dabei lassen sich unifarbene und gemusterte Stoffe gut kombinieren. Man erhält zusätzliche Mustereffekte,

Rechts: Ein Patchwork-Bettüberwurf im Blockhausmuster. Die auffallenden Diagonalen entstehen dadurch, daß die dunklen Streifen der zusammengenähten Quadrate aneinanderstoßen.

1. Zeichnen Sie ein Papierdiagramm, aus dem sich die Länge der einzelnen Streifen ablesen läßt

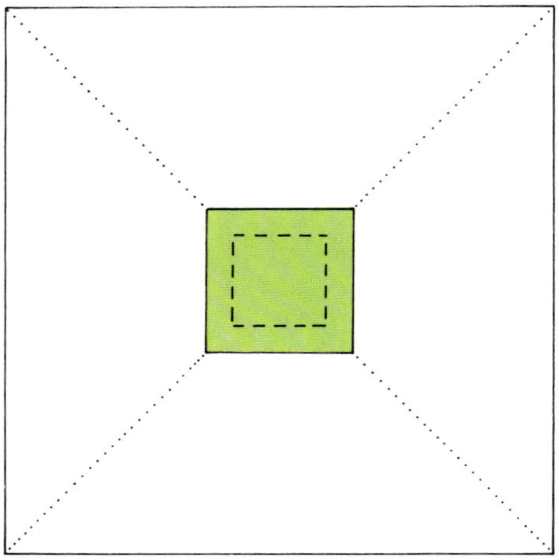

2. Das Mittelquadrat mit Vorstichen entlang den Kanten festnähen

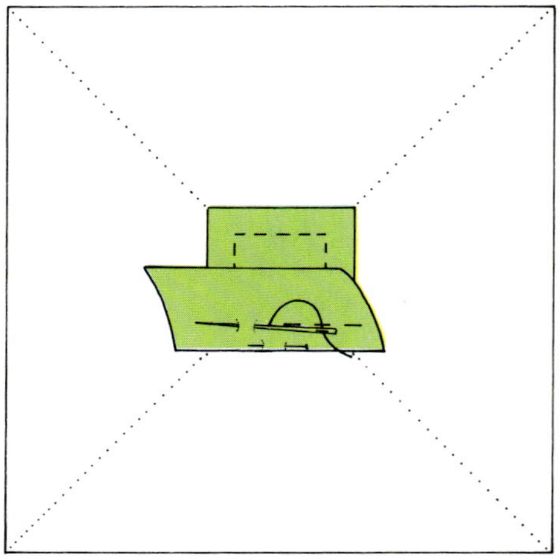

3. Einen der kürzesten Streifen feststecken und annähen

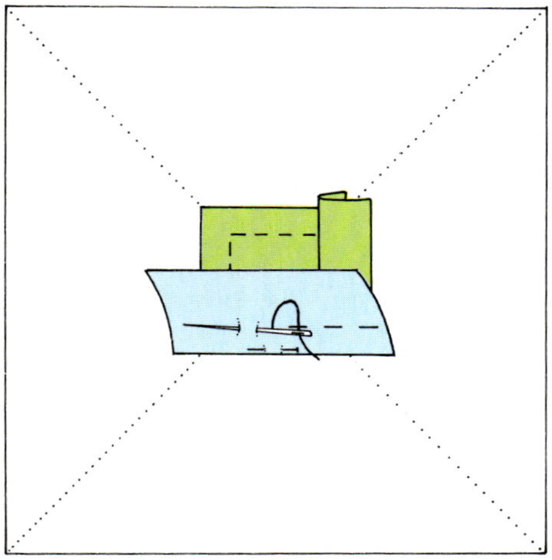

4. Einen zweiten kurzen Streifen feststecken und annähen

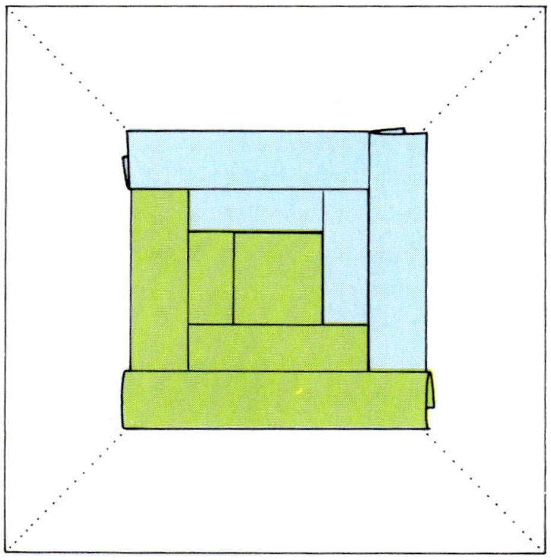

5. Die nächsten Streifen werden auf die gleiche Weise aufgenäht

6. Ein fertiges Quadrat

wenn man beim Zusammensetzen der Decke die Hell-dunkel-Wirkung der Quadrate unterschiedlich gegeneinandersetzt.
Zum Zusammennähen zwei Quadrate rechts auf rechts zusammenlegen und feststecken. Entweder von Hand oder mit der Nähmaschine zusammennähen, dabei die nicht gesäumten Stoffkanten der äußeren Streifen mit erfassen.

Domfenster-Patchwork

Diese Art Patchwork wird so genannt, weil die fertige Arbeit ein durchgehendes Muster zeigt, das dem Maßwerk gotischer Kirchenfenster ähnelt. Domfenster-Patchwork setzt sich aus gefältelten Quadraten zusammen, die einen kontrastierenden Stoff einrahmen. Die Falten machen das Patchwork so voluminös, daß es nicht gefüttert werden muß. Es dauert lange, einen Bettüberwurf in diesem Patchwork-Muster zusammenzusetzen. Vielleicht ist es deshalb ratsamer, aus kleineren Stücken Kinderbettdecken, Kissenbezüge oder Taschen zu arbeiten oder das Patchwork auf Kleidungsstücke zu applizieren.
Es kommt sehr darauf an, daß ganz exakt zugeschnitten, gefaltet und genäht wird. Deshalb ist es wichtig, Stoffe zu wählen, bei denen Faltknicke sichtbar bleiben. Weiter Kattun oder ungebleichter Nessel eignen sich sehr gut für die großen Grundquadrate, für die kleinen aufgenähten Quadrate kleingemusterte, nicht ausfransende Stoffe.
Die einzelnen „Patches“ kann man in beliebiger Größe anfertigen. Bügeln Sie den Stoff, ehe Sie ihn zuschneiden. Zum Einüben der Methode eignet sich ein 15 cm-Quadrat aus ungebleichtem Nessel. Beim Zuschneiden den Kett- und Schußfäden folgen. Das Quadrat zweimal diagonal falten, ev. die Knicke einbügeln, um den Mittelpunkt des Quadrats festzulegen. Schmale Säume von 5 mm an allen vier Kanten umschlagen. Danach hat das Quadrat noch etwa 14 cm Kantenlänge. Nun jede der vier Ecken zum Mittelpunkt hin umlegen und feststecken. Jetzt ist jede Kante noch etwa 10 cm lang. Wieder jede Ecke in die Mitte falten, jeweils eine Stecknadel herausziehen und die obenliegende Falte feststecken. Die umgefalteten Ecken in der Mitte mit kleinen Stichen durch jeweils zwei gegenüberliegende Spitzen befestigen. Die Kantenlänge ist jetzt noch etwa 7 cm. Auf die gleiche Weise ein identisches zweites Quadrat falten, ebenfalls aus ungebleichtem Nessel. Beide Quadrate rechts auf rechts zusammenlegen – die glatten Seiten liegen außen. Die Quadrate an einer Kante mit passendem Baumwollfaden und überwendlichen Stichen zusammennähen.
Nun ein Quadrat aus dem bunten Stoff ausschneiden, dabei den Schuß- und Kettfäden folgen. Es muß ein wenig kleiner sein als das auf der Spitze stehende Quadrat, das sich aus je einem Dreieck links und rechts der Naht zwischen den beiden Grundquadraten ergeben hat. Legen Sie den bunten Stoff genau in die Mitte über die Naht und stecken Sie ihn sorgfältig fest.
Nehmen Sie nun eine doppelt gefaltete Nesselkante, die neben einer der ungesäumten Kanten des bunten Quadrats liegt. Sie ziehen sie über den bunten Stoff, halten sie mit Daumen und Zeigefinger der linken Hand in der richtigen Lage fest und nähen sie mit kleinen Vorstichen auf den bunten Stoff. Dabei mit der Nadel durch alle Stofflagen stechen, die fest zusammengenäht sein müssen. Sie können auch mit Saumstichen (Hohlstichen) nähen, wenn Ihnen das lieber ist. Die Ecken der umgefalteten Kanten mit jeweils zwei Rückstichen befestigen. An den Rändern eines Domfenster-Patchworks bleiben halbe Quadrate übrig. Man kann auf zwei Arten mit ihnen verfahren. Nach der ersten Methode werden die Nesseldreiecke an den Kanten mit buntem Stoff gefüllt. Falten Sie ein buntes Quadrat in der Mitte, linke Seite nach innen. Schneiden Sie es 5 mm neben dem Mittelknick durch. Stecken Sie das Stück Stoff an seinem Platz fest. Legen Sie die gefalteten Kanten des Nessels an zwei Seiten über diesen Stoff, und nähen Sie sie fest. Entlang der dritten langen Seite die umgeschlagene Kante des Nesselstoffes und die umgeschlagene Kante des bunten Stoffes mit überwendlichen Stichen aneinandernähen.
Bei der zweiten Methode läßt man die Nesseldreiecke an den Kanten ungefüllt. Die Falten an zwei Seiten eines jeden Quadrats annähen und so die Kanten auf einfache Art verstärken.
Domfenster-Patchwork darf nicht mehr gebügelt werden, wenn die Falten erst einmal gelegt sind.

Rechts: Ein Bodenkissen in Domfenster-Patchwork. Es zeigt eine gut abgestimmte Kombination von Druckmustern in sanften Farbtönen auf einer Unterlage aus Kaliko. Kleine runde Plättchen aus Wildleder betonen die Kreuzungspunkte.

1

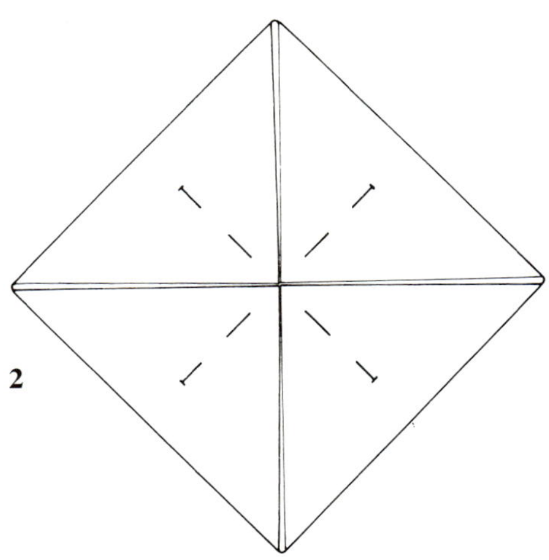

2

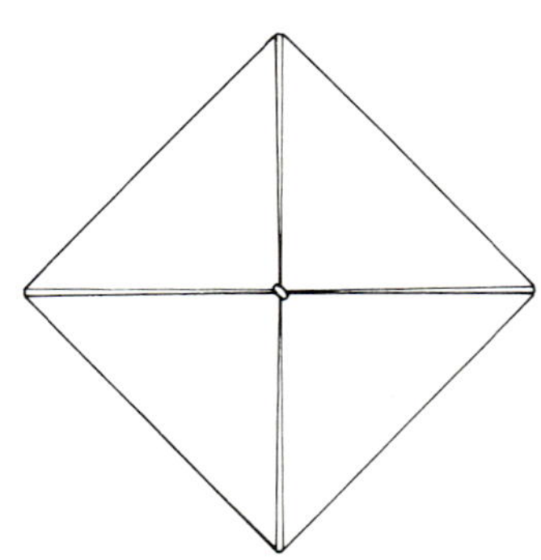

3

1. Alle Kanten des Quadrats umschlagen
2. Die vier Ecken zur Mitte falten
3. Die vier Ecken noch einmal zur Mitte falten
4. Ein buntes Quadrat mitten über der Naht zwischen zwei verbundenen „Patches“ feststecken
5. Die gefalteten Kanten über dieses Quadrat ziehen und annähen

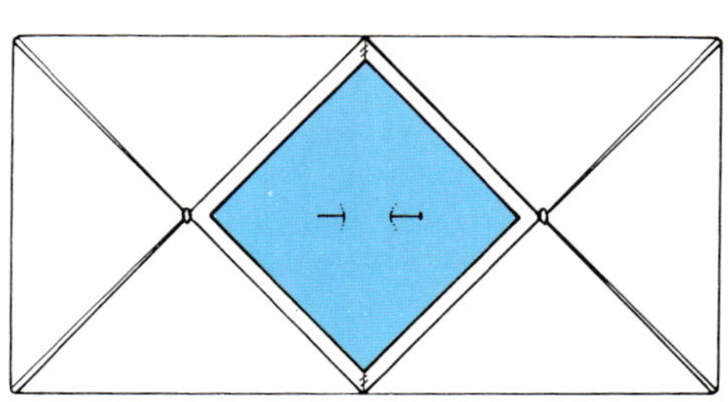

4

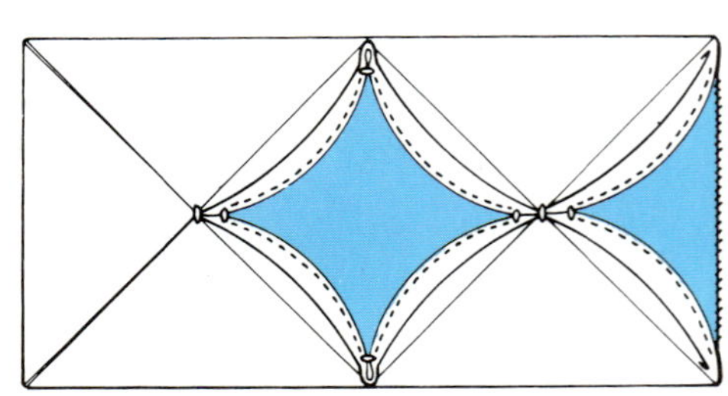

5

Suffolk-Puffs

Diese reizende Patchwork-Variante wird aus runden Stoffteilchen angefertigt, die eingekräuselt und dann zusammengenäht werden. Dieses Patchwork braucht keine Einfassung und kein Futter, obwohl es auf einem neutralen Unterstoff sehr gut wirkt. Aus „Suffolk-Puffs" lassen sich große Bettdekken arbeiten, Kinderbettdecken oder Kissen. Sie machen sich auch hübsch als Applikationen auf Kleidern, einzeln oder in Gruppen.

Für „Suffolk-Puffs" brauchen Sie eine kreisrunde Schablone aus festem Packpapier oder dünnem Karton. Im allgemeinen empfiehlt sich eine Schablone von 9 cm Durchmesser, mit der sie ein gekräuseltes Stoffteilchen von etwa 3,75 cm Durchmesser bekommen. Für kleinere „Puffs" aus sehr dünnem Stoff sollte die Schablone 5 cm Durchmesser haben. Das gibt „Puffs" von etwa 2 cm Durchmesser.

Für diese Art Patchwork eignen sich schwere Stoffe nicht, weil sie sich nur schlecht einkräuseln lassen. Am besten gelingt es mit bedruckten und unifarbenen Baumwollstoffen. Weiche Wollstoffe und Woll-Baumwollgemische ergeben sehr schön geformte „Puffs" und haben noch dazu den Vorteil, schön warm zu sein. Georgette und Musselin sehen, sparsam eingesetzt, als Schmuck auf festlichen Kleidern sehr hübsch aus. Seidenstoffe wirken eingekräuselt sehr schön und eignen sich besonders für Taschen, Kissen und Passen an Kleidern.

Der Reihfaden muß fest sein und in der Farbe passen, weil er in den „Puffs" bleibt. Verwenden Sie (mercerisiertes) Baumwollnähgarn, Knopflochseide oder ein Synthetikgarn für fast alle Baumwoll- und Synthetikstoffe. Georgette und Seide dürfen nur mit reiner Nähseide eingekräuselt werden.

Beim Zusammennähen der „Puffs" richtet sich der Nähfaden nach der Stoffart: für Baumwolle (mercerisiertes) Baumwoll-Nähgarn, für Seidenstoffe reine Nähseide und für synthetische Stoffe nur synthetisches Garn.

Die runde Schablone auf dem gut gebügelten Stoff feststecken. Mit einer scharfen Schere ausschneiden. Dann die Schablone wieder abnehmen. Einen einfachen Saum von 6 mm Breite nach links umlegen und feststecken. Mit festem Nähgarn an der Kante die Naht mit einem doppelten Rückstich beginnen und weiter dicht an der Bruchkante entlang den Stoff mit Reihstichen einkräuseln, dabei unbedingt immer durch beide Stofflagen stechen. Die Kräuselfalten eng zusammenziehen, die Nadel in der Mitte zur Rückseite des „Puffs" durchstechen und den Faden mit einigen Rückstichen vernähen. Abschneiden. Zur Sicherheit etwa 6 mm Faden überstehen lassen. Dieses Durchstechen und Vernähen des Fadens auf der Rückseite verhindert ein mögliches Aufblähen des Stoffes. Es ist sehr wichtig, den Faden am Anfang und Ende der Kräuselnaht fest zu vernähen, damit die Kräuselfalten nicht irgendwann einmal aufgehen können. Die gekräuselte Seite des „Puffs" ist die Oberseite, die glatte die Unterseite.

Nun zwei „Puffs" mit den gezogenen Seiten aufeinanderlegen (glatte Seiten nach außen) und mit wenigen überwendlichen Stichen aneinandernähen, wie beim Sechseck beschrieben. Es ist wichtig, den Faden gut zu vernähen. Sie brauchen ihn aber nicht abzuschneiden. Schieben Sie die Nadel durch die Falten zur nächsten Kante. Beim Nähen wird sich herausstellen, wie viele Stiche zum Verbinden der „Puffs" nötig sind. Sind es zu wenige, wird die ganze Decke ungleichmäßig und schlampig; sind es zu viele, wird die Decke ungleichmäßig verzogen. Durch das Zusammennähen geht die kreisrunde Form der „Puffs" ein wenig verloren. Anderseits bilden die gleichmäßig geformten Lücken zwischen den einzelnen „Puffs" einen wesentlichen Bestandteil des Patchwork-Musters. Nach dem Einkräuseln dürfen die Stoffteile nicht mehr gebügelt werden.

Rechts: Teilansicht eines Patchworks mit Suffolk-Puffs
Rechts unten: Verschiedene Suffolk-Puffs schmücken einen Rock

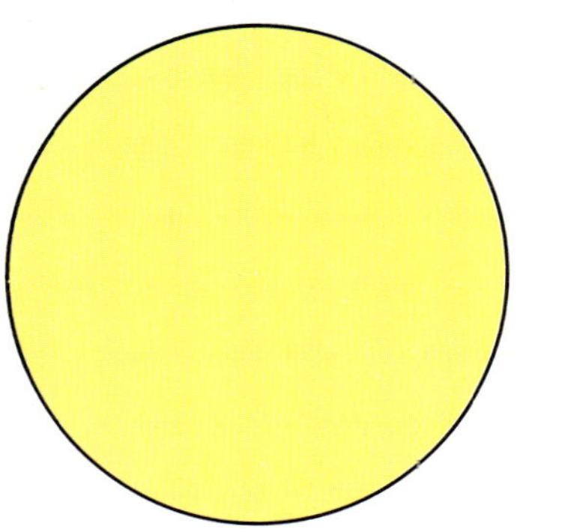

1. Kreisrunde Schablone

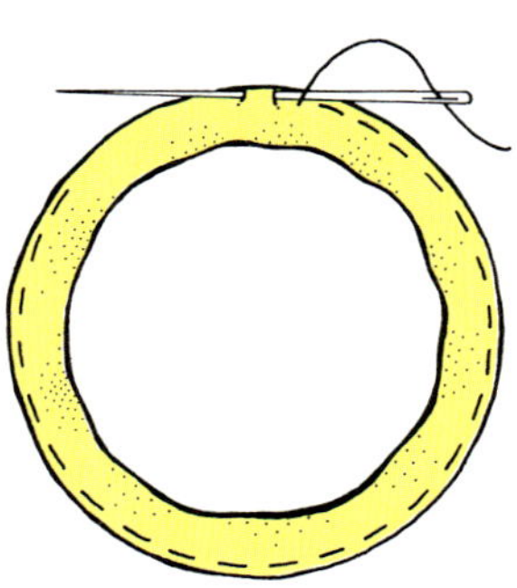

2. Reihstiche entlang der Kante

3. Zusammenziehen der Kräuselfalten

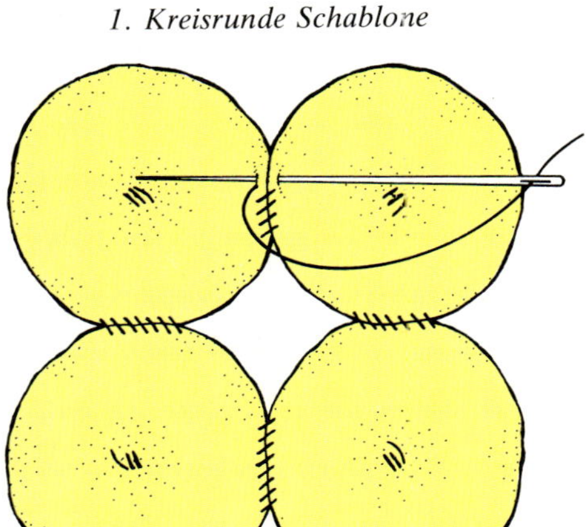

4. Zusammennähen der „Puffs" mit überwendlichen Stichen

5. Eine andere Anordnung der „Puffs"

Quilten

Wattierte Quilts

Sie bestehen aus drei Stofflagen, von denen die mittlere ein warmer Füllstoff aus Wolle oder vergleichbarem Material ist. Man braucht sie überall dort, wo es auf Wärme oder auch Gewicht ankommt. Ober- und Unterseite eines Quilts zeigen die gleichen Steppnähte. Quilts lassen sich zu gesteppten Bettüberwürfen und Kinderbettdecken verarbeiten sowie zu Taschen und Kissen, aber auch zu gesteppter Kleidung, wie Westen, Röcke und Hausmäntel. Besetzt man den Saum eines langen Rockes mit einem Streifen wattierten Steppstoffes, so wird er schwerer fallen. Auch eine Passe oder Tasche aus Steppstoff sieht an einem Kleid lustig aus.

Zum Quilten eignen sich am besten dichtgewebte, unifarbene Stoffe aus Baumwolle, feiner Wolle wie Viyella oder leichtem Leinen. Auch Seidenstoffe kann man quilten, nur ist es nicht einfach, mit ihnen umzugehen. Sogar Rauh- und Glattleder lassen sich gut quilten, brauchen aber eine Stoffunterseite. Es gibt auch Strickstoffe, die sich sehr gut quilten lassen und die sich im Alltagsgebrauch hervorragend bewähren, weil sie nicht knittern. Gemusterte Stoffe für Quilts muß man mit Bedacht auswählen, denn das Muster soll die Stepplinien wirken lassen. Feine Baumwolldruckstoffe eignen sich gut, nicht aber rauhe, wenig schmiegsame Gewebe.

Wenn Sie eine gequiltete Bettdecke nähen wollen, empfiehlt es sich, den Oberstoff auch für die Unterseite zu verwenden, damit sich die Decke von beiden Seiten sehen lassen kann. Natürlich kommt es auf das Material an. Vielleicht möchten Sie die Oberseite aus edlerem, farblich kontrastierendem Stoff nähen. Bekommt man die Unterseite Ihres Quilts sowieso nicht zu Gesicht, kann man dafür einen Musselin oder leichten Leinenstoff nehmen. Im Handel gibt es verschiedene Sorten von Wattierungen. Die Wahl hängt davon ab, was Sie nähen wollen. Folgende Füllstoffe dürfen nur chemisch gereinigt werden: weiche Wollgewebe, die sehr leicht zu verarbeiten sind, Baumwollwatte oder Baumwoll-Vliesstoffe, flanellähnliche Gewebe, die man in einer oder mehreren Lagen verarbeiten kann. Auch gekämmte Lammwolle gehört dazu. Soll der Quilt gewaschen werden, verwenden Sie am besten synthetisches Füllmaterial, zum Beispiel Watte oder Vliesstoffe aus Polyester, die es in zwei Stärken gibt und die sich besonders gut für Bettüberwürfe eignen.

Zum Steppen ist eine feine, spitze Nähnadel und ein Nähfaden zu nehmen, der aus dem gleichen Material wie der Oberstoff besteht. Am besten nimmt man Baumwollfaden für Baumwollstoffe, Nähseide für Seidenstoffe und synthetische Garne für Kunstfaserstoffe. Der Nähfaden sollte von gleicher Farbe, aber etwas dunkler als der Oberstoff sein. Obwohl die Steppstiche das Reliefmuster des Quilts schaffen, sollen sie selbst nicht zu sehr ins Auge fallen.

Man kann die Arbeit zum Quilten in die Hand nehmen, besser ist es aber, sie in einen Stick- oder Gobelinrahmen einzuspannen. Für einen großen Quilt braucht man einen großen Quiltrahmen. Beim Auswählen des Musters sollten Sie darauf achten, daß es die ganze Fläche bedeckt. Ein traditioneller Quilt hat ein Mittelmotiv, Randstreifen mit Ecken und ein Muster, das den Hintergrund ausfüllt. Es gibt aber keine Vorschriften, und so kann man ein einfaches, geometrisches Muster wählen, das sich über die ganze Decke zieht, oder ein Muster aus einzelnen, nicht wiederholten Motiven wie Landschaften, stilisierten Blüten, eine vereinfachte Luftaufnahme oder ein Detail aus einem Foto. Sie dürfen nur nicht vergessen, daß die Steppnähte, egal ob sie gerade oder geschweift sind, vor allem die Aufgabe haben, drei Lagen Stoff zusammenzuhalten. Deshalb dürfen sie nicht zu weit auseinanderliegen. Ist der Abstand zu klein, können keine Polster entstehen. Im allgemeinen sollte der Abstand zwischen den Stepplinien nicht größer als 3 cm sein; es kommt aber immer auf das einzelne Werkstück an.

Üben Sie das Quilten erst einmal an einem kleinen Stück Stoff. Sie können dann selbst mit verschiedenen Abständen der Steppnähte experimentieren. Am besten nehmen Sie als Oberstoff ein leichtes, bedrucktes Material. Wenn Sie mit den Steppnähten den Umrissen des Druckmusters folgen, üben Sie das Steppen durch drei Stofflagen und bekommen gleichzeitig eine Vorstellung von der Wirkung der Stepplinien.

Rechts: Gesteppter Überzug für eine Wärmeflasche
Unten: Ein lineares Steppmuster

Ein wichtiger Schritt beim Quilten ist das Übertragen des Musterentwurfs auf den Stoff. Das kann einmal dadurch geschehen, daß Sie das Muster auf durchsichtiges Seidenpapier zeichnen und mit Vorstichen vor oder nach dem Spannen auf den Oberstoff übertragen. Nach dieser Methode verfährt man bei allen sich nicht wiederholenden Motiven.
Ein geometrisches, sich fortlaufend wiederholendes Muster kann auf Baumwoll- oder Leinenstoff mit Hilfe einer Schablone aus Metall oder Karton übertragen werden. Wenn die drei Stofflagen eingespannt und zusammengeheftet sind, werden mit einer stumpfen Nadel die Umrisse der Schablone auf den Stoff gezeichnet. Das Muster kann nur in kleinen Abschnitten unmittelbar vor dem Steppen aufgezeichnet werden, denn die Linien verschwinden über Nacht. Wenn mit Vorstichen gesteppt werden soll, muß man eine dieser beiden Methoden anwenden. Will man mit Steppstichen nähen, empfiehlt es sich wegen der größeren Genauigkeit, das Muster mit Bleistift aufzuzeichnen, denn der Bleistiftstrich wird ja durch die Naht völlig verdeckt. Andererseits kann man das Muster auch auf die Rückseite des Quilts zeichnen, wenn diese nicht sichtbar sein soll und z. B. aus Musselin besteht, und dann die Steppnähte mit Vorstichen nähen.
Wenn Sie auf einem viereckigen Gobelinrahmen steppen wollen, müssen Sie zuerst den Unterstoff mit der linken Seite nach oben auf den Rahmen heften; dabei die Seiten nur leicht spannen. Dann die Wattierung auf den Unterstoff legen und von der Mitte nach außen glattstreichen. Zuletzt den Oberstoff mit der rechten Seite nach außen auf die Wattierung legen. Darauf achten, daß der Fadenlauf bei allen drei Stoffen übereinstimmt. Auch den Oberstoff von der Mitte nach außen glattstreichen. Bei locker gespanntem Rahmen die Stofflagen mit schneiderüblichen Heftstichen über die ganze Breite zusammenheften (S. 49), dabei von der Mitte nach außen arbeiten. Damit werden die drei Lagen unverrückbar verbunden. Wollen Sie ganz ohne Rahmen oder mit einem runden Stickring arbeiten, breiten Sie die drei Stoffe am besten flach auf einem Tisch aus, den Unterstoff mit der linken Seite nach oben zuerst, darauf die Wattierung und als letztes den Oberstoff mit der rechten Seite nach oben.
Die Vorbereitungen für das Quilten nehmen eine Menge Zeit in Anspruch, aber der Quilt kann nur gelingen, wenn alle diese vorbereitenden Arbeitsgänge so sorgfältig wie möglich ausgeführt werden. Mit Vorstichen durch alle drei Stofflagen steppen. Die Stiche müssen gleichmäßig und exakt sein, damit sie auch auf der Rückseite ordentlich aussehen. Es empfiehlt sich, von oben senkrecht nach unten und dann wieder senkrecht von unten nach oben zu stechen. Immer wieder die Rückseite kontrollieren, besonders zu Anfang, um sicher zu gehen, daß auch der Unterstoff erfaßt wird. Anfang und Ende der Naht durch einige Rückstiche sichern und die Fadenenden in die Wattierung stopfen. Die Heftstiche während des Steppens durchschneiden, sobald man auf sie stößt, damit sie nicht von den Vorstichen erfaßt werden. Wenn der Quilt fertig ist, nimmt man ihn vom Rahmen ab. Nun darf er nicht mehr gedehnt oder gebügelt werden. Bei den Abschlußarbeiten kann man den Quilt nun wie eine einzige Lage Stoff behandeln und mit Methoden aus der Schneider- oder Polsterwerkstatt versäubern. Zuerst wird die überstehende Wattierung abgeschnitten. Ober- und Unterstoff sollen rundum 1 cm breiter sein als der fertige Quilt. Diese Saumzugabe nach innen umlegen und die beiden Kanten mit Vorstichen zusammennähen. Wenn man möchte, kann man auch eine Paspel dazwischensetzen.

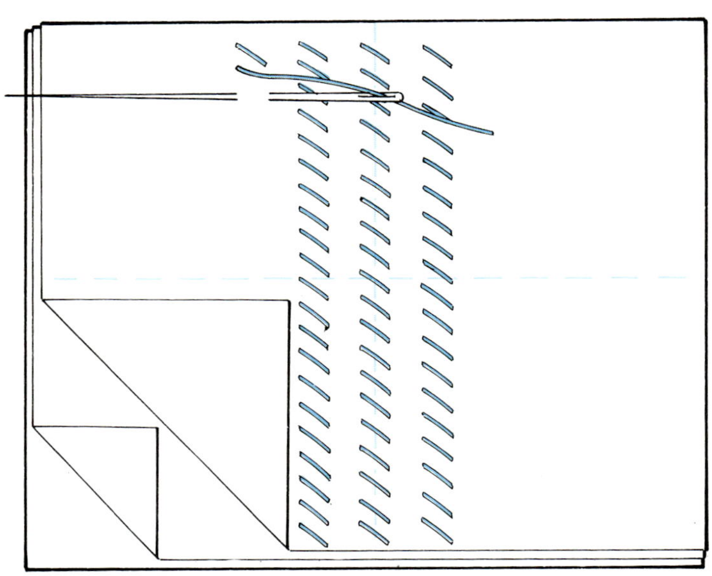

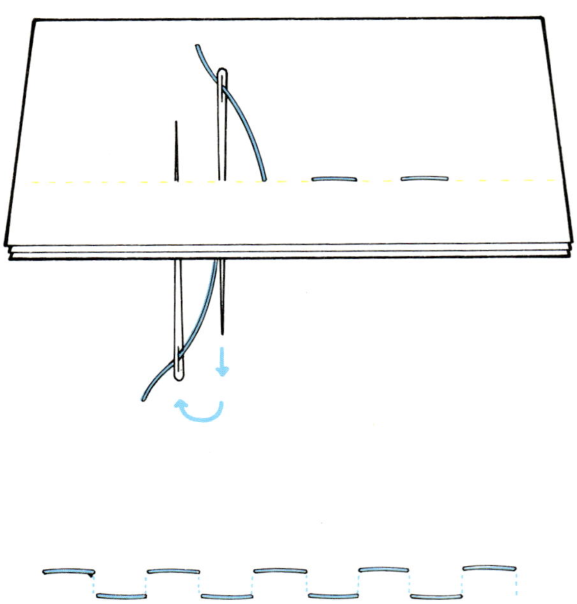

Oben: Schneidermäßige Heftstiche durch alle drei Stofflagen
Rechts: Vorstiche senkrecht von oben nach unten und wieder zurück genäht. Der Querschnitt durch die Stofflagen zeigt, daß die Stiche senkrecht durch das Material geführt sein müssen, damit die Naht auf Ober- und Unterstoff exakt aussieht.

Gegenüberliegende Seite: Musterentwürfe für wattierte Quilts

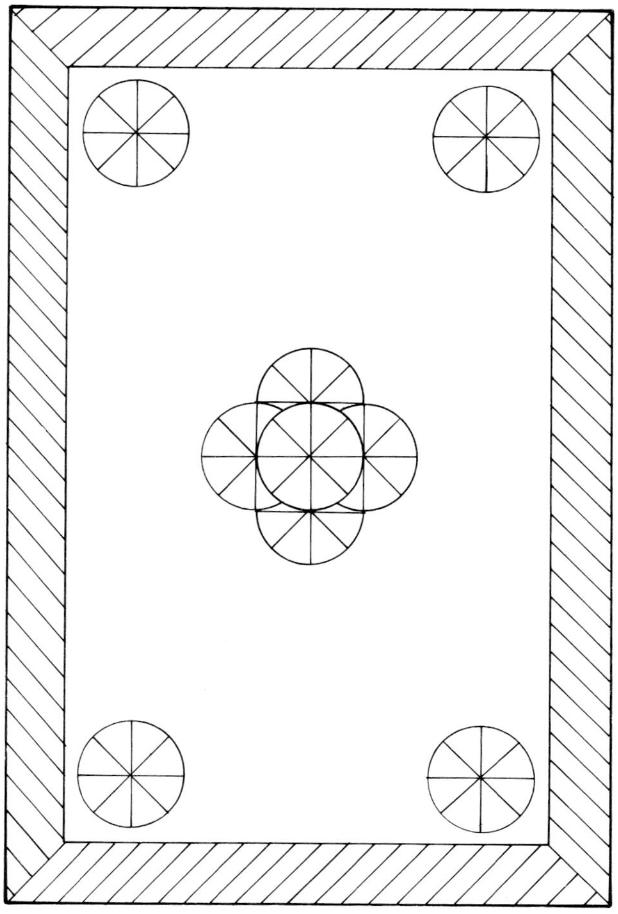

Schnurstepperei

Für die Schnurstepperei braucht man zwei Lagen Stoff. Man steppt sie mit parallellaufenden Nahtpaaren zusammen. In die Zwischenräume dieser Steppnähte wird Schnur oder Wollfaden eingezogen. Dadurch entsteht ein wulstiges, lineares Muster. Diese Schnurstepperei wendet man hauptsächlich zum Ausschmücken von Kleidern oder Accessoires an, aber auch an Vorhängen und Kissen. Schnurstepperei läßt sich sehr gut mit Trapunto-Stepperei verbinden, die auf der folgenden Seite beschrieben wird.

Das Material für den Oberstoff sollte ein glatter, dichtgewebter Baumwoll-, Leinen- oder dünner Wollstoff sein. Man kann auch Wildleder oder ein schmiegsames Glattleder verwenden. Als Unterstoff nimmt man feinen Musselin oder leichten Leinenstoff. Die Füllung, die erst eingeschoben wird, wenn das Motiv fertiggesteppt ist, ist im allgemeinen weiß und besteht entweder aus Quiltwolle (Wollwatteline) oder dicker Dochtwolle. Damit bekommt man eine weiche, schmiegsame Wattierung. Soll die Füllung härter sein, nimmt man Baumwoll-Paspelband, das es in vielen Stärken gibt. Im allgemeinen ist Stärke 3 oder 4 gut geeignet. Man muß dieses Paspelband zuvor in heißem Wasser einweichen und trocknen, ehe man es als Füllung verwenden kann, damit es später beim Waschen des Quilts nicht mehr einläuft.

Schnurstepperei wird üblicherweise ohne Rahmen ausgeführt. Ehe Sie mit der eigentlichen Arbeit beginnen, sollten Sie an einem Probeläppchen nachprüfen, ob der Abstand zwischen den Steppnähten genau für die verwendete Schnur paßt. Der Nähfaden muß in Material und Farbe dem Oberstoff entsprechen. Verwenden Sie zum Nähen eine feine Nähnadel und eine dicke Stick-, Stopf- oder Einziehnadel zum Einziehen des Wollfadens oder der Schnur.

Schnurstepperei kann in fortlaufenden oder sich überschneidenden geometrischen Mustern aus Quadraten, Streifen oder Kreisen ausgeführt werden. Man kann auch freie Formen verwenden. Jede Steppnaht wird von einer zweiten, parallelverlaufenden, in 3 bis 4 mm Abstand, begleitet. Zwischen diese beiden Nähte wird die Schnur eingezogen.

Folgendermaßen lassen sich hübsche Muster entwerfen: Man steckt Schnüre auf einer Unterlage zu einem Muster. Sie können sich kreuzen oder überlappen. Dann legt man Pauspapier darüber und zeichnet das Muster sorgfältig durch. Man überträgt es auf den Unterstoff, indem man entweder die Linien mit Heftstichen durch das Papier auf den Stoff näht, was nicht so besonders exakt ausfällt, oder indem man die Linien mit einer Nadel im Stoff punktiert. Den Oberstoff bügeln und mit der Innenseite nach oben auf einen Tisch legen. Den Musselin darauflegen, den Fadenlauf ausrichten und die Stoffe sorgfältig glattstreichen. Die beiden Stofflagen zusammenstecken und von der Mitte nach außen über die ganze Fläche schneidermäßig zusammenheften. Die parallellaufenden Steppnähte mit Vorstichen ausführen, und zwar auf der Unterseite. Die Nähte mit ein paar Rückstichen am Anfang und Ende sichern, die aber nur den Musselin erfassen dürfen. Wenn alle Stepplinien genäht sind, den Wollfaden oder die Schnur in eine Stick- oder Durchziehnadel fädeln.

Der Musselinunterstoff liegt oben. Ein kleines Loch in den Musselin machen und die Nadel zwischen den parallelen Nähten durchschieben. Achten Sie darauf, den Oberstoff dabei nicht zu durchstoßen. Lassen Sie am Anfang und Ende mindestens 3 mm Schnur überstehen. Die Nadel langsam durch den Schlauch schieben. An jeder Biegung oder Ecke an die Oberfläche durchstechen und eine kleine Schlaufe sichtbar stehen lassen, ehe die Nadel durch das gleiche Loch wieder zurück in den Schlauch geführt wird. Die Schnur dient als Auspolsterung. Die kleinen Schlaufen geben ihr etwas Bewegungsspielraum und verhindern, daß der Stoff zusammengezogen wird. Wird Schnur in ein ringförmiges Muster eingezogen, muß man sie durch ein und dasselbe Loch hinein- und wieder herausführen, damit das Polster durchläuft. Schnurstepperei muß unterfüttert werden, um die Schlaufen auf der Unterseite zu schützen.

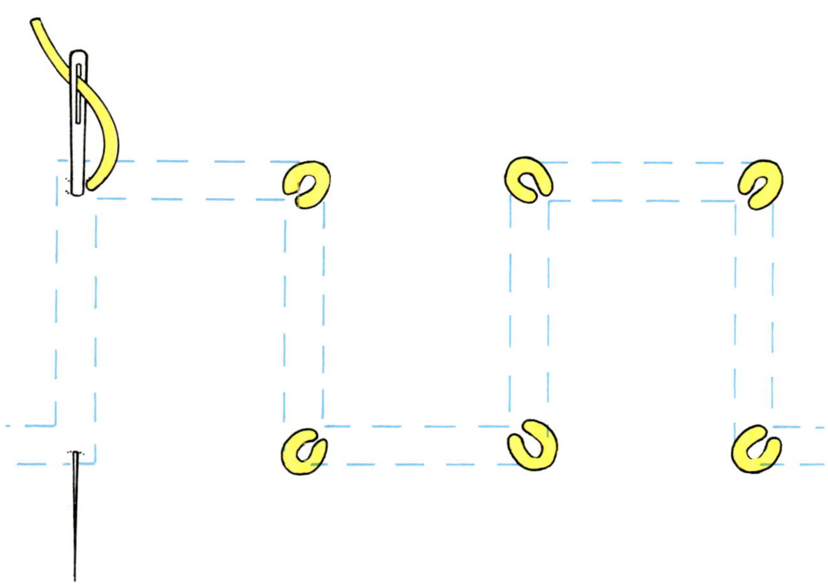

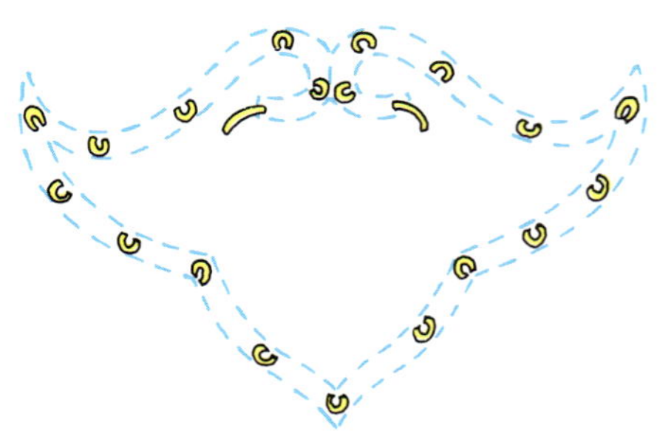

An Ecken und Biegungen beim Durchziehen der Schnur Schlaufen stehen lassen

Oben: Drei Muster für Schnurstepperei

Oben rechts: Kissen mit Schnurstepperei

Rechts: „Wellen“ in Schnurstepperei, mit farbiger Schnur in Organdy gearbeitet

Trapunto-Quilts

Bei dieser Art zu quilten werden die Polster nachträglich ausgestopft. Man arbeitet die Quilts gewöhnlich aus zwei Lagen Stoff. Die von Steppnähten eingefaßten Teile des Musters werden nachträglich von der Unterseite her mit Watte ausgestopft. Man wendet die Technik bei Kleidern und Accessoires an, häufig zum Auspolstern von Musterelementen bei Wandbehängen und Collagen. Auch Applikationen werden gern nachträglich wattiert, oft in Kombination mit flächiger Stickerei.

Die meisten dichtgewebten Stoffe eignen sich für diese Quiltmethode. Als Unterstoff sollte man feinen Musselin oder Leinenstoff verwenden. Zum Wattieren nimmt man naturbelassene Lammwolle, Baumwollvliesstoffe oder Watte. Wie bei den anderen Quiltmethoden braucht man eine feine Nähnadel und Nähgarn, das in Material und Farbe dem Oberstoff entspricht. Für zusätzliche Stickerei können noch andere Fäden Verwendung finden. Große Stücke spannt man am besten in einen Rahmen. Man kann geometrische oder freie Muster wattieren. Die Auspolsterung läßt einzelne Musterelemente dreidimensional erscheinen, schafft Licht- und Schatteneffekte, die nur mit dieser Methode erzielt werden können. Beim Entwurf des Musters sollten Sie die Umrisse einfach halten und scharfe Ecken möglichst vermeiden. Unter Umständen ist es besser, große Flächen in kleinere Abschnitte zu unterteilen. Sie können die Technik einüben, indem Sie Kreise (von 1,5 cm Durchmesser an aufwärts) steppen und wattieren.

Den Oberstoff bügeln. Das Muster in feinen Linien auf die rechte Seite zeichnen oder heften. Wenn Sie von Hand nähen wollen, legen Sie beide Stoffe flach auf einen Tisch, den Musselin unter den Oberstoff. Beide glattstreichen und nach dem Fadenlauf ausrichten, dann mit Heftstichen über die ganze Fläche aneinanderheften. Wollen Sie die Arbeit in einen Rahmen spannen, müssen Sie zuerst den Oberstoff mit der rechten Seite nach oben einspannen, dann den Rahmen umdrehen und den Musselin auf die linke Seite des Oberstoffes legen. Beide Stoffe über die ganze Fläche zusammenheften.

Mit Nähfaden alle Umrisse des Musters mit Steppstichen steppen. Die Nähte am Anfang und Ende mit einigen Steppstichen sichern, die aber nur den Musselin erfassen dürfen. Sobald die Musterumrisse gesteppt sind, die Arbeit auf die linke Seite umstülpen. Kleine Flächen bis zu 2,5 cm Durchmesser werden wattiert, indem man in der Mitte die Fäden des Musselin auseinanderzieht, ein wenig Watte in diese Öffnung hineinschiebt und mit dem spitzen Ende einer Stricknadel in die Ecken stopft. Immer nur wenig Watte auf einmal einfüllen, damit sich keine Klumpen bilden. Drehen Sie die Arbeit manchmal auf die rechte Seite, und überzeugen Sie sich, daß das Polster schön glatt und gleichmäßig wird. Zum Schluß die Fäden des Unterstoffes wieder über der Öffnung zusammenziehen, damit die Watte ganz eingeschlossen ist.

Große Flächen werden auf andere Art wattiert. Das Ausstopfen mit Watte geschieht auf die gleiche Weise, nur muß man den Musselin mit einer kleinen, sehr scharfen Schere an der breitesten Stelle des Musterelements und parallel zum Fadenlauf aufschlitzen. Den Schnitt nicht näher als auf 5 mm an die Steppnaht heranführen. Die Fläche mit Hilfe einer Stricknadel auspolstern, dabei die Watte zuerst in die Ecken schieben und dann erst nach und nach die Form ganz ausfüllen. Wenn die Fläche ausgepolstert ist, die Ränder des Schlitzes aneinandernähen, dabei die Nadel abwechselnd rechts und links von unten nach oben durch den Musselin führen.

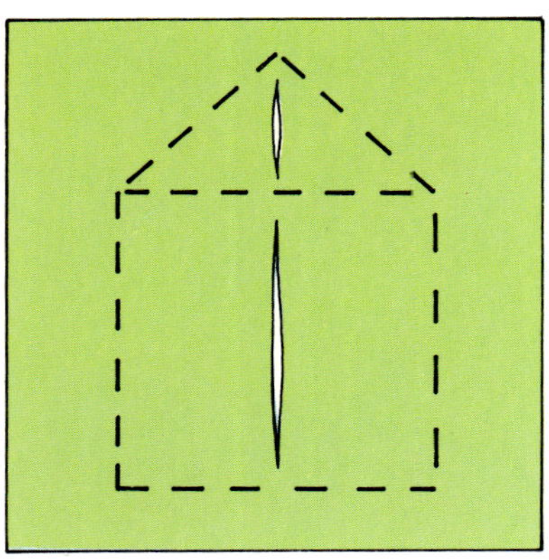

1. Den Unterstoff aufschlitzen und wattieren

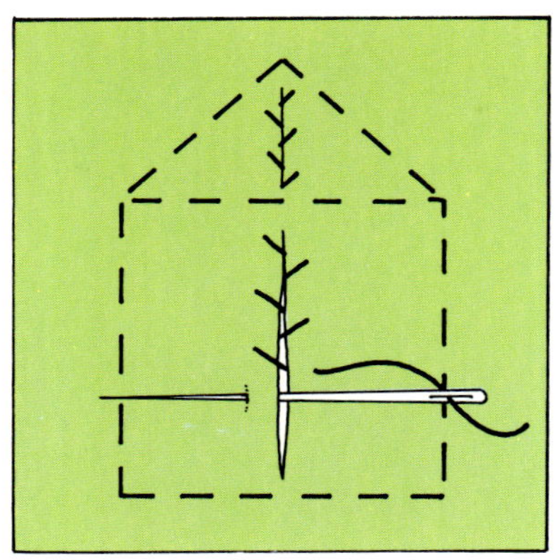

2. Die Ränder des Schlitzes zusammennähen

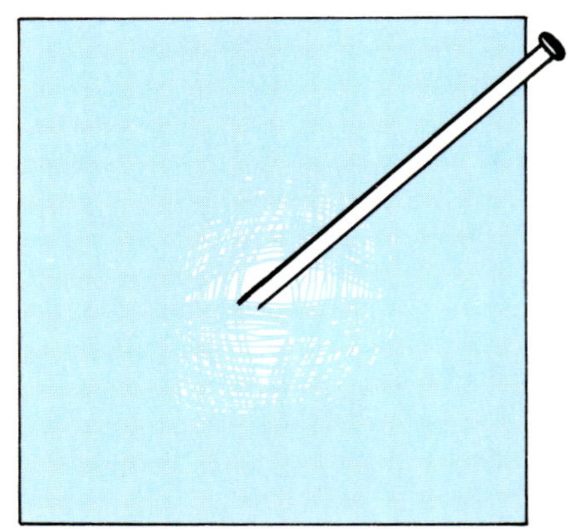

3. Bei kleinen Flächen die Fäden des Unterstoffes zur Seite schieben und die Watte in die Öffnung stopfen

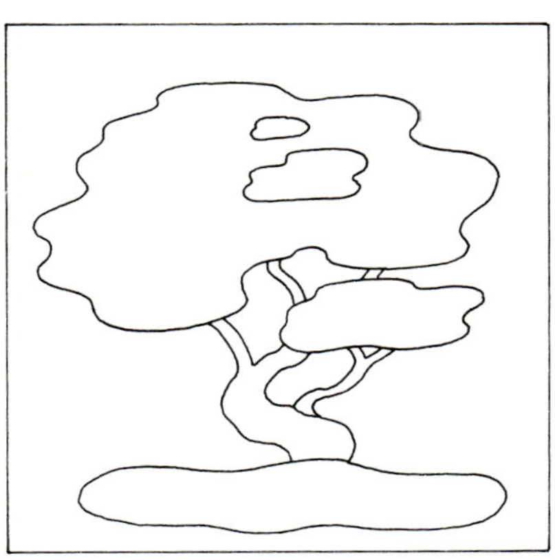

Links: Einfache, für Trapunto geeignete Musterentwürfe

Rechts: Das Design „Grünes Dorset". Hier sind Trapunto-Quilts mit stoffbezogenen Karton kombiniert und mit langen geraden Stichen überstickt

Smok-Arbeiten

Smok-Arbeiten

Smok ist eine Handarbeitstechnik, bei der Reihfalten mit den verschiedensten Zierstichen zusammengefaßt werden. Die Mode entdeckt sie immer dann wieder, wenn sie lockeren Sitz und viel Stoff bei den Kleidern verlangt. Da sieht Smokstickerei hübsch aus und bändigt die Stofffülle. Aber auch geradefallende, schlichte Kleider lassen sich mit Smokeinsätzen schmücken. Das Wort „Smok" leitet sich vom angelsächsischen „Smock" ab, einem schmucklosen Kittel, den die englischen Landarbeiter jahrhundertelang trugen. Erst im Laufe des 19. Jahrhunderts fing man an, die Smocks aus schwerem, naturfarbenem, handgewebtem Leinen mit gleichfarbiger Stickerei zu verzieren.

In der ersten Hälfte des 20. Jahrhunderts war Smok-Arbeit den Kinderkleidchen vorbehalten. Damals pflegte man zarte Stoffe in Pastelltönen unterhalb einer Passe mit feinen Smokstichen einzukräuseln. Heute spielen Mode und Farbe eine größere Rolle als das Alter der Trägerin, und die traditionelle Smoktechnik hat sich den neuen Stoffen, Farben und Moderichtungen unserer Zeit angepaßt. Man sieht Smokstickerei nicht nur an Kleidern, sondern auch an Accessoires und Vorhängen. Soll zum Beispiel ein Vorhangschal nicht über das Fenster gezogen werden, können die Kräuselfalten mit Smokstichen überstickt werden. Auch bei Schabracken (Prunkdecken) kann man die Falten mit Smokstickerei festhalten. Bei Taschen und Beuteln aller Art läßt sich die Weite durch Smokstiche einhalten. Kurz und gut – Smokstickerei ist immer dort angebracht, wo irgendein Material gerafft werden soll. Einige Smokstiche sind dabei elastischer als andere, das heißt, es hängt von den Stichen ab, wie weit sich das überstickte Material noch dehnen läßt.

Weil diese Zierstiche grundsätzlich nur auf eingereihten Falten gearbeitet werden, kommt es zuerst einmal darauf an, ein Material zu wählen, das sich gut in Reihfalten legen läßt. Ganz allgemein lassen sich Stoffe aus Naturfasern besser einkräuseln als solche aus synthetischen Fasern. Gut eignen sich leichte Baumwollstoffe und Baumwollbatist, feine Wollstoffe wie Viyella und reine Seidenstoffe. Man kann auch Cordsamt, feine Tweeds, Rupfen und den einen oder anderen leichten Möbelstoff smoken. Wild- und Glattleder sehen Ton in Ton gesmokt sehr dekorativ aus. Die Arbeit macht besonders Spaß mit feinen Kunstfaserstoffen, z. B. Polyester-Baumwollgemischen, und mit synthetischen Batisten, die wegen ihrer „Wash and Wear"-Ausrüstung dazu noch besonders praktisch sind. Überhaupt sollten Sie beim Aussuchen darauf achten, ob ein Stoff gewaschen werden kann oder chemisch gereinigt werden muß, ehe Sie ein Kleid mit Smokstickerei daraus nähen. Beim Aussuchen eines geeigneten Stoffes müssen Sie sich vorzustellen versuchen, wie das Stoffmuster und die Smokarbeit zusammenpassen werden. Als Beispiel ein zweifarbig gestreifter Stoff: Es kann sein, daß beim Einreihen immer die gleiche Farbe auf die Oberseite der Falten kommt. Geschieht das mit der zweiten Farbe, ist die Wirkung natürlich völlig anders. Sind die Streifen aber breiter als die einzelnen Reihfalten, wird nicht immer nur eine Farbe oben liegen.

Auf den ersten Blick erscheint jedes Pünktchenmuster hervorragend für Smok geeignet – man sollte aber sorgfältig untersuchen, ob das Punktmuster genau den Schußfäden des Gewebes folgt. Oft verlaufen die Punktreihen schräg und weichen vom Fadenlauf ab. Manchmal hilft es, den Stoff um 90° zu drehen und ihn parallel zu den Kettfäden einzureihen. Das sollten Sie aber auf keinen Fall tun, wenn für den guten Sitz des Kleides die natürliche Dehnbarkeit der Schußfäden wichtig ist.

Die für ein Smokteil erforderliche Stoffbreite läßt sich nicht im vorhinein genau angeben – sie hängt von der Stoffart ab und von der Tiefe der Reihfalten. Im allgemeinen muß man für dünne Stoffe die drei- bis vierfache Breite des fertigen Schnitteils rechnen. An kleinen Stoffteilchen läßt sich ausprobieren, welchen Einfluß die Tiefe der Reihfalten auf das Endergebnis hat.

Zum Einreihen kräftiges, mercerisiertes Nähgarn verwenden, am hübschesten in einer zum Stoff kontrastierenden Farbe. Das Garnmaterial für die Stickerei richtet sich nach der Stoffart. An Kleidern wirken feines Perlgarn und Sticktwist gut. Perlgarn Nr. 5 verwendet man auf feinen Woll- oder Baumwollstoffen, für feineres Material wie Batist eignet sich besser Nr. 8. Weicher Sticktwist sieht gut auf Möbelstoffen und Rupfen aus. Wild- und Glattleder wird mit Seidentwist oder Knopflochseide bestickt, da diese Garne das Leder nicht beschädigen. Die Reihstiche werden mit einer Nähnadel, die Smokstiche mit einer Wollsticknadel ausgeführt.

Auf einfarbigem Stoff sieht Stickgarn im gleichen Farbton sehr gut aus. In diesem Fall beruht die Wirkung fast ausschließlich auf den gezogenen Falten im Stoff. Man kann auch zusätzlich noch eine Kontrastfarbe verwenden. Es ist aber davon abzuraten, mit mehrfarbigen Garnen zu arbeiten, die nur ein wirres Stickbild hervorrufen würden. Bei zarten Druckstoffen ist es am besten, nur eine Farbe aus dem Druckmuster herauszugreifen.

Erst wird gesmokt, dann erst werden die Schnitteile zusammengenäht. Schneiden Sie die Schnitteile zu, geben Sie dabei die für das Smoken erforderliche Weite zu, und versäubern Sie alle Kanten, die ausfransen könnten.

Das Einreihen

Bei gestreiften, karierten und manchen gepunkteten Stoffen kann man sich beim Einreihen nach dem Stoffmuster richten. Bei einfarbigen und gemusterten Stoffen dagegen müssen Sie auf der Stoffrückseite mit Hilfe eines Abplättmusters, einer Schablone oder Lineals mit Bleistift Punktreihen aufzeichnen, dabei aber genau dem Fadenlauf folgen. Auf sehr feinen Stoffen sollte man nicht mit Abplättmustern arbeiten, da das Muster auf der rechten Seite durchschlagen kann. Für eine Rundpasse schneidet man das Abplättmuster mehrfach ein und zieht es zur Rundung auseinander. Die erste Punktreihe sollte 1 cm über der Linie liegen, die für die erste Reihe Smokstiche vorgesehen ist. Meistens wählt man einen Abstand von 1 cm zwischen den einzelnen Punkten, gleich wie zwischen den einzelnen Punktreihen.

Zum Einreihen muß der Faden so lang sein, daß er über die ganze Stoffbreite reicht, ohne daß man anknoten muß. Mit einem Knoten auf der Stoffrückseite beginnen, durch den ersten Punkt auf der rechten (linken) Seite der obersten Punktreihe stechen. Zur Verstärkung der Naht einen doppelten Rückstich machen. Auf halbem Weg zwischen dem ersten und dem zweiten Punkt die Nadel nach unten durchstechen und im zweiten Punkt wieder nach oben führen. Fortlaufend bis zum Ende der Reihe wiederholen. Ein loses Fadenende von etwa 8 cm Länge überstehen lassen. Wieder auf der rechten (linken) Seite mit einem neuen Faden beginnen und so alle Punktlinien einreihen. Auf diese Art erreicht man, daß die Reihfalten oben- und unterhalb der Reihnähte alle gleich tief ausfallen. In gleicher Weise arbeitet man ohne die Punktlinien auf gestreiftem oder kariertem Stoff.

Wenn alle Reihnähte beendet sind, legen Sie den Stoff flach auf einen Tisch. Sie nehmen alle überstehenden Fadenenden in die linke Hand und schieben gleichzeitig die Falten mit der anderen Hand zusammen. Ziehen Sie mit Hilfe des Reihfadens die Falten schön gleichmäßig zusammen.

Anschließend verteilen Sie die Falten auf etwa zwei Drittel der am Ende erforderlichen Weite; das hängt aber von der Spannung und der Art der Smokstiche ab. Die Reihfäden nicht vernähen, da man solche Rückstiche später nur sehr schlecht wieder auftrennen kann. Statt dessen den Stoff flach auf einen Tisch legen und die Fadenenden paarweise zusammendrehen; mit den beiden obersten Reihen beginnen. Dann die Fäden der beiden nächsten Reihen mit eindrehen und so fortfahren, bis auch das letzte Fadenpaar in die Schnur mit eingedreht ist. Die Schnur mit einem einfachen Überhandknoten abschließen und dicht oberhalb dieses Knotens mit ein paar Stichen am Stoff befestigen, damit sie nicht aufgehen kann. Die Fäden etwa 2 cm unterhalb des Knotens abschneiden. Will man sehr viele Smokstichreihen übereinanderarbeiten, ist es besser, mehrere kurze Schnüre statt einer einzigen langen zu drehen. Nun den Stoff auf die rechte Seite wenden und die Falten gleichmäßig verteilen. Damit sind die Vorarbeiten abgeschlossen.

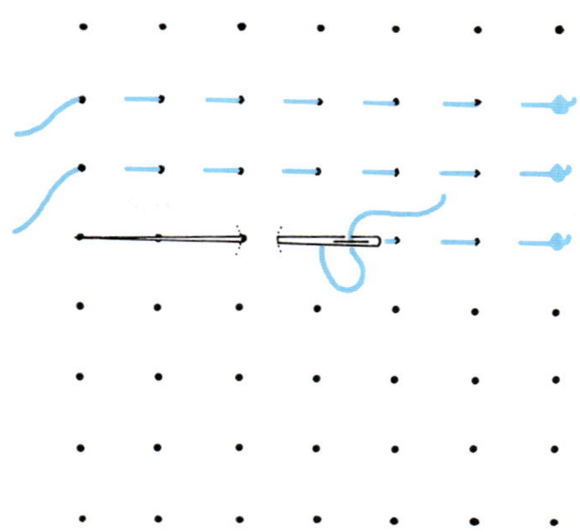

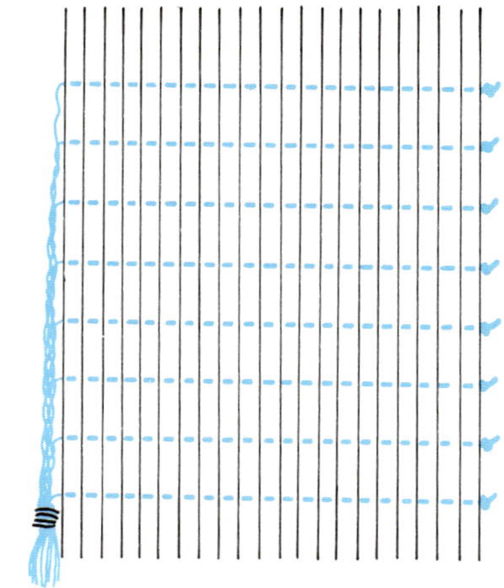

Oben: So werden die Reihstiche genäht
Oben rechts: Einreihen und Aufdrehen der Reihfäden zu einer Schnur
Rechts: So zieht man ein Abplättmuster für eine Rundpasse auseinander
Unten links: Die Reihstiche richten sich hier nach den regelmäßigen Quadraten eines Stoffmusters
Ganz unten links: Auch nach gleichmäßigen Streifen kann man die Reihstiche ausrichten, wie dies durch die Punkte gezeigt ist
Unten rechts: Auf gemusterten Stoffen muß man die Reihpunkte meistens vorzeichnen
Ganz unten rechts: Bei Pünktchenmuster jede zweite Reihe einkräuseln

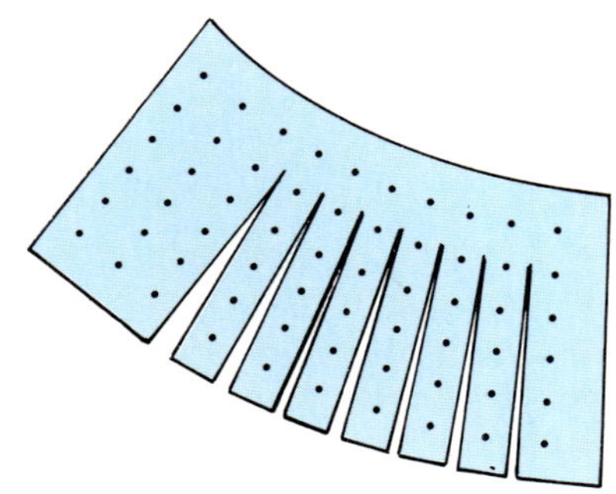

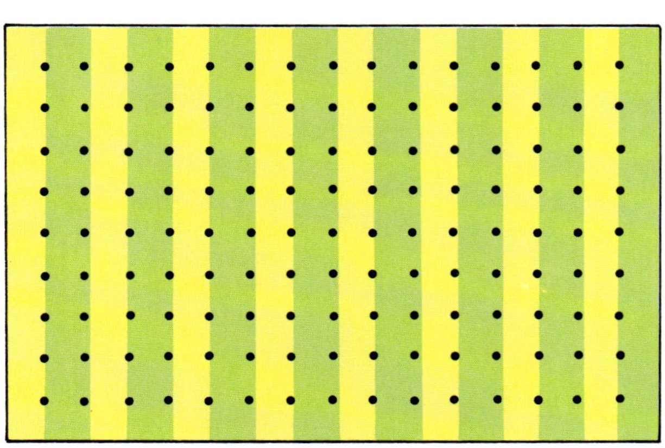

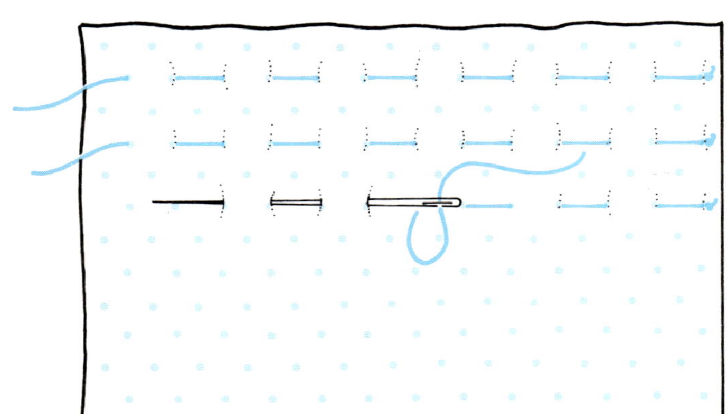

Smokstiche

Die Reihfäden, die auf der Stoffoberseite zwischen den Falten sichtbar sind, dienen als Richtlinien für die Ziersticke. Die oberste Reihnaht bestimmt die Lage der Falten, auf denen gesmokt werden soll. Deshalb wird die erste Reihe Smokstiche erst auf die zweite Reihnaht gestickt. Sollen die Kräuselfalten unterhalb einer Passe oder Falten auf einem Einsatz gesmokt werden, beginnt man am besten mit einem der Grundstiche wie dem Überstich (Stielstich) und seinen Variationen oder dem versetzten oder doppelten versetzten Überstich (Stielstich). Alle diese Stiche halten die Falten sehr gut fest, sind aber nicht besonders elastisch. Wo es auf mehr Elastizität ankommt, verwendet man besser die dehnbaren Muster wie Rauten-, Zacken- oder Wabenstich.

Zum Smoken eignen sich auch einige freie Stickstiche, mit denen die Reihfalten nur oberflächlich überstickt werden. Dazu gehören der Hexenstich, mit dem frei überstickt wird, oder der Fliegenstich, bei dem für jeden Stich eine neue Falte aufgegriffen wird. Am Ende des Fadens einen Knoten machen und mit der Nadel von unten auf die linke Seite der ersten Falte links durchstechen. Es wird von links nach rechts gearbeitet. Die Naht mit einem kleinen Rückstich über den Faltenbruch der ersten Falte beginnen. Am Ende der Naht die Nadel durch den Bruch der letzten Falte auf die Stoffunterseite durchstechen, den Stoff auf die linke Seite drehen und mit mehreren Stichen den Stickfaden übernähen, der auf der Unterseite der letzten Falte zu sehen ist. 5 mm Faden überstehen lassen und dann abschneiden.

Wenn irgend möglich, muß der Faden lang genug sein für eine ganze Smokreihe. Wenn er sich als zu kurz erweisen sollte, wird er wie oben beschrieben vernäht und mit einem neuen Faden weitergearbeitet, wobei die Ansatzstelle möglichst unsichtbar bleiben soll. Die Smokstiche erfassen nur die Faltenbrüche, wobei die Nadel jedesmal im rechten Winkel zur Bruchkante durch die Falte geführt wird, das heißt, parallel zu den Reihfäden. Ausnahmen sind Muster, die eine schräge Stichführung verlangen.

Nach Abschluß der Smokarbeit alle Reihfäden herausziehen. Soll das gesmokte Stück Stoff als Einsatz verwendet werden, muß man es abfüttern.

Der Überstich (Stielstich)

Er wird von links nach rechts gearbeitet. Den Faden in der ersten Falte vernähen. Nun mit der Nadel von rechts nach links durch den zweiten Faltenbruch stechen – der Faden liegt dabei unterhalb der Nadel. So entlang der Reihnaht jeden Faltenbruch Stich für Stich aufgreifen – immer liegt der Faden unterhalb der Nadel. Wenn Sie lieber von unten nach oben arbeiten, können Sie den Stoff so drehen, daß die Falten quer vor Ihnen liegen.

Der doppelte Überstich (Stielstich)

Eine Reihe Überstiche (Stielstiche) nähen wie oben beschrieben. Auch die zweite Reihe wird von links nach rechts gearbeitet und dabei jede Falte unmittelbar unterhalb der ersten Reihe erfaßt. Der Faden liegt bei dieser Reihe aber immer oberhalb der Nadel. Sehr hübsch sieht ein festes Band aus doppelten Überstichen aus. Es ist aber überhaupt nicht elastisch und kann deshalb nur eingesetzt werden, wo die Falten nicht mehr gedehnt werden müssen.

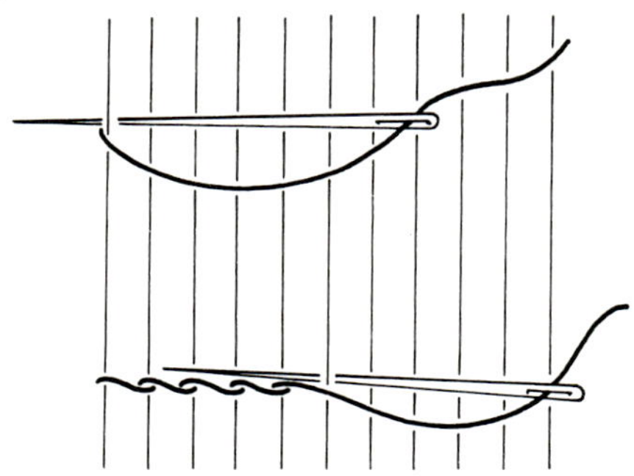

Überstich

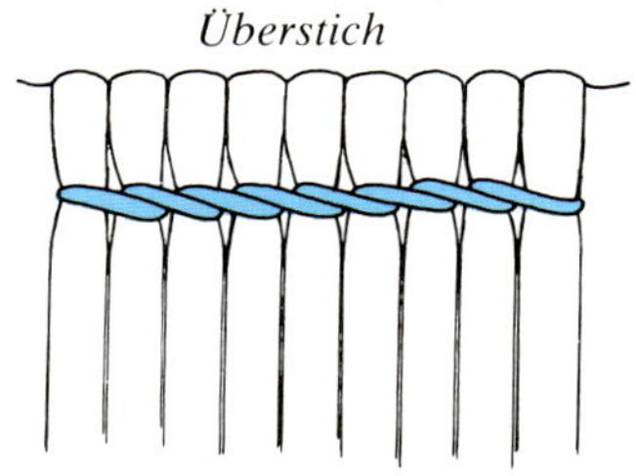

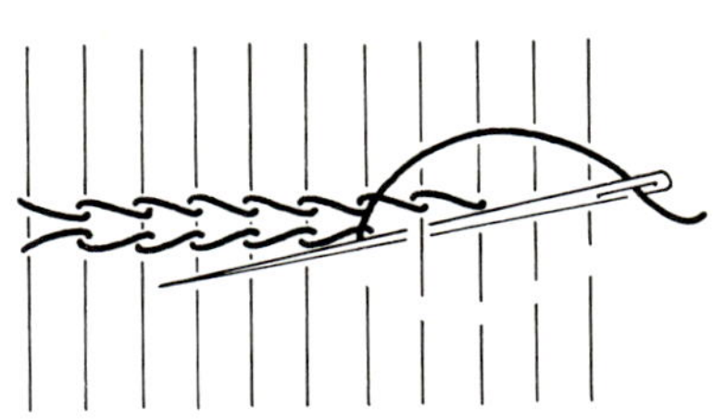

Doppelter Überstich

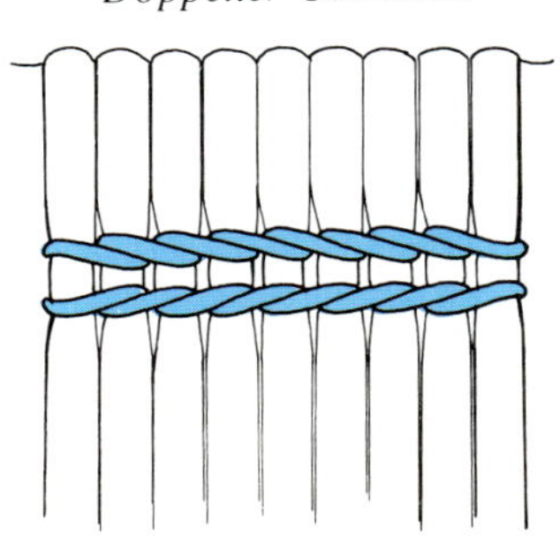

Versetzter Überstich (Stielstich)

Auch dieser Stich wird von links nach rechts gearbeitet. Wie beim einfachen Überstich wird jeder Faltenbruch einmal erfaßt, der Faden liegt aber abwechselnd einmal unterhalb und einmal oberhalb der Nadel.

Der doppelte, versetzte Überstich (Stielstich)

Eine Reihe versetzte Überstiche nähen. Eine zweite Reihe kommt unmittelbar unter diese erste, und zwar so, daß immer ein hochliegender Stich der zweiten Reihe dicht neben einem tiefliegenden Stich der ersten Reihe sitzt. Man kann diese Stiche mit Abständen den Reihlinien folgen lassen; man kann sie auch als Band aus mehreren, dicht nebeneinanderliegenden Reihen arbeiten. Man erhält so eine dichtbestickte Fläche, die sich aber kaum mehr dehnen läßt.

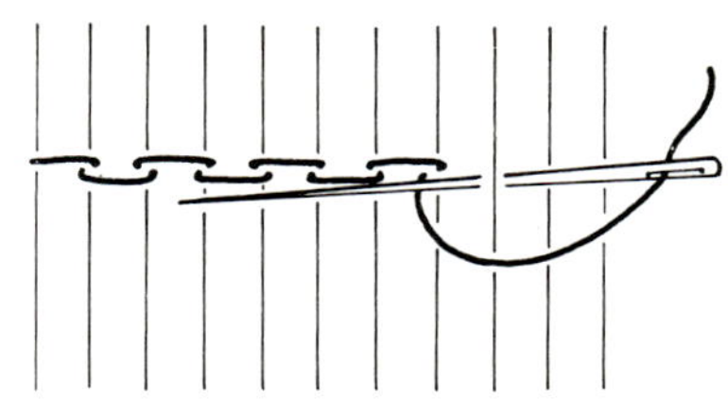

Versetzter Überstich

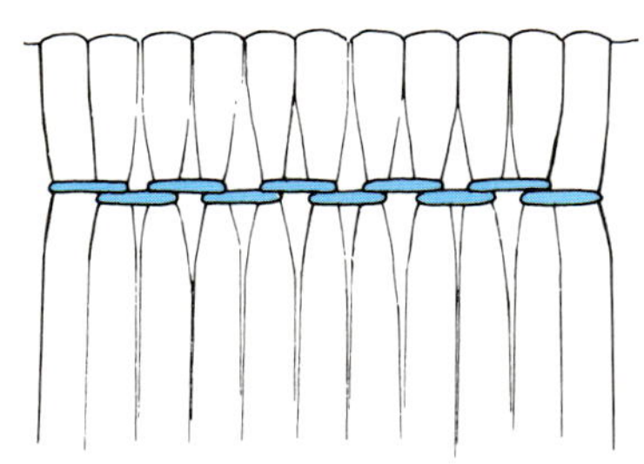

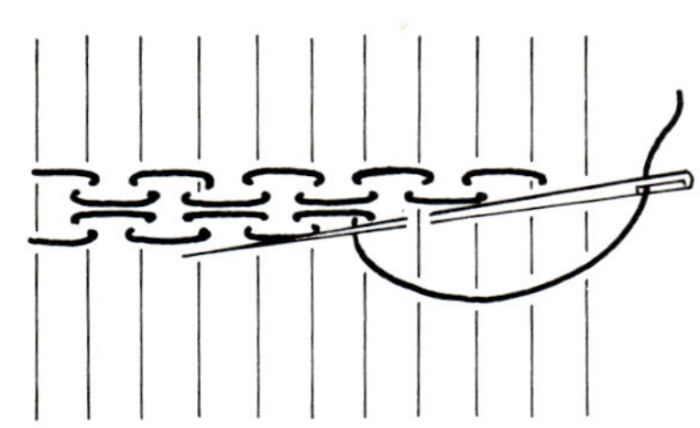

Doppelter versetzter Überstich

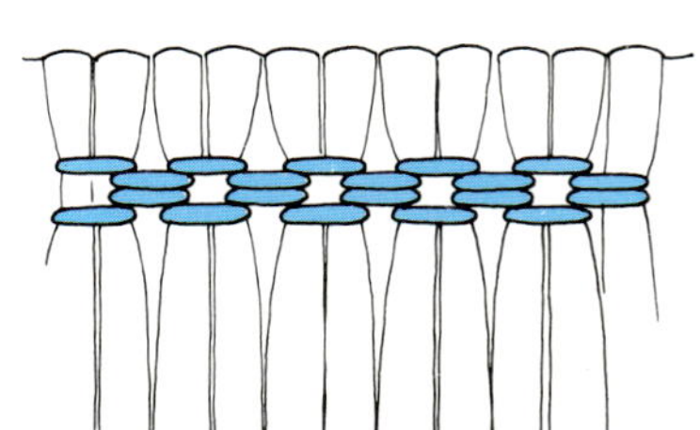

Der Zackenstich (Chevronstich)

Dieses Muster umfaßt Überstiche und versetzte Überstiche. Es wird von links nach rechts gearbeitet. Die Überstiche werden in verschiedenen Höhen schräg gegeneinander versetzt. Die Nadel wird aber immer parallel zu den Reihnähten durch den Stoff geführt. Werden die Überstiche schräg nach unten gestickt, liegt der Faden immer oberhalb der Nadel, werden sie schräg nach oben gearbeitet, liegt der Faden immer unterhalb der Nadel. An der unteren und oberen Ecke jeder Zacke arbeitet man einen versetzten Überstich, mit dem sich die Lage des Fadens umkehren läßt.

Eine Reihe Zackenstiche erfaßt im allgemeinen die Häfte des Abstandes zwischen zwei Reihnähten.

Um ein Zackenmuster zu einem Rautenmuster zu erweitern, wird die zweite Stichreihe in umgekehrter Richtung gearbeitet. Die Stiche verlaufen also zunächst schräg nach oben, bis der oberste Stich der zweiten Reihe unmittelbar unter dem untersten Stich der ersten Reihe liegt. Wiederholt man diese beiden Stichreihen fortlaufend, erhält man ein flächendeckendes Rautenmuster.

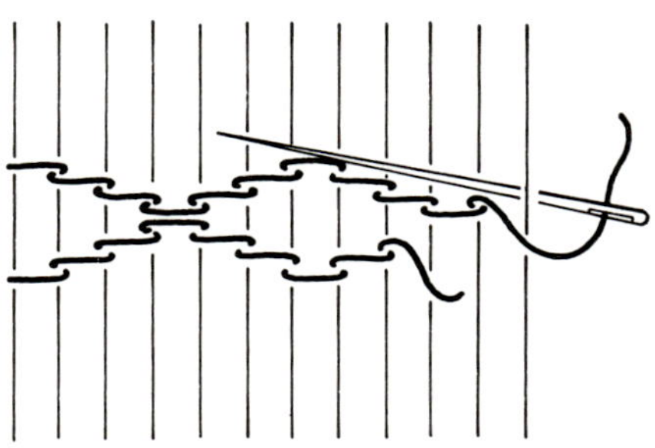

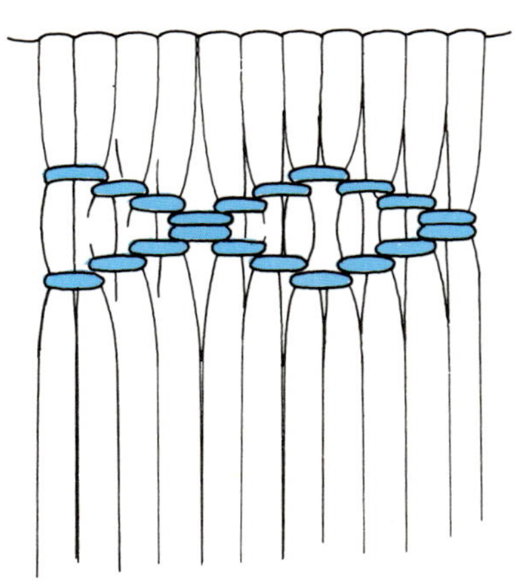

Der Rautenstich (Rhombenstich)

Man näht von links nach rechts. Mit jedem Stich wird eine neue Falte erfaßt, wobei die Nadel stets von rechts nach links durch den Stoff geschoben wird. Das Rautenmuster ergibt sich dadurch, daß die einzelnen Stiche in unterschiedlicher Höhe liegen und der Faden einmal unterhalb und einmal oberhalb der Nadel geführt wird.

Die erste Reihe: Der erste Stich: Zuerst macht man einen kleinen Rückstich in die erste Falte der Reihnaht, sticht dann von rechts nach links in die zweite Falte. Der Faden liegt über der Nadel. Der zweite Stich: Die Nadel sticht wieder von rechts nach links, diesmal aber im halben Abstand zur nächsten Reihnaht in die dritte Falte. Der Faden liegt dabei über der Nadel. Der dritte Stich: Auf gleicher Höhe die vierte Falte mit dem Faden unterhalb der Nadel aufnehmen. Der vierte Stich: Er liegt wieder auf der oberen Reihnaht. Dabei wird die fünfte Falte mit dem Faden unterhalb der Nadel aufgenommen. Wiederholen Sie diese vier Stiche auf zwei Ebenen bis zum Ende der Reihe.

Die zweite Reihe: Man beginnt in Höhe der folgenden Reihnaht und wiederholt fortlaufend die oben beschriebenen vier Stiche auf zwei Ebenen. Der oberste Stich der zweiten Reihe liegt unmittelbar unter dem untersten Stich der ersten Reihe.

Man kann nun die nächste Reihe Rautenstiche auf der gleichen Höhe beginnen, auf der der erste Stich der zweiten Reihe liegt, oder aber mit Abstand auf der Höhe der nächstfolgenden Reihnaht. Ein Band aus dicht aufeinanderfolgenden Reihen im Rautenstich sieht sehr gut aus und ist leicht zu arbeiten.

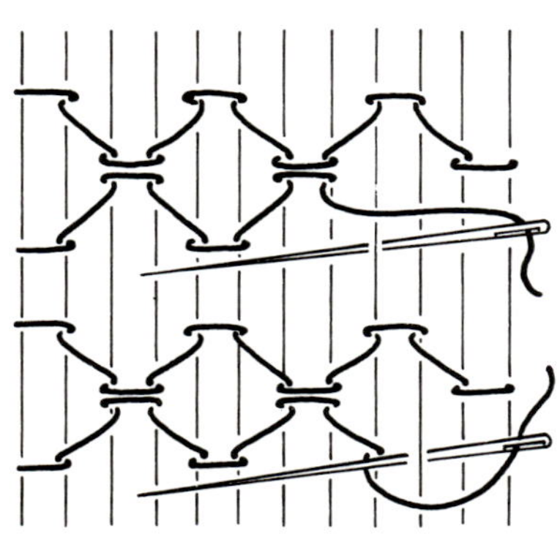

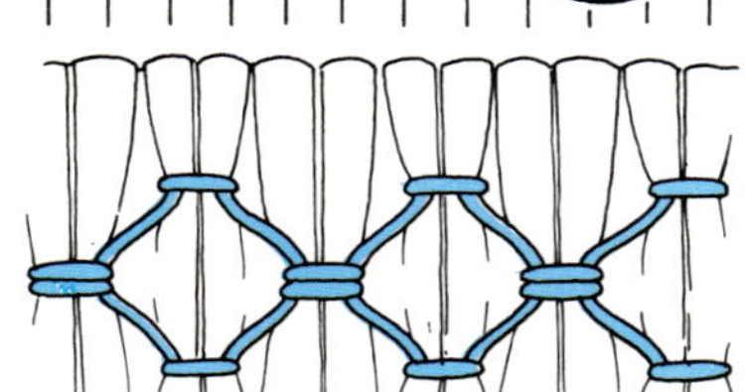

Das Wabenmuster

Dieses Muster ist sehr elastisch und besonders dann zu empfehlen, wenn der Stoff zum Smoken ein wenig knapp ist. Man beginnt auf einer Reihnaht. Der Faden liegt auf der linken Seite der ersten Falte an der linken Stoffkante. Mit der Nadel von rechts nach links die Falten 2 und 1 erfassen und zusammenziehen. Nun die Nadel von der rechten Seite des eben genähten Stiches schräg nach oben oder unten auf die linke Seite der gleichen Falte führen, und zwar auf halbem Wege zwischen zwei Reihnähten. Nun Falte 3 und Falte 2 mit der Nadel von rechts nach links zusammenfassen und zusammenziehen. Die Nadel dann wieder schräg durch den Stoff auf die linke Seite der dritten Falte führen. So werden die ganze Reihe entlang jedesmal zwei Falten auf zwei verschiedenen Ebenen mit einem Rückstich zusammengezogen. Will man das perlenartige Stichmuster noch betonen, wird jeder Rückstich noch einmal wiederholt. Die zweite Reihe wird ebenso gearbeitet wie die erste. Man beginnt auf der nächstfolgenden Reihnaht und setzt jeden Rückstich unmittelbar unter die vorhergehende Reihe von Rückstichen. Mehrere Reihen in diesem Muster, unmittelbar untereinander gearbeitet, ergeben ein Bienenwabenmuster.

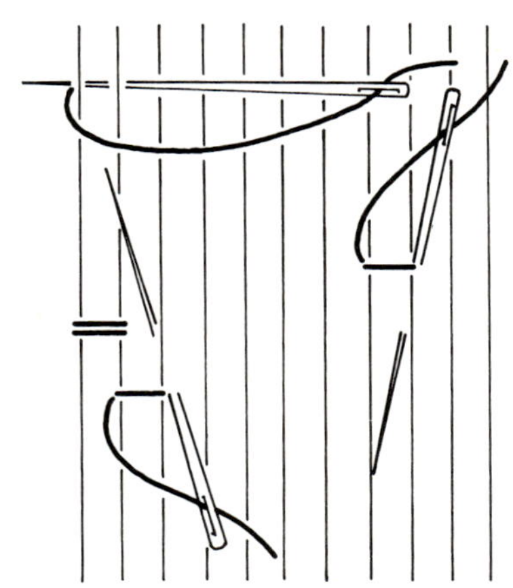

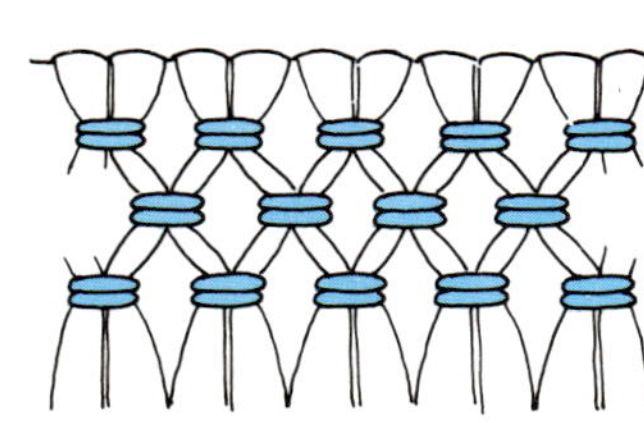

Traditionelle Smokmuster

Diese moderne Version traditioneller Smokmuster wird auf Leinen ausgeführt. Es eignen sich aber auch andere dichtgewebte Kleider- oder Blusenstoffe, die sich gut einkräuseln lassen.

Material:

3 m Stoff, 90 cm breit
Je zwei Strang Perlgarn in einer hellen, mittleren und dunklen Schattierung der Farbe des Stoffes
Nähgarn zum Nähen des Kittels
5 Knöpfe zum Überziehen

Arbeitsanleitung

Das Schnittmuster in Originalgröße aufzeichnen. Die Maße sind für 86 cm Brustumfang berechnet. Da der Kittel aber sehr üppig fällt, können die Maße leicht an andere Oberweiten angepaßt werden. Saumzugaben von 1,5 cm sind überall berücksichtigt, mit Ausnahme des unteren Saumes, für den 3,5 cm eingeplant sind.
Die Schnittmusterteile auf den Stoff stecken und die Umrisse mit Heftstichen markieren. Die Stoffteile erst zuschneiden, wenn alle Smokstickereien ausgeführt sind, damit sie nicht ausfransen.
Für die Smokstickerei Punktreihen mit 4 mm Abstand zwischen den einzelnen Punkten markieren. Das kann mittels Schablone oder Aufbügelmuster geschehen. Der Abstand zwischen den Punktreihen soll 1 cm betragen.
Die zum Smoken vorgesehenen Flächen werden auf folgende Weiten eingereiht:

Smokfläche A (Vorderteil): 10,5 cm,
Smokfläche B (Rückenteil): 28 cm,
Smokfläche C (obere Ärmel): 10 cm,
Smokfläche D (Ärmelabschluß): 7 cm.

Smokstiche: Überstiche, versetzte Überstiche, doppelte versetzte Überstiche und Rautenstiche in den drei Farbabstufungen.
Nachdem die Smokarbeiten ausgeführt sind, den Kittel wie üblich zusammennähen. Dann erst wird die freie Stickerei ausgeführt, mit Ausnahme der Stickerei an den Taschen, die erst bestickt und dann aufgenäht werden. Die freie Stickerei besteht aus zehn Reihen Rückstichen, durchschlungenen Rückstichen, durchschlungenen Kettenstichen, Korallenstichen und Federstichen in gleichmäßigen Abständen und in beliebiger Reihenfolge.

Das Beziehen der Knöpfe

Auf dem Stoff den Umriß des Knopfes mit Heftstichen markieren. Mit Stickgarn einen Sternstich in der Größe des Knopfes sticken. Den Stoff mit entsprechender Saumzugabe ausschneiden. Die Heftfäden herausziehen und den Knopf überziehen. Zuletzt die Strahlen des Sterns mit Rückstichen übersticken, damit der Eindruck eines gewebten Rades entsteht (siehe Seite 36).

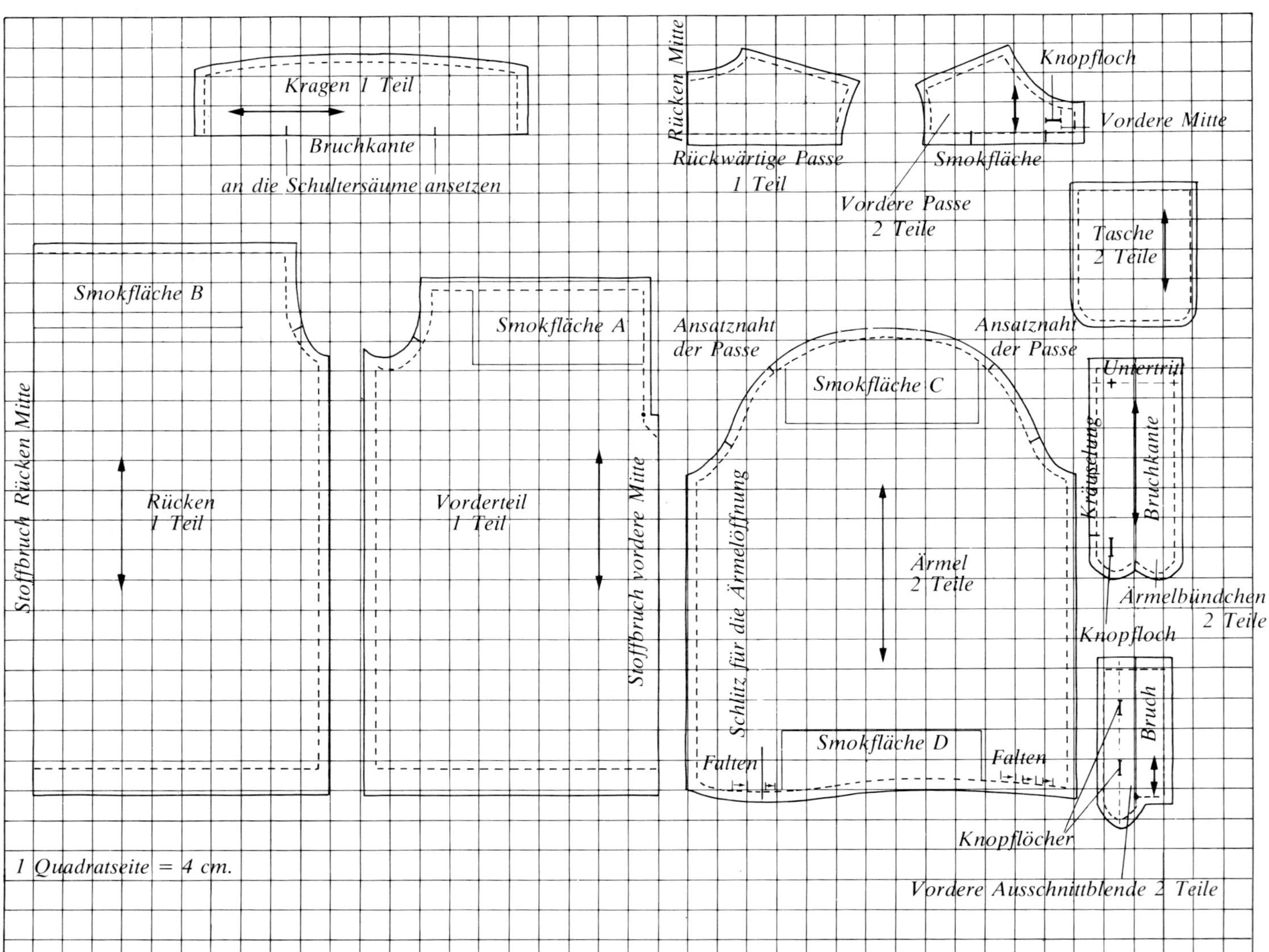

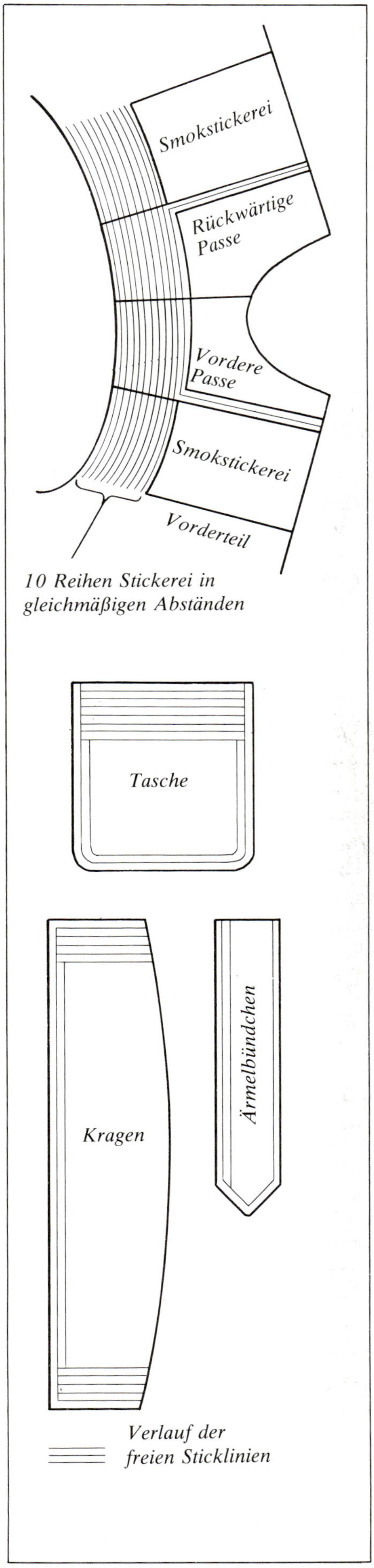
Smokstickerei
Rückwärtige Passe
Vordere Passe
Smokstickerei
Vorderteil
10 Reihen Stickerei in gleichmäßigen Abständen
Tasche
Kragen
Ärmelbündchen
Verlauf der freien Sticklinien

Herkömmliche Techniken

Durchbruchstickerei

Zu den ältesten Methoden, Stoff zu verzieren, gehört die Durchbruchstickerei, auch Hohlsaumstickerei genannt. Dabei zieht man Fäden aus dem Gewebe und verarbeitet die stehengebliebenen Fäden zu einem dekorativen Muster. Aus diesem Prinzip haben sich ganz verschiedene Techniken entwikkelt. Bei einigen zieht man nur Fäden einer Richtung aus dem Stoff, bei anderen werden Fäden beider Richtungen gezogen.
Ein Nachteil dabei ist, daß der Stoff durch die fehlenden Fäden dünner und viel empfindlicher wird, trotz der zusätzlichen Stickerei. In den zwanziger Jahren dieses Jahrhunderts war Durchbruchstickerei sehr gebräuchlich. Man arbeitete große Flächen, meist auf Tisch- und Bettwäsche. Doch der Hohlsaum kam aus der Mode, weil die Stikkerei bei der Wäsche zu sehr strapaziert und bald verschlissen wurde. Das kann man aber vermeiden. Wenn man die Hohlsäume durch Stickart und kräftiges Garn verstärkt, läßt sich der Mangel an Fäden kompensieren. Für Durchbruchstickerei eignet sich jeder feste Stoff, aus dem man mühelos Fäden ziehen kann, am besten sind leinenbindige, fadengleiche Gewebe.

Hohlsäume besticken

Mit einem Hohlsaum läßt sich ein Stoff auf besonders ansehnliche Weise säumen. Angenommen, ein Stück Stoff soll 2 cm breit gesäumt werden. Dann müssen Sie beim Zuschneiden zur Saumbreite noch 5 mm für den Umschlag und außerdem ringsum noch 5 cm für die Stickerei zugeben. Messen Sie von den vier Ecken aus zweimal die Saumbreite plus 5 mm Umschlag, in diesem Fall also 4,5 cm. Markieren Sie mit einer Stecknadel die Stelle, wo diese Meßlinien zusammentreffen. Nehmen Sie eine ganz feine Schere, und schneiden Sie je einen Kett- und einen Schußfaden durch. Heben Sie diese Fäden leicht mit einer Nadel an, und ziehen Sie sie nach und nach aus dem Gewebe, ohne die restlichen Fäden zu beschädigen.
Wiederholen Sie das bei der schräg gegenüberliegenden Ecke. Schneiden Sie die Fäden wieder, und ziehen Sie sie mit einer Nadel heraus. Wo sich die Fäden an den übrigen zwei Ecken kreuzen, müssen Sie wieder durchgetrennt werden. Heben Sie sie leicht mit der Nadel an, ehe Sie sie abschneiden. Dann ziehen Sie die einzelnen Fäden ringsherum heraus. Nun schlagen Sie die 5 mm für den Umschlag nach innen und falten den Saum so um, daß er genau an der Fadenrinne liegt, die Fadenrinne aber nicht verdeckt wird. Stecken Sie den Saum fest. Schneiden Sie die Ecken auf Gehrung (siehe Seite 22). Bei der Hohlsaumarbeit halten Sie die linke Stoffseite mit dem Saum in der Hand. Benützen Sie eine feine Tapisserie-Nadel und Garn, das etwa die Stärke der Gewebefäden hat. Arbeiten Sie von links nach rechts (rechts nach links), und beginnen Sie mit einem Knoten. Stechen Sie die Nadel an der Ecke durch den Saum zum Anfang Ihres Stiches, vernähen Sie den Faden mit zwei Steppstichen im Falz. Führen Sie die Nadel nach links (rechts) um drei oder vier Gewebefäden im Fadenkanal herum, und stechen Sie die Nadel wieder in den Saumfalz (nicht auf die rechte Seite durchziehen!). Die Nadel zeigt dabei in Ihre Richtung. Ziehen Sie den Faden an. Nähen Sie alle vier Seiten so weiter. An den vier Ecken sichern Sie den Saum mit ein paar Steppstichen im Falz, ziehen ihn durch den Saum und schneiden ihn ab.

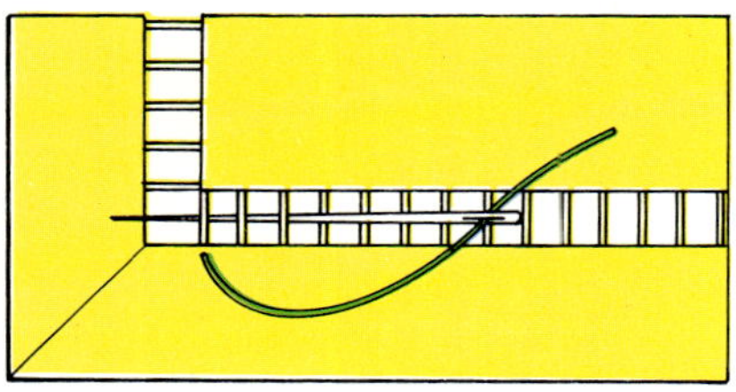

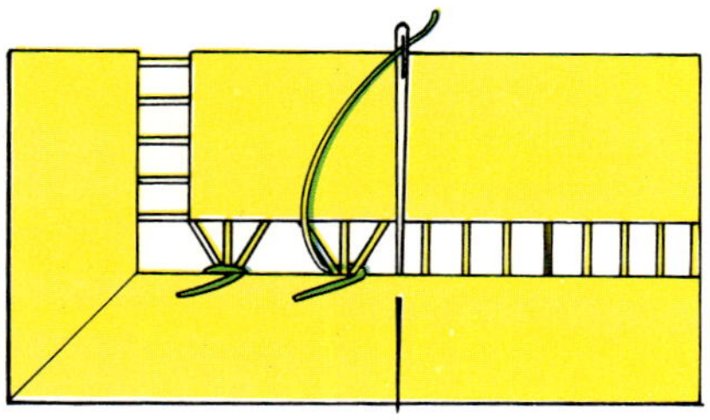

Oben: Hohlsaumstickerei

Rechts: Sticktuch mit Weißstickerei, das verschiedene Durchbruchmuster an Seiten und Ecken zeigt (Details daraus auf der nächsten Seite.)

Gegenüber oben: Set mit einfacher Hohlsaum- und Ajourstickerei

Die Enden des Hohlsaums versäubern

Breitere Hohlsäume, die nicht notwendigerweise einen Saum zieren, werden an den Enden zuerst mit ein paar Saumstichen festgehalten und dann überstickt. Damit werden sie verstärkt und zusätzlich fein gemacht.

Bei einem Hohlsaumkanal von sechs Fäden nehmen Sie sich erst den ersten und sechsten Faden vor. Heben Sie die Fäden leicht mit einer Nadel an, schneiden Sie sie durch und ziehen sie dann ganz heraus. Mit einem Faden, der etwa der Dicke der Gewebefäden entspricht, setzen Sie eine Naht über die beiden Enden des geplanten Hohlsaums, über die sechs Fäden hinweg. Diese beiden Nähte werden anschließend mit enggesetzten Knopflochstichen überstickt, wobei die Stichschlingen auf der Hohlsaumseite sitzen müssen. Erst jetzt durchtrennen Sie die übrigen vier Fäden an den Enden und ziehen sie mit Hilfe einer Nadel aus dem Gewebe. Eine andere Methode: Man durchtrennt die Fäden in der Mitte des geplanten Hohlsaums. Dann zieht man die Fäden nach links und nach rechts nach und nach aus dem Gewebe, trennt sie aber am Ende nicht durch. Am Hohlsaumende werden die Fäden einzeln eingefädelt, etwa 2,5 cm weit im Stoff vernäht und dann abgeschnitten.

Leiterhohlsaum

Wenn der Hohlsaum mehr als einen Faden breit sein soll, muß auch die Gegenseite umstickt werden, allerdings hier ohne Saumfalz. Um das zu üben, ziehen Sie neben dem einen noch zwei Fäden mehr aus dem Gewebe. Arbeiten Sie an der dem Saum gegenüberliegenden Seite. Fangen Sie mit einem Knoten auf der linken Seite an. Stechen Sie einen Faden unter dem Hohlsaum und 2,5 cm rechts (bzw. links) vom Anfang aus. Führen Sie die Nadel bis zum ersten Stich und stechen sie zwei Fäden tief (unter dem Fadenkanal) ein, wobei die Nadel in Ihre Richtung zeigt. (Der Fadenanfang wird überstickt.) Sticken Sie jetzt Hohlsaumstiche, zwei waagrechte Fäden tief und um die gleiche Anzahl von drei oder vier Fäden herum wie bei der ersten Naht. Die Stiche liegen sich also genau gegenüber, und die beidseitig umfaßten Fadenbündel werden so zu einer Art Leitersprossen. Zum Schluß wird der Faden in der Naht vernäht, Knoten und lange Fäden werden abgeschnitten.

Zickzack-Hohlsaum

Er basiert auf dem einfachen Hohlsaumstich. Ziehen Sie drei Fäden aus dem Stoff. Sticken Sie eine Seite der Fadenrinne mit normalem Hohlsaumstich um vier Fäden herum (oder um eine andere gerade Anzahl). Auf der Gegenseite machen Sie dasselbe. Nun fassen Sie zwei Fäden von der einen Gruppe und zwei Fäden von der nächsten Gruppe, und das setzen Sie fort bis ans Ende der Reihe.

Durchzogener Hohlsaum

Arbeiten Sie einen ziemlich breiten Leiterhohlsaum mit Hohlsaumstichen auf beiden Seiten, die jeweils das gleiche Fadenbündel umfassen, und versäubern Sie die Enden mit Knopflochstichen. Nun nehmen Sie einen Extrafaden in die Nadel und verankern ihn mit ein paar Steppstichen hinter den Knopflochstichen. Beginnen Sie links in der Mitte der Knopflochstiche. Führen Sie den Faden von links nach rechts in der Hohlsaummitte über die beiden ersten Fadenbündel, um das zweite Fadenbündel unten so herum, daß die Nadel wieder nach links zeigt. Das zweite Fadenbündel liegt dann auf der Nadel, das erste unter der Nadelspitze, der Faden liegt oberhalb der Nadel. Ziehen Sie den Faden durch, und stechen Sie diesmal von links nach rechts unter beiden Fadenbündeln durch nach oben. Wenn Sie jetzt den Faden anziehen, verschränken sich die beiden Fadenbündel. Wiederholen Sie diese beiden Arbeitsgänge bis zum Ende des Hohlsaums. Verankern Sie den Durchzugsfaden wieder in der Mitte der Knopflochstiche am Ende. Sollte am Ende eine einzelne Fadengruppe übrigbleiben, teilen Sie diese, und überkreuzen Sie die Hälften so wie bisher.

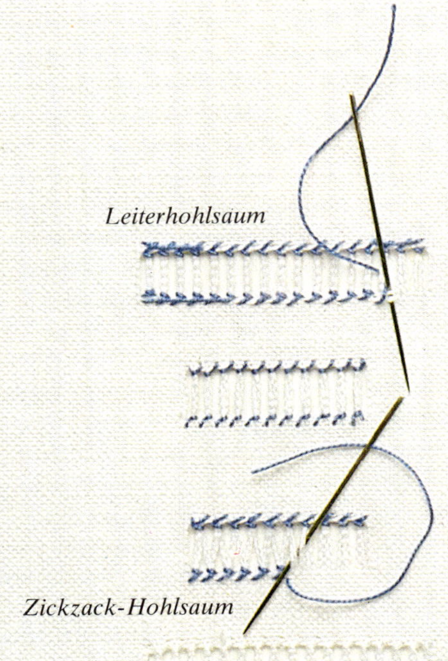

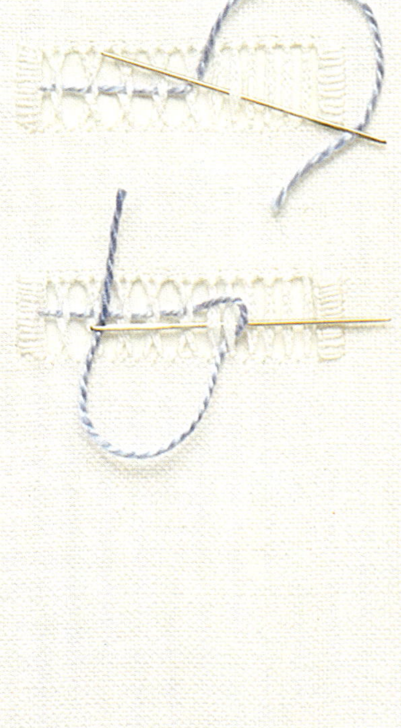

Doppelt verschränkter Durchzug

Hier überlappen sich jeweils zwei Paare von Fadenbündeln zu einer Gruppe von vier Bündeln. Ehe Sie diesen Hohlsaum sticken, müssen Sie durchzählen, ob sich die Fadenbündel durch vier teilen lassen. Wenn ein Bündel fehlt, teilen Sie das letzte und behandeln es wie zwei.
Fangen Sie genau wie beim durchgezogenen Hohlsaum mit der ersten und zweiten Fadengruppe an. Dann führen Sie die Nadel von links nach rechts unter die dritte Fadengruppe (der Faden liegt oberhalb der Nadel). Ziehen Sie den Faden durch. Führen Sie die Nadel jetzt unter die erste und dritte Gruppe von links nach rechts, der Faden liegt immer noch oberhalb der Nadel. Ziehen Sie ihn fest an. Führen Sie die Nadel unter die vierte Gruppe und zurück unter die zweite und vierte. Ziehen Sie den Faden hoch. Auf diese Weise bis zum Ende der Reihe sticken.

Korallenstich-Hohlsaum

Sticken Sie einen üblichen breiten Hohlsaum mit Knopflochstichen an den Enden. Mit einem Extra-Durchzugsfaden sticken Sie nun eine Reihe Korallenstiche (Schneckenstiche) durch die Mitte des Hohlsaums. Dabei hält man den Faden mit dem linken Daumen fest, legt von links nach rechts eine Fadenschlinge, umfaßt drei Fadenbündel mit der Nadel und sticht innerhalb der Schlinge aus. Faden fest anziehen. Dabei zieht sich die Schlinge um die Fadenbündel zusammen. So macht man weiter bis zum Ende der Reihe.
Für durchzogene Hohlsäume gibt es allerlei interessante Abwandlungen. Zum Beispiel kann man bei geeignetem Material den Hohlsaum mit Bändern, feinen Lederstreifen oder Stoffstreifen durchziehen und damit überraschende Wirkung erzielen.

Hohlsaumecken

Wenn man Fäden in zwei Richtungen aus dem Gewebe zieht, entsteht in der Ecke ein quadratisches Loch, das ausgefüllt werden muß. Das einfachste Füllmuster ist ein gewebtes Rad. Man stickt es, nachdem die Hohlsäume fertig sind.
Wenn Sie durchzogene Hohlsäume gearbeitet haben, führen Sie den Durchzugsfaden quer über das Loch zur anderen Seite. Dann arbeiten Sie sich in die Lochmitte zurück, indem Sie den Spannfaden mehrfach umwikkeln. Von der Mitte aus spannen Sie den Faden in alle vier Lochecken und umwickeln ihn zurück zur Mitte. Zwischen die Diagonalen werden noch zwei senkrechte Stege gesetzt. Mit demselben Faden werden nun die Stege immer rundherum zugewebt, indem Sie im Wechsel immer über einen Steg und unter zwei Stegen hindurchstechen. Machen Sie so weiter, bis das Rad groß genug ist. Dann vernähen Sie den Faden in den Stichen der Rückseite.

Nadelweben mit Stopfstichen

Eine Abwandlung der Durchbruchstickerei ist das Nadelweben, auch Stopfstich genannt. Dabei werden die senkrechten Fäden eines Hohlsaums so zu Mustern umwebt, daß das Gewebe durch die ausgezogenen Fäden nicht an Stärke verliert. Stopfstickerei kann den Abschluß eines Saumes bilden, wobei der Saum mit Extrastichen gehalten wird. Man kann sie aber auch als Schmuckbordüre in den Stoff einarbeiten. Bei Kleidungsstükken geht das gut, wenn es sich um Leinen oder geeignete Wollstoffe handelt. Ein nadelgewebtes Band auf Taschen, Manschetten oder auf dem Rocksaum gibt einem Kleid oder einer Jacke einen besonderen Reiz. Verwenden Sie für diese Arbeit Garn, das in etwa so dick ist wie die Gewebefäden. Perlgarn in verschiedenen Stärken läßt sich gut verweben, auch Stickwolle oder persische Wolle. Zum Arbeiten nimmt man eine feine Tapisserie-Nadel.

Als Vorarbeit ziehen Sie etwa sechs Fäden an der vorgesehenen Stelle aus dem Stoff und versäubern die Enden des Fadenkanals. Dann arbeiten Sie auf beiden Hohlsaumstiche, die in der Regel zwei, bei feinen Stoffen drei Fäden zusammenfassen. Zu Beginn ziehen Sie den Faden etwa 2,5 cm weit durch die Hohlsaumstiche nach links. Arbeiten Sie auf der linken Seite (Rückseite). Dann weben Sie über drei Fadenbüschel farbige Blöcke. Nehmen Sie ein Büschel über das andere. Also das erste und das dritte auf dem Hinweg, das zweite auf dem Rückweg. Beim Weben beziehungsweise Stopfen sticht man um zwei Fadengruppen eine Art Acht herum. Man stickt also immer abwechselnd hinten herum um die eine und vorne herum um die andere Gruppe. Die geschlungenen Stiche werden mit der Nadel nach unten gedrückt, damit die Stopfstiche schön dicht sitzen. Um zur nächsten Gruppe zu gelangen, führt man die Nadel unter dem Hohlsaumstich weiter. Man kann hie und da auch Fadenbüschel unbestickt lassen, um das Bild aufzulockern.

Wenn Sie ein breites Band arbeiten wollen, ziehen Sie etwa 12 Fäden aus dem Gewebe und arbeiten einen üblichen Hohlsaum, um die senkrechten Fäden zu bündeln. Dann weben Sie über sechs Büschel eine Farbe, bis Sie ein Drittel der Hohlsaumhöhe erreicht haben. Nun setzen Sie die Stopfstiche über nur vier Fadenbüschel fort, wobei Sie an beiden Enden ein Büschel unbestickt stehenlassen. So arbeiten Sie das zweite Drittel des Hohlsaums. Im letzten Drittel weben Sie nur über zwei Büschel. Lassen Sie den restlichen Faden hängen. Fangen Sie mit einer neuen Farbe oder einem anderen Farbton an, und arbeiten Sie das Muster nun umgekehrt, Stopfstiche über sechs Büschel, wo sie vorher zwei umwickelt haben usw. Wenn Sie damit fertig sind, nehmen Sie wieder den Faden der ersten Farbe auf, führen ihn durch die Hohlsaumkante zur nächsten Gruppe. Vermeiden Sie es, mitten in einer Gruppe einen neuen Faden anzuknüpfen. Am Ende des Hohlsaums muß man den Faden unter Umständen mit dem Hohlsaumrand verweben, damit hier keine Lücke entsteht.

Es gibt eine Menge verschiedene Stopfstichmuster, die man entweder durch Experimentieren oder auf dem Millimeterpapier entwirft.

Unten: Tasche mit Nadelweberei
Rechts: Drei Wandbehänge mit verschiedenen Beispielen von Nadelweberei

Spinn-weberei

Nadelspitze

Diese Art von Spitzen werden im Gegensatz zu Klöppelspitzen mit der Nadel gemacht. Um Verwechslungen zu vermeiden, werden sie auch Nadelspitzen genannt. Traditionelle Nadelspitzen bestehen aus sehr feinen, weißen Garnen, die zum Teil heute gar nicht mehr hergestellt werden. Das Ergebnis ähnelt herkömmlichen Klöppelspitzen. Die ersten Nadelspitzen gehen zurück bis zur zweiten Hälfte des sechzehnten Jahrhunderts, aber die ursprünglichen Techniken werden heute nicht mehr angewandt.

Spinnweberei ist eine Technik, die man auch über einen Untergrundstoff arbeiten kann. Am besten lernt man die Methode mit einem leicht zählbaren Gewebe. Wenn man die Stiche im Griff hat, kann man jeden Stoff als Untergrund nehmen. Meist arbeitet man in einem Stickrahmen, weil das leichter ist. Fangen Sie mit Garn an, das sich gut vom Untergrund abhebt. Die Stichart basiert auf dem Knopflochstich (Schlingstich) und läßt sich gut in Baumwoll-Perlgarn Nr. 5 arbeiten. Verwenden Sie eine Stickwolle-Nadel für die Umrandungsstiche und eine Tapisserie-Nadel für das Gewebe aus Knopflochstichen, weil diese Nadeln die Fäden nicht spalten. Als Ausgangslinie für die Spitzenfüllung stickt man rund um die zu füllende Form Stepp-, Ketten- oder Überfangstiche.

Rechts: Die Mobiles zeigen eine moderne Art der Spinnweberei, die die Reifen unregelmäßig füllt

Freies Gitter aus Knopflochstichen

Sticken Sie eine Kante aus Steppstichen um das Stickfeld herum. Stechen Sie genau unter der linken oberen Ecke aus, setzen Sie einen Knopflochstich (Schlingstich) in den ersten Steppstich. Der Faden muß dabei von links kommend unter der Nadel liegen. Sticken Sie weitere Knopflochstiche in die Steppstiche bis zur Ecke, wo Sie die Nadel durch den übereck stehenden Steppstich ziehen. Nun sticken Sie wieder Knopflochstiche in die umgekehrte Richtung (von rechts nach links) und nehmen dabei immer die Fadenschlaufen der vorigen Reihe. Diesmal verläuft der Arbeitsfaden von rechts nach links unter der Nadel. Auf diese Weise besticken Sie die ganze dafür vorgesehene Fläche, bis Sie bei der letzten Reihe die unteren Steppstiche mitgreifen. Ziehen Sie dann die Nadel zur linken Seite durch. Mit derselben Methode können Sie auch einen Kreis füllen. Dann muß die Kontur des Kreises erst mit Stepp- oder Kettenstichen vorgezeichnet werden. Die Knopflochstiche werden von dieser Außenkante her in immer enger werdenden Kreisen bis zur Mitte gestickt.

Gitter aus geknoteten Knopflochstichen

Es wird genauso gearbeitet wie das einfache Gitter aus Knopflochstichen, aber nach jedem Schlingstich führen Sie die Nadel von links nach rechts noch einmal durch den Stich. Der Arbeitsfaden liegt dabei von links nach rechts unter der Nadelspitze.
Sehr hübsche, großmaschige Schlingstichgitter können in dekorative Bilder und Wandbehänge eingearbeitet werden. Eine andere Möglichkeit: Bespannen Sie damit einen Reifen (vorige Seite) ohne Hintergrundstoff, oder weben Sie auf diese Weise ein Loch zu, das Sie in einen Untergrundstoff geschnitten haben. Man kann ein solches Netzgewebe auch an eine Stange anknüpfen. Dabei wird die erste Schlingstichreihe um die Stange geschlungen.

Saum- und Kantenstiche

Mit diesen Stichen läßt sich ein Saum oder eine Kante auf dekorative Weise einfassen. Zuerst schlägt man den Saum ein und heftet ihn mit Saumstichen oder auch mit einem Hohlsaumstich fest. Die Zierstiche werden auf der rechten Seite gestickt.
Man führt den Faden durch den Saum an den Anfangspunkt und vernäht ihn mit einem flachen Schlingstich. Alle Stiche, die man in einen Saum setzt, sollten so flach wie möglich bleiben. Am Ende wird der Faden wieder durch den Saum gezogen.

Einfache Knopflochkante

Sticken Sie einen Knopflochstich (Schlingstich) knapp links vom ersten Haltestich. Ziehen Sie den Faden nicht stramm, sondern lassen Sie eine leichte Schlaufe durchhängen.
Führen Sie den Faden nun um die Stoffkante herum von hinten ein zweites Mal durch das obere Stichloch des ersten Stiches, dann durch die Fadenschlaufe hindurch, und ziehen Sie ihn nun fest an. Dieser zweite Stich sichert die Schlaufe. Nun machen Sie den nächsten Knopflochstich mit Schlaufe, den nächsten Haltestich usw. An Ecken werden zwei Stiche schräg gesetzt, so daß auf jeder Seite eine Schlaufe entsteht.

Randknotenstich

Dieser Stich ist dem vorigen sehr ähnlich. Er wird nur nach jeder Schlaufe geknotet. Nach jedem Knopflochstich führt man die Nadel unter den beiden Schlaufenfäden des Knopflochstiches hindurch, wobei der Faden von links nach rechts eine Schlaufe unter der Nadelspitze bildet. Nadel durchziehen, Faden anziehen, und zwar so, daß der entstehende Knoten nahe an der Stoffkante sitzt. Nun kommt der nächste Knopflochstich an die Reihe, der wieder mit einem Knoten versehen wird. An Ecken stickt man einen kleinen Schrägstich.

Venezianischer Stich

Er besteht aus Dreiecken, die aus Knotenstichen zusammengesetzt werden und in regelmäßigen Folgen einen Saum zieren. Bei einer Ecke müssen Sie die Abstände so bemessen, daß nur auf einer Seite ein Dreieck eingeplant ist. Zuerst sticken Sie eine Reihe von sechs Knopflochstichen. Am Ende kehren Sie um und arbeiten eine Reihe von fünf geknoteten Knopflochstichen zurück in die Schlaufen der Vorreihe. So machen Sie weiter. Jede Reihe ist um einen Stich kürzer. Zum Schluß bleibt einer übrig.
Sticken Sie dann in leichten Schlingen an der Seite des Dreiecks hoch, stechen im Falz (Stoffbruch) weiter bis zum nächsten Dreieck.
Den venezianischen Stich kann man auch als Kästchen sticken, also in gleichlangen Reihen. Zu all diesen Saum-Zierstichen gibt es viele interessante Variationen. Sie können selbst experimentieren, indem Sie die Stiche zu Gruppen zusammensetzen oder verschieden dicke Garne verwenden.

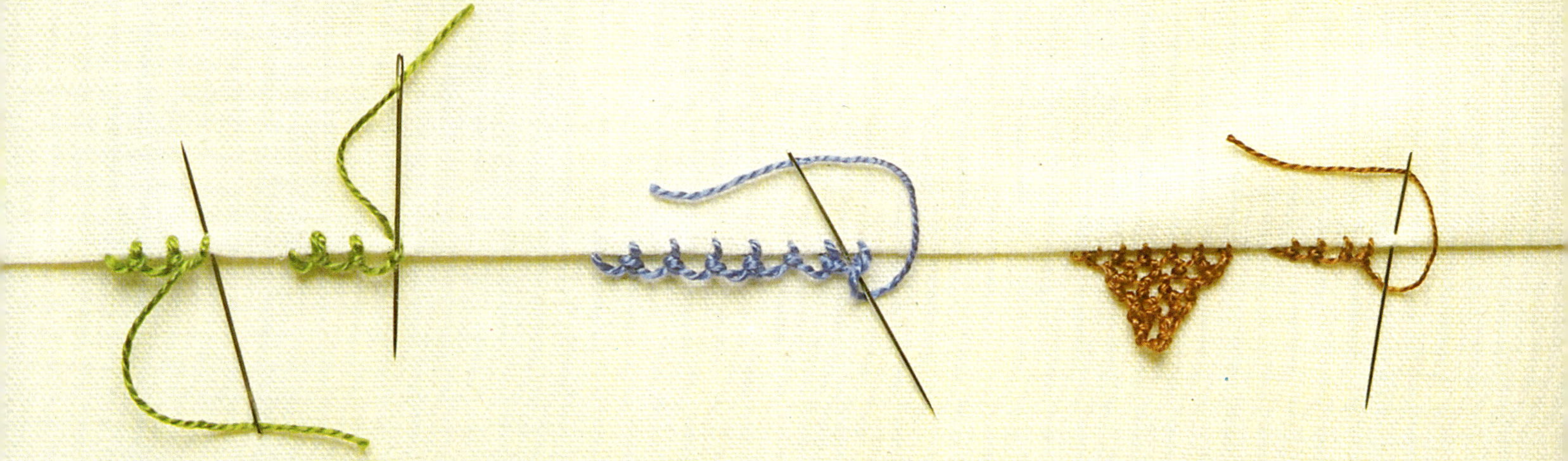

Verbindungsstiche

Verbindungsstiche wendet man an, wenn man zwei Stoffteile auf dekorative Weise miteinander verbinden will. Sie bieten sich besonders an, wenn Sie in ein Kleidungsstück einen dekorativen Einsatz aus Stoff oder Spitzen einfügen wollen. Das trifft auch für modisches Zubehör zu.

Zuerst werden die Schnittkanten der Stoffteile, die man zusammenfügen möchte, eingeschlagen und geheftet. Als Hilfsmittel kann man sie nun mit einem farblich abstechenden steifen Papier hinterlegen. Das heißt, die beiden Stoffkanten werden im Abstand von etwa 6 mm parallel und rechte Seite oben auf das Papier geheftet. Auf dem Papier kann man parallele Hilfslinien ziehen. Wenn der Saum später ein gutes Stück säuberlich gediehen ist, können Sie das Papier wieder ablösen.

Welches Garn man für die Verbindungsstiche verwendet, hängt von den Stoffen ab. Fast immer passen Perlgarn und „Cotton à broder". Weiches Baumwollstickgarn ist zu empfehlen, wenn der Faden etwas dicker sein soll. Bei Wollstoffen eignet sich Wollgarn. Am Anfang und Ende verankert man den Arbeitsfaden mit Steppstichen unter einem Saum. Arbeiten Sie von oben nach unten. Falls es nötig ist, die beiden Stoffkanten oben und unten zusammenzuhalten, sticken Sie zwei Schlingstichstege auf je drei zwischen den Kanten gespannten Fäden.

Rechts: Kaffeemütze in Webstickerei. Die beiden Hälften werden von geknoteten Hexenstichen zusammengehalten, die durch andersfarbigen Faden verstärkt werden.

Einfache Hexenstiche

Sie beginnen rechts oben, stechen die Nadel auf der linken Seite von links nach rechts, Arbeitsfaden unter der Nadelspitze. Wiederholen Sie diesen Arbeitsgang, indem Sie in die rechte Saumkante einstechen, von rechts nach links, Arbeitsfaden wieder unter der Nadelspitze. Diese beiden Bewegungen können Sie bis zum Ende wiederholen.

Geknoteter Hexenstich

Dieser wird genauso gestickt wie der einfache Hexenstich, abgesehen von einer zusätzlichen Bewegung. Nach jedem Stich sticht man von oben unter den beiden gespannten Fäden durch, mit dem Arbeitsfaden unter der Nadelspitze, zieht an und hat einen Knoten. Dann stickt man den nächsten Stich und verknotet ihn wieder in der Mitte.

Abwechselnder Schlingstich

Im Prinzip wird dieser Saum gestickt wie der geknotete Hexenstich. Nur werden hier die einzelnen Hexenstiche (Schlingstiche) ersetzt, die mal auf die eine, mal auf die andere Stoffkante gestickt werden.

Wickelstege

Fangen Sie links oben an. Spannen Sie den Faden gerade zur gegenüberliegenden Stoffkante, stechen Sie die Nadel ein. Umwickeln Sie die Nadelspitze vorsichtig mehrmals mit dem Garn, halten Sie den gewickelten Faden zwischen zwei Fingern, und ziehen Sie die Nadel durch. Diesen umwickelten Steg verankern Sie auf der gegenüberliegenden Seite und stechen die Nadel ein Stückchen tiefer für den nächsten Stich.

Italienischer Knopflochsaum

Wenn man diesen Saumstich eng stickt, bildet er eine ebenso feste wie hübsche Verbindung für Kissenplatten, Teile von Kleidungsstücken und für ungesäumte Lederteile. Man muß vorher ein bißchen ausprobieren, wie weit die Säume auseinanderklaffen sollen, denn dieser Verbindungsstich braucht mehr Platz als andere, die hier beschrieben sind. Spannen Sie einen Faden von rechts nach links. Sticken Sie vier Knopflochstiche um den Faden herum (von oben hinter dem Faden durch mit einer Schlinge unterhalb der Nadelspitze) bis zur Hälfte des Fadens, spannen Sie dann von der Mitte aus den Faden nach rechts unten (unterhalb des ersten Stiches), und umstechen Sie den bis zur Hälfte mit Knopflochstichen, weiter nach links unten, umsticken usw. Sie können die Wickelstege in der Mitte der Hohlnaht zusätzlich mit einem Knotenstich verknüpfen.

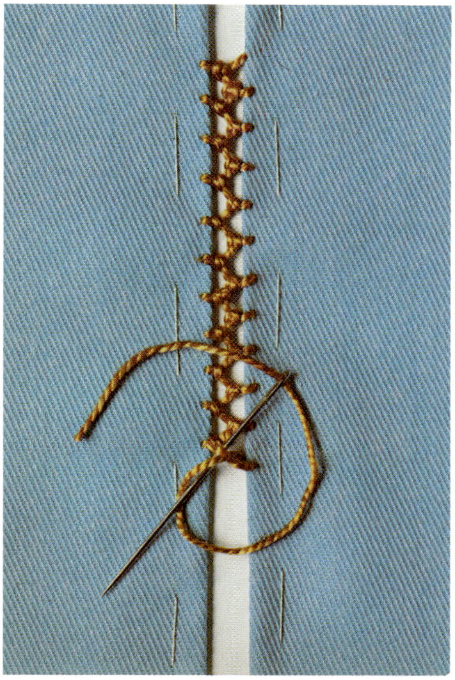

Geknoteter Hexenstich

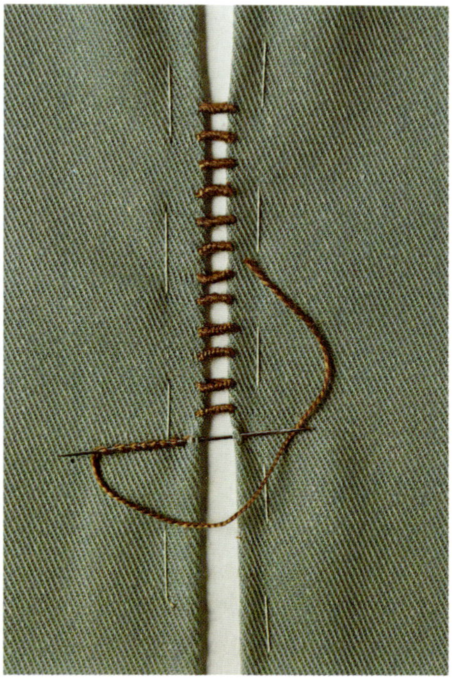

Wickelstege

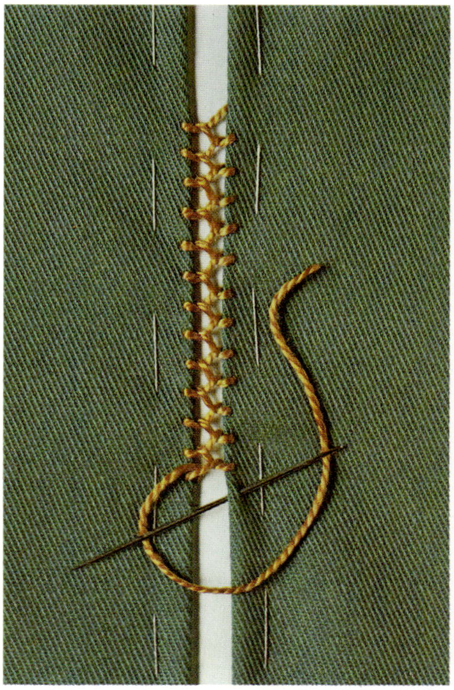

Einfacher Hexenstich

Abwechselnder Schlingstich

Italienischer Knopflochsaum

Weiß-stickerei

Wie der Name sagt, wurde diese Art der Stickerei ursprünglich mit weißem Garn auf weißen Stoffen gearbeitet. Heutzutage nimmt man das nicht mehr so streng. Man stickt in dieser Technik auf farbigen Gründen, mit farbigem Garn oder mit dickeren Fäden, als dies ursprünglich der Brauch war. Weißstickerei basiert auf dem Plattstich, der auf dichtem Gewebe gestickt wird, wie Leinen, Batist und Voile. Er kann aber auch auf feinen Wollstoffen für Kleider angewandt werden. Die schönsten Erfolge haben Sie mit kleinen Stickmustern. Lange Stiche sehen nicht gut aus. Viele feine Stiche mit feinem Faden (weiches Baumwollgarn oder ein Faden Sticktwist) sind besser als wenige mit dickem Garn. Für eine moderne Version kann man mit einem Faden Stickwolle auf einem Wollstoff arbeiten. Nehmen Sie dann eine feine Stickwoll-Nadel.
Plattstiche und unterlegte Plattstiche erfordern eine ganze Menge Übung. Man sollte lieber keine größere Arbeit anfangen, ehe man nicht sehr gut eingearbeitet ist, denn unvollkommene Stickerei sieht kümmerlich aus.
Für Weißstickerei braucht man einen Stickrahmen.

Rechts: Details eines Taufkleidchens aus dem neunzehnten Jahrhundert in Weißstickerei

Plattstich

Plattstich wird bei der Weißstickerei über Konturenstiche gestickt oder über vorgespannte Fäden. Am Anfang sticken Sie zwei Rückstiche innerhalb des Stickmotivs. Als nächstes umrahmen Sie das Motiv mit kleinen Vorstichen und füllen anschließend die Fläche mit Hexenstichen aus. So schaffen Sie ein Polster, das den Plattstich vom Untergrund abhebt. Zum Schluß sticken Sie Plattstiche von einem Motivende zum anderen. Die Kanten müssen exakt sein und die Stiche dicht nebeneinanderliegen. Beim Plattstich wird die Nadel auf einer Seite hoch-, auf der anderen Seite wieder eingestochen. Die Rückseite des Stickmotivs sieht deshalb aus wie die Vorderseite. Wenn Sie fertig sind, vernähen Sie den Faden auf der Rückseite und fangen neu an. Also nicht den Faden von einem Stickmotiv zum nächsten führen, damit er nicht durchscheint. Statt die Plattstiche mit Hexenstichen zu unterlegen, damit sie höher werden, kann man auch Fäden vorspannen. Dazu braucht man ein etwas gröberes Garn. Man zeichnet die Konturen wieder mit Vorstichen, die man an Rundungen in Spaltstiche verwandelt. Innerhalb der Konturen spannen Sie anschließend Quer- und Längsfäden über das ganze Motiv hinweg. Dabei stechen Sie auf der Rückseite nicht um das Motiv herum, sonst wird die Stickerei zu wulstig. Machen Sie nur kleine Vorwärtsstiche entlang der Kontur. Die oberen Spannstiche, die nicht eng liegen müssen, sollten quer zum folgenden Plattstich verlaufen. Der Plattstich wird mit feinerem Garn gestickt.

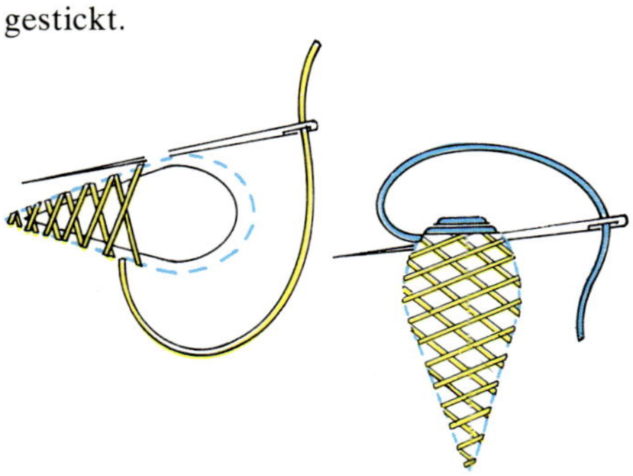

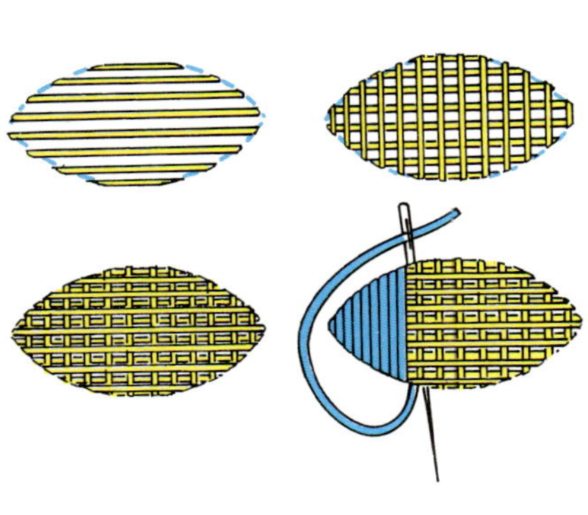

Schnurstich

Über eine „Polsterung" aus einer ungeraden Anzahl von Fäden werden dicht nebeneinander Plattstiche gestickt. Als Unterlage nimmt man in der Regel 3 oder 5 Fäden, je nach Garnart und gewünschter Dicke des Schnurstichs. Wie bei allen Plattstichen holt man die Nadel auf einer Seite hoch und sticht sie gegenüber auf der anderen wieder ein. Um jedoch eine runde Schnurform zu bekommen, sticht man in diesem Fall etwas unterhalb der Schnüre ein und aus. Der Schnurstich braucht viel Übung. Die bekommt man am besten, wenn man eine lange Schnur stickt, ohne den Rhythmus zu unterbrechen. Interessante Muster entstehen, wenn man Schnurstiche mit anderen Plattstichmustern kombiniert.

Im übrigen lassen sich alle Stiche der Weißstickerei zusammen mit freien Stickstichen arbeiten, zum Beispiel mit Kettenstichen, französischen Knötchen, Hexenstichen, griechischen Schlingstichen und anderen. Auch gelegte, mit Überfangstichen gehaltene Fäden passen unter Umständen dazu. Flächen, die man mit Schnurstich oder Plattstichen einrahmt, können beliebig mit Durchbruchstickerei verziert werden. Ein Beispiel: Heben Sie den mittleren Faden eines solchen Feldes mit einer Nadel an, trennen Sie ihn durch, und ziehen Sie die Hälften so nach und nach bis zu den Kanten aus. Dort schneiden Sie die Fäden ab. Der Hohlsaum wird von den Schnurstichen gehalten. Ziehen Sie auf diese Art mehr Fäden aus dem Gewebe: abwechselnd zwei Fäden ziehen, zwei oder drei stehenlassen. Das können Sie längs wie quer machen. Mit sehr feinem Garn fassen Sie die stehengebliebenen Fäden ein. Dann sticken Sie Füllmuster über das Fadengitter.

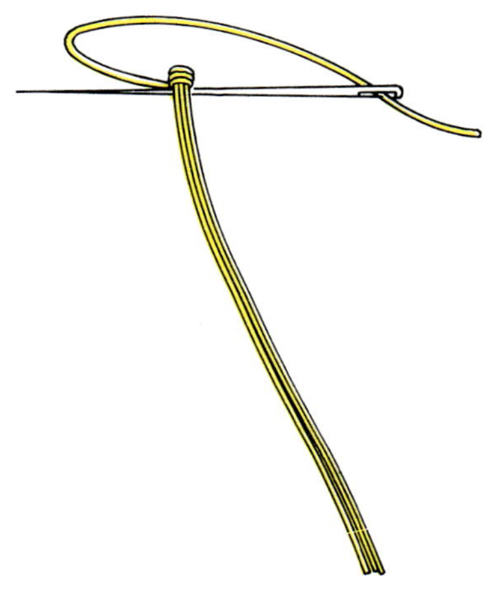

Schattenstickerei

Als Untergrund dafür braucht man ein transparentes Gewebe wie Organdy, Siebleinen, Musselin. Motive für Schattenstickerei sollen aus schmalen, weichen Formen bestehen. Man zeichnet die mit hartem Bleistift direkt auf die Rückseite des Stoffes auf. Zum Sticken nimmt man weiches Garn wie Baumwolltwist oder Stickwolle. Gestickt wird in der Regel auf der linken Seite. Bedecken Sie die Stickmotive links mit entsprechend langen Stichen. Auf der Vorderseite erscheinen die Hexenstiche als fortlaufende Steppstichreihen, die die Konturen nachziehen. Einzelne Linien des Musters werden auf der Rückseite mit Stielstichen gestickt, die ebenfalls auf der Vorderseite Steppstiche ergeben.

Man kann Schattenstickerei auch von rechts sticken, wenn einem das lieber ist. Dabei arbeitet man entlang den Konturen des Motivs Steppstiche, abwechselnd auf der einen und auf der anderen gegenüberliegenden Seite. Sie fangen beispielsweise mit der oberen Kontur an, und zwar mit einem Steppstich von rechts nach links, ziehen dann den Faden auf der Rückseite quer über das Motiv und sticken auf der unteren Kontur einen Stepp-

stich, dann wieder oben usw. Wenn Sie die Arbeit umdrehen, werden Sie feststellen, daß auf der Rückseite Hexenstiche entstanden sind. Alle einzelnen Linien werden auf der rechten Seite mit Steppstichen gestickt.

Plastische Stickerei

Diese Art von Weißstickerei wird in England „Mountmellick" genannt, nach ihrem Abstammungsort bei Waterford in Irland. Sie stammt aus der der ersten Hälfte des neunzehnten Jahrhunderts. Man stickte auf weißem Köper, denn das Material, das die Stikkerei halten sollte, mußte kräftig sein. Die Stickerei besteht aus nicht gerade feinen Stichen mit weißer Baumwolle und einem dikken Faden als Polsterung. Charakteristisch für diese Stickart sind die plastischen Formen durch unterlegte Plattstiche und Knoten- beziehungsweise Wickelstiche in engen Formationen. Die traditionellen Muster waren naturalistisch. Meist waren es Blumen, Blätter und Beeren. Die Sticharten: Federstich, Korallenstich, Sandstich, Plattstich und unterlegte Plattstiche. Kleine Farbschattierungen entstehen bei dieser einfarbigen Stickerei durch die unterschiedliche Dicke und Dichte der Stiche. Als Kontrast zu kompakten Stickmustern kann man sie mit Gitterstichen kombinieren, Hohlsäume und Durchbrüche jedoch sind hier fehl am Platz. Diese Art von Stickerei kann man gut mit einer in grobem Garn gearbeiteten Schlingstichkante einrahmen. Legen Sie dann die Kante nur einfach nach links um, und umsticken Sie den Stoffbruch mit Schlingstichen, wobei die Schlingen auf der Stoffkante sitzen. Nach dem ersten Schlingstich (Knopflochstich) legen Sie die Fadenschlaufe etwa 1,5 cm weit unter den linken Daumen und stechen die Nadel oben neben der Schlaufe des ersten Stiches ein und ziehen sie wie üblich durch die Schlaufe. Dann bilden Sie die nächste Schlaufe unter dem Daumen, machen den nächsten Stich usw.

Wenn Sie ganz gleichmäßig arbeiten wollen, können Sie die gleiche Schlaufenlänge mit Hilfe eines Bleistifts festhalten, den Sie jeweils in die Schlaufe stecken.

Rechts: Detail einer Kissenplatte in „Mountmellick"

Loch-
stickerei

Lochstickerei nennt man eine Technik, bei der Formen auf dem Hintergrundmaterial umstickt und dann ausgeschnitten werden. Früher arbeitete man Lochstickerei ausschließlich auf feinem, dichtem Leinen in Weiß oder Naturweiß. Heute nimmt man jede beliebige Farbe und auch beinahe jeden Stoff, der nicht ausfranst, von Organdy bis zum Wollstoff.

Auf den meisten Stoffen läßt sich gut mit „Cotton à broder" sticken. Bei rein dekorativen Stickereien und auch bei Kleidern, die ausschließlich chemisch gereinigt werden, kann man auch mit einem Faden Stick-, Tapisserie- oder persischer Wolle arbeiten, je nach Art und Größe der Arbeit. Zum Sticken nimmt man eine Stickwoll-Nadel.

Für den Entwurf eines Musters gibt es bestimmte Vorschriften. Bei einfacher Lochstickerei darf man nur kleine Teile ausschneiden, wenn man die Arbeit nicht verderben will. Auch bei der sogenannten Richelieu-Stickerei darf man nicht mehr wegschneiden, als man stehenläßt, obwohl die Löcher der besseren Haltbarkeit wegen mit Stegen überbrückt werden. Bei der meisten Lochstickerei stickt man Schlingstiche (Knopflochstiche) auf der rechten Seite über zwei parallele Linien, gewöhnlich 3 mm breit. Wobei die Schlingen des Schlingstichs an den Lochrändern sitzen.

Rechts: Kleine Decke mit Richelieu-Stickerei

Einfache Lochstickerei

Zeichnen Sie das Muster mit doppelten Linien vor, und umsticken Sie alle Formen mit Vorstichen, die zwischen den beiden Linien verlaufen. Ziehen Sie den Faden nicht zu fest an, weil sich die Arbeit sonst verzieht. Die Vorstiche dienen als Unterlage für die Schlingstiche. Setzen Sie die Schlingstiche von links nach rechts dicht nebeneinander, so daß die Vorstiche vollkommen verdeckt sind. Stechen Sie die Nadel auf dem inneren Bleistiftstrich aus in Richtung auf Sie zu. Legen Sie mit dem Arbeitsfaden von links nach rechts eine Schlaufe unter die Nadelspitze, und ziehen Sie die Nadel durch. Wiederholen Sie diesen Stich die ganzen vorgezeichneten Linien entlang. Jeder Stich muß dabei im rechten Winkel zu den vorgezeichneten Linien liegen, ausgenommen bei Ecken und Spitzen, wo man die Stiche verlängern oder auf Abstand setzen muß. Wenn Sie die vorgezeichneten Formen mit Schlingstichen umrahmt haben, nehmen Sie eine spitze und scharfe kleine Schere und schneiden den Stoff knapp an der Schlingkante entlang aus. Bei Außenkanten schneiden Sie den Stoff bis nahe an die Schlingen der Stickkante weg. Um zu verhindern, daß Sie aus Versehen falsche Stoffteilchen ausschneiden, ist es ratsam, die Teile vorher anzumalen, die nachher ausgeschnitten werden sollen. Denn, was einmal abgeschnitten ist, läßt sich nicht mehr ersetzen.

Richelieu

Bei der Richelieu-Stickerei überspannt man größere Hohlräume mit dekorativen Stegen. Diese werden zuerst gestickt. Planen Sie die Lage der Stege zuerst auf dem Papier. Übertragen Sie das Muster dann auf Ihren Stoff. Stege sollte man so verteilen, daß die Abstände dazwischen ungefähr gleich sind. Wenn in einem Feld, das später ausgeschnitten werden soll, spitze oder scharfe Ecken sind, sollte man diese Stelle mit einem Stoff festigen. Bei der Richelieu-Stickerei werden die Stege gewickelt, mit Schling- oder mit Stopfstichen umstickt. Die Haltestiche für diese Stege setzt man zwischen die doppelten Bleistiftstriche, so daß sie später überstickt und unsichtbar sind. Außerdem laufen sie so nicht in Gefahr, aus Versehen mit abgeschnitten zu werden.

Schlingstege

Wie bei einfacher Lochstickerei umsticken Sie zunächst alle Felder mit Vorstichen. Wenn Sie an eine Stelle kommen, wo ein Steg eingeplant ist, spannen Sie den Faden auf die andere Seite, wo der Steg verankert werden soll. Machen Sie einen kleinen Haltestich zwischen den Bleistiftlinien, und spannen Sie den Faden wieder zurück zum Ausgangspunkt. Hier machen Sie wieder einen kleinen Haltestich und spannen noch einmal zur anderen Seite. Von da aus überziehen Sie die drei Fäden mit Schlingstichen, wobei Sie immer alle drei Fäden umfassen. Am Ende des Steges fahren Sie mit den Vorstichen fort, bis Sie zum nächsten Steg kommen. Sticken Sie auch diesen Steg, und machen Sie so weiter, bis alle Schlingstege fertig sind. Dann sticken Sie die Vorstiche zu Ende.

Gewebte Stege

Genau wie vorher fangen Sie an, die Felder mit Vorstichen zu umrahmen, bis Sie zu einem geplanten Steg kommen. Dafür spannen Sie sechs Fäden von einem zum anderen Ende. Dann weben Sie immer abwechselnd unter und über drei Fäden gleichzeitig, bis Sie das andere Ende erreichen. Für diesen sogenannten Stopfstich brauchen Sie immer eine gerade Fadenanzahl.

Wickelstege

Wieder beginnen Sie mit Vorstichen und spannen, bei einem Steg angelangt, den Faden zur gegenüberliegenden Seite und machen dort einen kleinen Haltestich. Wickeln Sie den Faden so oft um den Spannfaden, daß der Steg eng umwickelt ist. Dann sticken Sie weiter Vorstiche. Gewickelte Stege sind schwächer als andere. Die Methode eignet sich deshalb nur für kurze Stege.

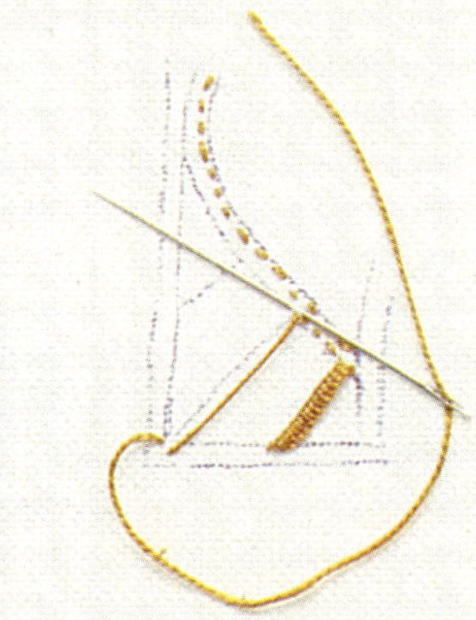

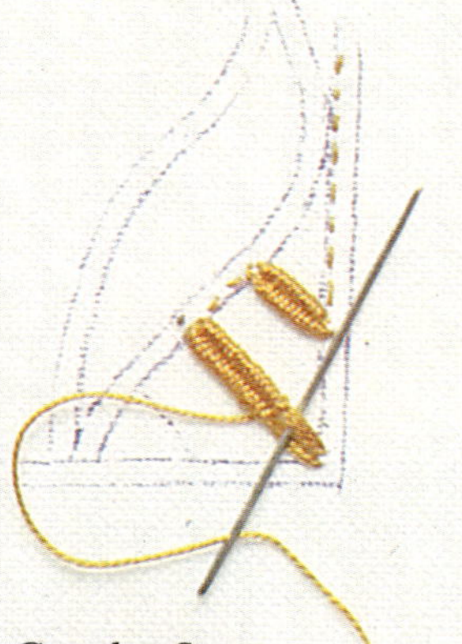

Gewebte Stege

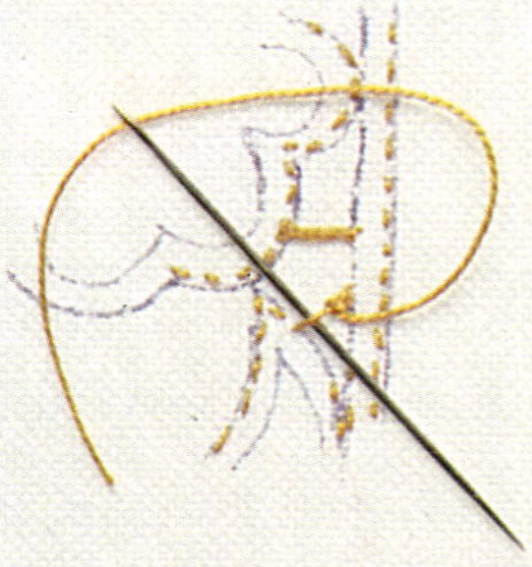

Wickelstege

Verzweigte Stege

Um Schlingstichstege möglichst kurz zu halten, muß man sie manchmal verzweigen. Spannen Sie wie üblich drei Fäden für einen Steg, und sticken Sie Schlingstiche um die Fäden, bis Sie zur Abzweigung kommen. Von da aus spannen Sie drei Fäden zur anderen Seite und beginnen von dort aus erst den Abzweig zu umsticken und dann den restlichen ersten Steg.

Picots

Stege kann man mit sogenannten Picots verzieren. Einen Spitzenpicot macht man so: Sticken Sie zuerst einen ganz normalen Schlingsteg bis zur Hälfte fertig. Dann stechen Sie mit einer Stecknadel die letzte Schlinge in dem Stoff unter dem Steg fest. Führen Sie nun die Sticknadel von links nach rechts um die Schlaufe herum, und wickeln Sie den Faden einmal um die Nadelspitze, ziehen Sie den Faden durch und fest, damit der Picot hält. Dann entfernen Sie die Stecknadel und sticken den Steg zu Ende.

Einen Wickelpicot arbeitet man anfangs wieder genau wie oben: Schlingstiche um den Steg bis zur Mitte. Dann stechen Sie die Nadel durch die letzte Schlinge und wickeln den Arbeitsfaden etwa sechsmal um die Nadelspitze. Halten Sie den gewickelten Faden nahe am Steg, und ziehen Sie die Nadel vorsichtig durch. Den Wickelstich legen Sie zu einer Schlaufe und sticken die Schlingstiche weiter um den Steg, da, wo Sie abgebrochen haben. Rücken Sie dabei die Schlingstiche möglichst nahe aneinander.

Umschlungener Ring

Für größere Ausschnitte aus dem Stoff gibt es eine andere, sehr dekorative Füllung: einen mit Schlingstichen umstickten Ring, der nach allen Seiten von feinen Stegen gehalten wird. Machen Sie einen kleinen Ring, indem Sie einen Faden etwa sechsmal um einen Bleistift wickeln oder um ein Stöckchen der richtigen Dicke. Ziehen Sie den Ring ab, und lassen Sie den Faden hängen. Fädeln Sie den Faden in eine Sticknadel, und umsticken Sie Ihren Ring mit Schlingstichen. Vernähen Sie den Fadenrest auf der linken Seite in den Schlingstichen. Stecken Sie dann den Ring an der richtigen Stelle am Untergrund fest, und sticken Sie Schlingstege von den Außenkanten her an den Ring und wieder zurück. Ein Ring braucht mindestens vier oder fünf Schlingstege als Befestigung.

Wenn Ring und Stege fertig sind, umstechen Sie die beiden äußeren Bleistiftringe mit Schlingstichen wie bei der einfachen Lochstickerei. Zum Schluß schneiden Sie sehr vorsichtig den Stoff zwischen den Ringen und hinter den Stegen weg.

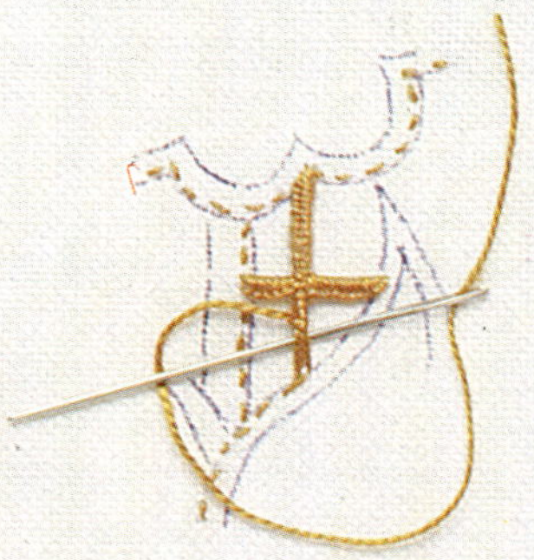

Kinderkleidchen in Richelieu-Stickerei

Alle Stickmuster auf diesem Kinderkleidchen kann man für ein anderes Kleidungsstück übernehmen, sei es für eine Bluse, ein Kleid oder Unterwäsche. Es muß nicht Lochstickerei sein. Die Muster lassen sich auch in freie Stiche übersetzen. Und wenn Sie die Passe entwerfen, können Sie die Bogenkante am Ausschnitt weglassen.

Material:
1,70 Meter Batist, 90 cm breit, weiß oder in einer zarten Farbe.
4 Strang Baumwoll-Sticktwist
3 Knöpfchen
Feines Nähgarn bzw. Nähseide

Arbeitsanleitung
Übertragen Sie die Schnittseite (rechts) auf Originalgröße plus Saumzugaben von 1 cm. Damit der Rock und damit auch die Stickmuster auf dem Rock nicht gestückelt werden müssen, wird der Rock aus einem Stück zugeschnitten, so daß also die Schußfäden senkrecht, die Kettfäden quer verlaufen. Am besten markiert man erst alle Schnitteile mit Heftnähten auf dem Stoff und arbeitet erst die Stickerei, ehe man die Teile ausschneidet und zusammennäht.
Wenn Sie schon Übung in Richelieu-Stickerei haben, werden Sie merken, daß Sie die Muster nur mit einem Bleistiftstrich vorzeichnen müssen. Diesen Strich setzen Sie als Markierung für den Außenrand der Schlingstiche um die Motive herum. Die Haltestiche für die Stege müssen noch vor den Bleistiftrand gesetzt und später durch die Schlingstiche verdeckt werden. Die Adern auf den Blättern des Musters werden in Stielstich gestickt.
Die leiterähnlichen Hohlsäume an Passe und Rocksaum werden nicht wie übliche Hohlsäume gearbeitet. Man stickt zuerst die Stege, dann zwei parallel verlaufende Linien mit Schlingstichen. Erst dann schneidet man den Stoff dazwischen heraus.
Wenn alle Schlingstichkanten gestickt sind, schneiden Sie mit feiner, spitzer Schere sehr vorsichtig die Musterfelder aus. Dann schneiden Sie die Stoffteile zu (Saumzugaben nicht vergessen) und nähen sie wie üblich zusammen. Einkräuseln wie angegeben. Schlagen Sie die Unterkante des Rocks 1 cm breit um und dann den Saum bis knapp an die bestickte Hohlnaht. Nähen Sie ihn mit Saumstichen an. Die Bogenkante am Hals stickt man erst mit Vorstichen, dann auf dem Stoff mit Schlingstichen, sogenannte Langettenstiche. Erst dann schneidet man die Stoffkante entsprechend bogenförmig ab.

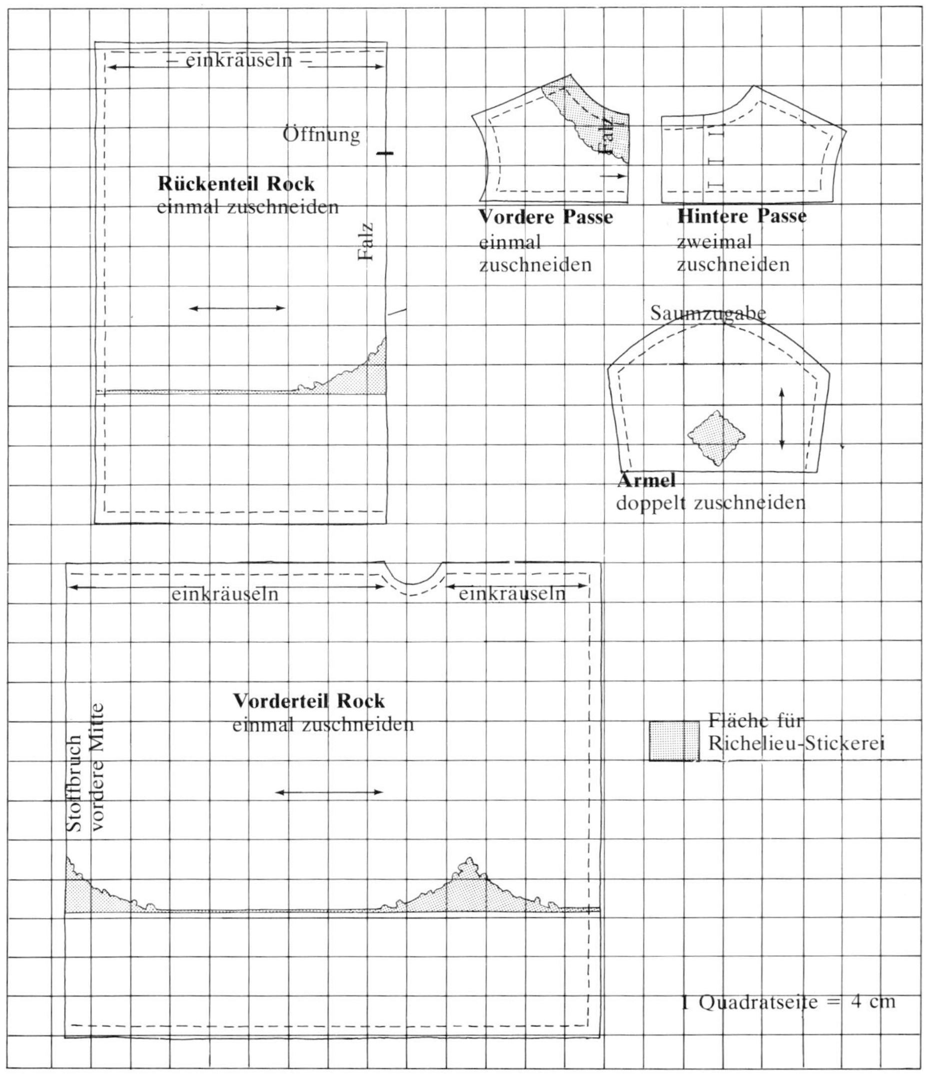

1. Hälfte des Rockmotivs*
2. Ärmelmotiv
3. Passenmotiv

Die Stickmotive sind original-groß
*Wenn Sie die Motive abpausen, falten Sie das Pauspapier halb zusammen und legen den Papierfalz an die mit Falz bezeichnete Linie, pausen ab und vervollständigen das Motiv.

Stichwortverzeichnis

S

T

U

V

W

Z

Modelle

Die Modelle auf den Abbildungen wurden freundlicherweise überlassen von:
Diana Barr: Kissen 111
Bath City Council: Monarchie Wandbehang 9
Jan Beaney: ,,Mohnblüten" 20
Fée Canning: Gürtel 39, Kissen 85, ,,Wasserfall" 93, ,,Wellen" 114 und 118, Nadelweberei 137 Mitte und unten
Roberta Colegate-Stone: Patchwork 100–101
Margaret Darby: Schwarzstickerei 68, Abendtasche 81, Brillenetui 94
Lynette de Denne: Mustertuch 40, Vogel-Wandbehang 45, Embleme 58–59, ,,Fuchsien" 69, Kissen 71, Deckchen 76, Mustertuch 87, Mustertuch 94, Kissen 96, Kissen 99
Embroiderer's Guild: Stickbild 40–41, ,,Strauß" (Mary Youles) 49, ,,Automobil" 56, Perlentaschen 62–63, Tischdekke 64–65, Hausmotiv 67, 77 und Inhalt, Täschchen 73, Tasche 75, Florentiner Stickerei in Seide 94, Tasche 97, Patchwork-Quilt 103, Suffolk-Puffs 113, Wärmflaschenhülle 115, kleines Kissen 118, ,,Grünes Dorset" (Alison Barrell) 121, Smok-Arbeiten 122–123, Mountmellick-Stickerei 130–131, Nadelweberei 137 oben, Kaffeemütze 142, Taufkleid 144–145, Schattenstickerei 146, Mountmellick-Stickerei 147, Deckchen 148–149, Kinderkleidchen 153
Dorothy Falconer: Lampenständer 82–83
Morna Grafton: Taschen 27, Assisi-Motiv 70, Rock mit Suffolk-Puffs 113, Tasche 136
Ann Mary Johnstone: ,,Junger Vogel" 55
Rob Jones: Lampenständer 82–83
Peveril Lincoln: Lampenständer 82–83
Vicky Lugg: Freie Stiche 43
Bryony Nielsen: Smok-Arbeit 129
Marilyn Owen: ,,Alpenveilchen"-Motive 51 und 61
Gwyneth Skae: Kästchen 27
Betty Swaddling: Plastische Stickerei 21
Angela Thomson: Mobiles 138–139
Anne Walker: Patchwork 107
Gillian Weaver: ,,Zwiebel"-Kissen 24–25
Whitbread: Overlord-Stickerei 47
Mary Wolfard: Patchwork 109

Fotos

Theo Bergstrom 133; Phillip Dowell 10–13, 24–25, 52–53, 61, 70 rechts unten, 71, 97, 100–103, 130–131; Geoffrey Frosh 95; Michael Holford 8–9 oben; Sandra Lousada 153 oben; Rob Matheson 2–3, 4–5, 6–7, 8–9, 14, 20, 21, 27–37, 40 oben, 41–45, 49, 50, 55, 56, 62–70, 72–83, 87–94, 109, 113–121, 132, 134–151, 153 unten; Jerry Tubby 39, 40 unten, 51, 58, 59, 84–85, 96, 99, 107, 111, 112–119.

Zeichnungen

Studio Briggs 38/39, 50, 60, 80, 98, 106, 128/129, 152/153
alle anderen: Karen Daws

Requisiten

Christopher Wray's Lighting Emporium, London SW6 – Petroleumlampe 131
Debenhams, London W1 – Lampen 82/83
Frette (Fine Linens) Ltd, London W1 – Wäschestücke 115
Naturally British, London WC2 – Bilder 107
The Neal Street Shop, London WC2 – Porzellankopf und Perlen

CIP-Kurztitelaufnahme der Deutschen Bibliothek

de Denne, Lynette:
Kreatives Handarbeiten: Sticken; Applizieren; Smoken; Patchwork; Quilten / Lynette de Denne. – München; Wien; Zürich. BLV Verlagsgesellschaft, 1983.
Einheitssacht.: Creative needlecraft ‹dt.›
ISBN 3-405-12809-9

Titel der englischen Originalausgabe:
Creative Needlecraft

Printed in Hongkong · ISBN 3-405-12809-9

Notizen